Matthias Bormuth

Die Verunglückten
Bachmann, Johnson, Meinhof, Améry

BERENBERG

Peter Hamm zum Gedächtnis

Sich in einer großen Hoffnung zu täuschen ist keine Schande. Allein die Tatsache, daß es eine solche Hoffnung geben konnte, ist so viel wert, daß sie mit einer Enttäuschung, wie schwer sie auch sei, nicht zu teuer bezahlt wird.

Ivo Andrić

Einleitung

I.

Im Januar 1904 las Franz Kafka an einem Stück die Tagebücher Friedrich Hebbels. Sichtlich bewegt schrieb er an den Freund Oskar Pollak: »Ich glaube, man sollte überhaupt nur solche Bücher lesen, die einen beißen und stechen. Wenn das Buch, das wir lesen, uns nicht mit einem Faustschlag auf den Schädel weckt, wozu lesen wir dann das Buch? Damit es uns glücklich macht, wie Du schreibst? [...] Wir brauchen aber die Bücher, die auf uns wirken wie ein Unglück, das uns sehr schmerzt, wie der Tod eines, den wir lieber hatten als uns, wie wenn wir in Wälder verstoßen würden, von allen Menschen weg, wie ein Selbstmord, ein Buch muß die Axt sein für das gefrorene Meer in uns. Das glaube ich.«

Zu Schriftstellern, die mit ihren Büchern die Leserschaft in solches Unglück zu stürzen vermögen, gehören auch Jean Améry, Ingeborg Bachmann und Uwe Johnson. Bedenkt man den Essay *Hand an sich legen*, liest man *Malina* aus dem Projekt der *Todesarten* oder betrachtet man die *Skizze eines Verunglückten*, ist man jeweils mit dem Elend eines Lebens konfrontiert, in dem der Tod zu einem Versprechen werden kann. Man fühlt sich geschlagen und spürt zugleich den Gewinn, der in der existentiellen Zumutung des Gelesenen liegt.

Was diese Autoren und uns von der historischen Situation Kafkas unterscheidet, ist, um mit Hannah Arendt zu sprechen, der »Zivilisationsbruch«, der mit dem Namen »Auschwitz« verknüpft ist. Und doch enthält sein Schreiben schon Strukturen des Schrecklichen, das erst noch kommen sollte. 1944 schreibt Arendt in ihrem Porträt:»Kafkas Welt ist zweifellos eine furchtbare Welt. Daß sie mehr als ein Alptraum ist, daß sie vielmehr strukturell der Wirklichkeit, die wir zu erleben gezwungen wurden, unheimlich adäquat ist, wissen wir heute vermutlich besser als vor zwanzig Jahren. Das Großartige dieser Kunst liegt darin beschlossen, daß sie heute noch so erschütternd wirken kann wie damals, daß der Schrecken der *Strafkolonie* durch die Realität der Gaskammern nichts an Unmittelbarkeit eingebüßt hat.«

Das Werk der Philosophin stellt seit *Elemente und Ursprünge totaler Herrschaft* den Versuch dar, deren Strukturen über politische Systemgrenzen hinaus zu verstehen. Mit *Eichmann in Jerusalem* folgte eine bis heute umstrittene Deutung der »Banalität des Bösen«, die Arendt in dem Verwaltungsbeamten sah, dessen Beflissenheit für die Vernichtung von Millionen europäischer Juden entscheidend war. Jean Améry, Ingeborg Bachmann und Uwe Johnson gehörten zu jenen, die von Arendts Untersuchungen bewegt waren und eigene Ansichten der deutschen Katastrophe entwickelten, die in unterschiedlicher Weise auch biographische Spiegelungen forderte und erlaubte.

Der folgende Versuch, ihre intellektuellen Lebensläufe zu skizzieren, orientiert sich auch an Arendt. Ihre Essay-Sammlung *Menschen in finsteren Zeiten* betrachtet biographische Studien als Schlüssel zum Verständnis der Zeit. So bekundet das Vorwort:»Die Überzeugung, daß wir selbst dann, wenn die Zeiten am dunkelsten sind, das Recht haben, auf etwas Erhellung zu hoffen, und daß solche Erhellung weniger von Theorien und Begriffen als von jenem unsicheren, flackernden und oft schwachen Licht ausgehen könnte, welches einige Männer und Frauen unter beinahe allen Umständen in ihrem Leben und ihren Werken anzünden und über der ihnen auf der Erde gegebenen Lebenszeit leuchten lassen – diese Überzeugung bildet den unausgesprochenen Hintergrund für die hier vorgelegten Persönlichkeitsprofile.«

II.

Als Arendt mit der amerikanischen Ausgabe *Men in Dark Times* 1968 ihre Nähe zu individuellen Geschichten und ihre Distanz zu weltanschaulichen Konstruktionen bekannte, stand ihr der Anspruch auf kollektive Beglückung im Namen von Karl Marx vor Augen. Dieser wurde in Deutschland in der 68er-Bewegung mit besonders kämpferischer und später gewaltsamer Inbrunst vertreten. Ulrike Meinhof, der als Journalistin und Terroristin das vierte Porträt dieser kleinen Sammlung gewidmet ist, gehörte an führender Stelle in diesen Kreis von Intellektuellen, in dem Arendts Denken hoch umstritten war, trotz ihrer einfühlsamen Essays über Walter Benjamin, Bertolt Brecht und Rosa Luxemburg. Es spricht für sich, dass die deutsche Fassung *Menschen in finsteren Zeiten* erst im Jahr 1989 erschien.

Ulrike Meinhof hatte seit 1966 nicht mehr viel übrig für den im Studium entwickelten Blick auf den Einzelnen. Obwohl sie sich vom existenzphilosophischen Bildungserlebnis lossagte, blieb das dialogische Denken in kleinen Kreisen eine Struktur, ohne die ihre Radikalisierung und die Gewalt nicht zu verstehen wäre, die sie sich und anderen im Glauben an die überindividuelle Wahrheit der Revolution zufügen sollte.

Die drei anderen »Verunglückten« schrieben als liberale Individualisten im Sinne Arendts. So blieb Jean Améry, der sich intellektuell Jean-Paul Sartres Existentialismus verdankte und Martin Heidegger schätzte, immer ein Stachel im Fleisch der deutschen Linken. Aber ebenso ging er auf Abstand zu Hannah Arendt, deren provokativen Aussagen über die jüdische Kollaboration vor und während der Vernichtung ihn provozierten. Dagegen hatte Ingeborg Bachmann, die über Martin Heidegger promoviert hatte und gegen den Kollektivismus der 68er-Bewegung immun war, gerade über *Eichmann in Jerusalem* einen persönlichen Bezug zu Arendt gewonnen. Emphatisch schrieb die junge Dichterin 1962 nach ihrer Begegnung im New Yorker Goethe-Institut: »Ich habe nie gezweifelt, daß es so jemanden geben müsse, der ist wie Sie, aber nun gibt es Sie wirklich, und meine außerordentliche Freude darüber wird immer anhalten.« Drei Jahre später war es Uwe Johnson, der – ebenfalls zu Gast in New York – nicht nur die Bekanntschaft von Hannah Arendt machte, sondern diese später bis zu ihrem Tod 1975 zur Freundin und Mentorin gewann. »Ich bekam Seminare in Philosophiegeschichte, zeitgenössischer Politik, Zeitgeschichte, je nach Wunsch.«

Der entscheidende Grund für das massenhafte Aufbegehren gegen die Elterngeneration lag 1968 in deren sturem und langem Schweigen über die Zeit des Nationalsozialismus. Es wurde in Deutschland erst gebrochen, als der Eichmann-Prozeß in Jerusalem international Aufsehen erregt hatte und der couragierte Staatsanwalt Fritz Bauer – der den Israelis entscheidende Informationen zum Aufenthaltsort Eichmanns geliefert hatte – bald darauf den Frankfurter Auschwitz-Prozess folgen ließ. Schon am Ende der restaurativen Jahre des Wirtschaftswunders hatte Arendt 1959, als man ihr den Lessing-Preis der Hansestadt Hamburg verlieh, in ihrer Rede »Von der Menschlichkeit in finsteren Zeiten« – ausdrücklich als deutsche Jüdin – höflich auf das öffentliche Schweigen hingewiesen: »Hinter der neuerlich in Deutschland vielfach diskutierten und leider nur zu verbreiteten Neigung, so zu tun, als habe es die Jahre von 1933 bis 1945 gar nicht gegeben, als könne man getrost dieses Stück der deutschen und der europäischen und damit der Weltgeschichte aus den Lehrbüchern streichen, als käme alles darauf an, das ›Negative‹ zu vergessen [...]; hinter den grotesken Zuständen, daß man deutschen Jugendlichen verheimlicht, was in einer Entfernung von wenigen Kilometern jedes Schulkind weiß – hinter all dem steckt natürlich eine echte Ratlosigkeit.«

Hannah Arendt empfahl ihren Hamburger Hörern mit dem Dramatiker Lessing eine Form des kathartischen Erzählens, das Autoren und Historiker erst mit einem gewissen zeitlichen Abstand leisten könnten. Jean Améry gehörte mit dem Essayband *Jenseits von Schuld und Sühne. Bewältigungsversuche eines Überwältigten* zu den Ersten, die nach den spektakulären Prozessen im kritischen Publikum ihre Lagererfahrungen bekannt gemacht hatten. Während die Auschwitz-Nummer auf seinem Unterarm später bei öffentlichen Auftritten seine Erfahrung als »Opfer« bezeugte, nahmen Bachmann und Johnson das Thema als Nachgeborene auf. Ingeborg Bachmann lag 1964 in ihrer Büchner-Preis-Rede *Ein Ort für Zufälle* aus familiären Gründen sehr daran, die ehemalige Hauptstadt als topographische Signatur im Land der »Täter« kenntlich zu machen. Während ihr Vater schon vor 1933

in Klagenfurt Mitglied der NSDAP gewesen war, hatten Johnsons
Eltern aus Angst vor sozialen Folgen zugestimmt, den zehnjäh-
rigen Sohn 1944 in Mecklenburg auf eine NAPOLA, eine politische Kaderschule, zu geben; eine Erfahrung, die den Autor der
Jahrestage auch vor jeder Form der kollektiven »Erkenntnisthera-
pie« zurückschrecken ließ. Ulrike Meinhof war in einer Familie
aufgewachsen, in der mit dem unpolitischen Protestantismus des
Vaters eine opportunistische Parteizugehörigkeit verbunden war.
Schon als Studentin zeigte sie ein ausgeprägtes Misstrauen gegen
nationalsozialistische Residuen in der deutschen Nachkriegsge-
sellschaft. Als Einzige der vier Porträtierten zog Ulrike Meinhof
auch äußerlich radikale Konsequenzen.

III.

Allen gemeinsam ist ein Leiden an der ungerechten Welt, die im
»Jahrhundert der Extreme« nach dem Ersten Weltkrieg nochmals
in eine weltumspannende Katastrophe stürzte, die alles bisheri-
ge Unglück weit übertraf. Sie sind »Intellektuelle« in einem geis-
tesgeschichtlich deutschen Sinn. Max Weber hatte als Diagnos-
tiker der Moderne um 1900 den Begriff aufgegriffen, der in der
französischen Dreyfus-Affäre geprägt worden war. Seine Bestimmung geht über den luziden Gebrauch der Vernunft hinaus, der
hilft, rationale Widersprüche zu erkennen und zu beheben. Zu-
sätzlich sei der Intellektuelle jemand, der eine »innere Nötigung«
empfinde, »die Welt als einen *sinnvollen* Kosmos erfassen und zu
ihr Stellung nehmen zu können«. Dies sagte Weber gerade aufgrund seiner soziologischen Skepsis gegenüber politischen Phi-
losophien der Geschichte, die bald verheerende Wirkungen zei-
tigen sollten.

Ein Jahrhundert vor ihm hatte Hegel im deutschen Idealismus die Grundlagen für diesen Typus des Intellektuellen ge-
schaffen, der sich – so seine *Phänomenologie des Geistes* – durch
ein »unglückliches Bewusstsein« auszeichne. Dessen historischen
Unterbau bezeichnen seine *Vorlesungen über die Philosophie der
Geschichte*. Dort spricht Hegel von der »Geschichte als Schlachtbank« und führt seinen Hörern aus, was dem Menschen an
Schrecklichkeit bewusst werden könne und müsse: »Wenn wir
dieses Schauspiel der Leidenschaften betrachten und die Folgen
ihrer Gewalttätigkeit, [...] wenn wir daraus das Übel, das Böse,
den Untergang der blühendsten Reiche, die der Menschengeist
hervorgebracht hat, sehen, so können wir nur mit Trauer über
diese Vergänglichkeit überhaupt erfüllt werden und, indem dieses Untergehen nicht nur ein Werk der Natur, sondern des Willens der Menschen ist, mit einer moralischen Betrübnis, mit einer
Empörung des guten Geistes, wenn ein solcher in uns ist, über
solches Schauspiel enden.« Hegel drängte es, die »schöpferische
Vernunft« als eine zu betrachten, der eine ungeheure Aufgabe gestellt ist: »daß das Übel in der Welt begriffen, der denkende Geist
mit dem Bösen versöhnt werden sollte«. Denn: »In der Tat liegt
nirgends eine größere Aufforderung zu solcher versöhnenden Erkenntnis als in der Weltgeschichte.«

Diese Philosophie der Geschichte prägte die deutschen Intellektuellen erneut seit den Erfahrungen des Ersten Weltkriegs
über Generationsgrenzen hinweg. Vor und neben Arendt sind
Theodor W. Adorno, Walter Benjamin, Ernst Bloch, Siegfried
Kracauer, Herbert Marcuse und Georg Lukács zu nennen. Dabei
verwandelten die unterschiedlichen Interpretationen Hegels Vorstellung, in der Idee des »objektiven Geistes« das auf dem Be-

wusstsein lastende Geheimnis der furchtbaren Geschichte lösen zu können, in einer Vielzahl von Entwürfen ästhetischer, philosophischer und politischer Art. Arendt unterscheidet in *Menschen in finsteren Zeiten* sehr fein die theoretischen Versuche, die Wirklichkeit versöhnend auf den Begriff zu bringen, von der praktischen Ambition, sie revolutionär umzugestalten, um endlich das Übel zu beseitigen. Hegel selbst schwärmte teilweise von einem »welthistorischen Individuum« und der notwendigen Rücksichtslosigkeit seines Vorgehens: »Aber solche große Gestalt muß manche unschuldige Blume zertreten, manches zertrümmern auf dem Weg.« Arendt zufolge habe sich Hegel jedoch – nachdem ihm die jugendliche Begeisterung für die geschichtliche Praxis angesichts der desaströsen Folgen der Französischen Revolution vergangen sei – in die Vorstellung einer rein theoretischen, auch Kunst und Literatur umfassenden Versöhnung zurückgezogen: »Weltgeschichte, Weltgeist und Menschheit haben, trotz der starken politischen Impulse des jungen Hegel, kaum irgendwelche politische Bedeutung in Hegels Werk. [...] Nur bei Marx gewann der Hegelsche Geschichtsbegriff politische Relevanz, und dies nur, weil Marx Hegel ›vom Kopf auf die Füße stellte‹, das heißt das Interpretieren von Geschichte in ein Geschichte-›machen‹ umwandelte.«

An der intellektuellen Biographie von Georg Lukács lässt sich der Weg von der Theorie in die Praxis veranschaulichen, den in der 68er-Bewegung so viele suchten und den Ulrike Meinhof in seltener Radikalität ging. Denn erst angesichts der Russischen Revolution fasst Lukács 1917/18 den Mut, mit Marx seinen Hegel objektiv zu lesen und die Zweifel der bürgerlichen Subjektivität hinter sich zu lassen, die er zuvor im Heidelberger Zirkel um Max

Weber – auch im kontroversen Gespräch mit Karl Jaspers – kultiviert hatte. Lukács war ein Idealtypus des modernen Intellektuellen, der eine »innere Nötigung« verspürte, die Geschichte sich sinnvoll schließen zu lassen, und der bei Hegel die begrifflichen Instrumentarien fand, diesem Bewusstsein Ausdruck zu verleihen. In der Folge wurde er zum intellektuellen Kopf des Klassenkampfes, der sich durch alle »Säuberungen« in der Sowjetunion retten konnte, auch wenn die Realität der Verhältnisse Lukács nach der Ungarischen Revolution 1956 schier überrollte und ihn zur nur mehr geduldeten Randfigur im System werden ließ.

Ulrike Meinhof begann ihre intellektuelle Biographie ebenfalls unter dem Einfluss eines Lehrers, der mit Jaspers und Weber eine an Kierkegaard, einem Widersacher Hegels, orientierte Philosophie der gehaltvollen Subjektivität vertrat. Dass sie vom existentiellen Denken abkam und zuletzt den Weg in die politische Radikalität wählte, lag nicht zuletzt an dem charismatischen Rudi Dutschke, der angesichts des revolutionären Erfolgs Fidel Castros sowie der dynamischen Kulturrevolution Maos einen neuen Glauben formuliert hatte, der bar einer strengen Systematik durch den rhetorischen Glanz der revolutionären Emphase zu überzeugen wusste. Diese Einflüsse und Gedankengänge befreiten Meinhof endgültig von der verlogenen Bürgerlichkeit und wiesen die Bahn, auf der sie meinte, das geschichtliche Unglück mit wenden zu können. Nach der Gründung der RAF schlug sich ihre gewaltbereite Gewissheit in *Das Konzept Stadtguerilla* nieder.

IV.

Der Graben, der Ulrike Meinhof als spätere Terroristin von den drei Schriftstellern trennt, scheint kaum überbrückbar. Jedoch verstand es ein prominenter Vertreter des deutschen literarischen Lebens, der sowohl mit Ulrike Meinhof als auch mit Ingeborg Bachmann und Uwe Johnson vertraut war, Revolution und Literatur wortgewandt zu verbinden. Es ist der Schriftsteller Hans Magnus Enzensberger, der in der 1968er-Bewegung die sprachlich suggestive Verbindung zwischen dem politischen und ästhetischen Engagement bildete. In seinen späten Erinnerungen *Tumult* weist er ausdrücklich auf die »Traditionen des deutschen Idealismus« hin, die zu kennen zum Verständnis der Zeit nötig sei.

Enzensberger begründete 1965 mit dem *Kursbuch* im Suhrkamp Verlag das literarisch führende Periodikum der revolutionären Begeisterung. So hieß es 1968 in seinen *Berliner Gemeinplätzen* in provokativer Anspielung auf Marx und sein *Kommunistisches Manifest*: »Ein Gespenst geht um in Europa: das Gespenst der Revolution.« Die im *Kursbuch* abgedruckten Essays, Erzählungen, Studien und Gedichte wollten auch die beschämende Lehre der jüngsten Geschichte nutzen, um es besser als die Väter zu machen. Seine Verse, so etwa das Gedicht »an einen mann in der trambahn«, waren gegen das kollektive Vergessen gerichtet: »und ich sehe narben, / die du nicht siehst [...] und ich sehe den mord in deinem aug, in der trambahn, mir gegenüber«. Der Vietnam-Krieg und die grausame Rolle der Amerikaner, die sich vom Befreier zum Unterdrücker gewandelt hatten, taten ein Übriges, um den Zorn Enzensbergers zu entfachen. Zuletzt war er auch am Kampf um gerechte Verhältnisse beteiligt, der 1968 die revolutionären Impulse bis in den eigenen Verlag trug. Als Siegfried Unseld in

Frankfurt den »Aufstand der Lektoren« geschickt ausbremste, wechselte das *Kursbuch* zu Klaus Wagenbach nach West-Berlin, dem Zentrum der APO. Enzensberger war dort über seine geschiedene Ehefrau Dagrun und seinen Bruder Ulrich persönlich mit der legendären Kommune 1 verbunden und nahm an einer ihrer spektakulären Aktionen auf dem Kürfürstendamm teil.

In *Tumult* stellte sich Enzensberger selbstironisch der peinlichen Frage: »Und bei diesem Theater hast du mitgespielt?« Mit Witz versucht sein innerer Dialog Distanz zu den »ärgsten Blamagen« der revolutionären Jahre zu demonstrieren, zu denen auch der mehrmonatige Aufenthalt auf Kuba gehörte, der 1968 der medienwirksamen Aufkündigung eines großzügigen Stipendiums einer amerikanischen Universität folgte. In den *Jahrestagen* verewigte Uwe Johnson die zugehörige Notiz der *New York Times*: »Der deutsche Dichter Hans Magnus Enzensberger hat ein Stipendium an der Universität Wesleyan aufgegeben mit einem Trompetenstoß gegen die auswärtige Politik der Vereinigten Staaten und mit einem Heil für Cuba, wo er nach seinen Worten leben will.« Anerkennend kommentiert der späte Enzensberger: »Johnson war boshaft, aber nicht in allen Punkten hat er unrecht behalten. Das muß ich ihm lassen.«

Aber bei aller Nähe, die Hans Magnus Enzensberger vor allem in verbalen Aktionen zum revolutionären Aufbruch zeigte, gelang es ihm, als die Bewegungen der APO wieder verebbten, lebensklug in die Reserve zu gehen. Aus dieser Position beobachtete er teilnahmsvoll die Ursprungsszene der Roten Armee Fraktion. *Tumult* erscheint hierin als literarische Chronik des Unglücks, das die revolutionäre Emphase über Ulrike Meinhof brachte. In schillernden Wendungen gesteht Enzensberger, direkt nach der

gewaltsamen Befreiung Andreas Baaders die Flüchtenden kurz
beherbergt, aber die Einladung, am Sturz des »Systems« aktiv
mitzuwirken, später unter konspirativen Umständen ausgeschla-
gen zu haben. Er schließt diese Passage: »Bis zu ihrem Selbstmord
habe ich nie wieder von der bedauernswerten Ulrike Meinhof gehört.«

Der Historiker Wolfgang Kraushaar hat der 68er-Generation
luzide das »Vexierbild« Enzensberger erschlossen und unterstri-
chen, dass Jürgen Habermas Enzensberger vor allem in der Rolle
des »Harlekin« sah. Die »artistische Leichtigkeit«, mit der sich
der Schriftsteller auf den verschiedenen Bühnen bewegte, ist ein
Phänomen für sich. *Tumult* enthält das schwache Bekenntnis:
»[E]inen Rest von Komplizentum konnte und kann ich nicht ab-
streifen. Jeder, der in das Durcheinander verwickelt war, haftet
mehr oder weniger mit.«

V.

Auch wenn Jean Améry, Ingeborg Bachmann und Uwe Johnson
den kollektiven Kampf um die gesellschaftliche Umwälzung der
Verhältnisse aus wesentlich größerer Entfernung nicht ohne innere Leidenschaft und Teilnahme beobachteten, entwickelten sie
nie solch »konkrete Utopien«. Ihre Nähe zu Ernst Bloch und seinem *Prinzip Hoffnung* bestand vielmehr darin, dass sie im Unglück der Zeit als Schriftsteller vor allem individuell-literarische
Gestalten der Erlösung suchten. Jean Améry strebte mit seinen
zeitkritischen Essays die Versöhnung zwischen jüdischen Opfern
und deutschen Tätern an, selbst ahnend, dass sein prophetischer
Versuch, der traumatischen Geschichte nachträglich Sinn zu verleihen, sich als vergeblich erweisen könnte. Ingeborg Bachmann

zelebrierte, angeregt durch die Lektüre Robert Musils, literarisch schon früh den »anderen Zustand«, der jedoch als »mystisches« und »ekstatisches« Erlebnis keine unmittelbaren politischen Folgen hatte. Einzig in der Begegnung mit Paul Celan und seiner Dichtung schien ihr eine Form der persönlichen und gedanklichen Erlösung angesichts des Holocaust für Momente möglich zu sein. Später suchte Bachmann als Gegenpol zu ihrer Rationalität nicht nur im Projekt der *Todesarten* ästhetische Zuflucht. Immer öfter strebte sie jenseits der Worte ekstatische Zustände durch erotische Erlebnisse und lebenszerstörende Drogen an. Uwe Johnson war ein exzessiver Alkoholiker, der besorgte Stimmen mit der Auskunft beruhigte, er wisse zu viel. Gleichwohl blieb ihm die Literatur ein Medium, der politischen Sehnsucht nach einer gerechteren Welt Ausdruck zu geben. Nachdem der Prager Frühling, seine dezente Utopie, erstickt worden war, setzte Johnson dem »Manifest der Zweitausend Worte« im Epos der *Jahrestage* ein literarisches Denkmal und schloss mit den Worten: »Wenn ihr wissen wollt, was an Sozialismus möglich ist zu unseren Zeiten, lernt Tschechisch, Leute!«

Worin damals intellektuell der Unterschied zwischen diesen drei Schriftstellern und Hans Magnus Enzensberger lag, der wesentlich stärker das Anliegen von Ulrike Meinhof teilte, lässt sich gut an seiner Begegnung mit Hannah Arendt veranschaulichen. Sie hatte Enzensberger schätzen gelernt, als er seine fulminante Kritik an der *Frankfurter Allgemeinen Zeitung* und ihrer Berichterstattung zum Eichmann-Prozess formuliert hatte. Er wiederum hatte als junger Mann begeistert *Elemente und Ursprünge totaler Herrschaft* gelesen, das ihn davor bewahrt habe, dem naiven Glauben an die östliche Sache zu verfallen. Aber nachdem sie sich 1965 in New York in Arendts Wohnung in der Upper West Side Manhattans persönlich begegnet waren, blieb es bei diesem einen höflichen Treffen. Arendt konnte sich später für eine Besprechung im *Merkur* »nicht Enzensberger oder einen der eingeschworenen Marxisten« vorstellen, wie sie deutlich an dessen Herausgeber schrieb. Dass sein Gespräch mit Hannah Arendt gescheitert war, rückte Enzensberger auf Nachfrage ihres Biographen Thomas Wild in ein mildes Licht; es komme nicht darauf an, »in Arendts Wohnung zu sitzen«: »Was Hannah Arendt mir zu sagen und zu geben hatte, stand in ihren Büchern.«

Dagegen war Hannah Arendt begeistert von Ingeborg Bachmann, die sie sich nach dem Treffen im New Yorker Goethe-Haus als deutsche Übersetzerin von *Eichmann in Jerusalem* wünschte: »Wir denken in vielen Dingen ähnlich und sie wird nicht so schockiert sein wie vielleicht mancher andere.« Auch Uwe Johnson folgte nicht dem Zeitgeist des emphatischen Theoretisierens, das die deutschen Intellektuellen zu Arendts Bestürzung so mochten. Im Mai 1965 schrieb sie ihrem Lehrer Karl Jaspers: »A propos deutsche Schriftsteller: Sind augenblicklich alle hier, Grass und Johnson habe ich kennengelernt, darüber mündlich. Und Enzensberger ist im Anzug. Der Mangel an gesundem Menschenverstand ist oft zum Verzweifeln.« Durch den Kreis der New York Intellectuals war Arendt einen angelsächsischen Liberalismus und Pragmatismus gewohnt, dem seit Stalins Moskauer Prozessen jedes Liebäugeln mit dem Marxismus als politischer Utopie naiv erschien.

Allerdings hatte Arendt 1968 einige Sympathie für die rauschhafte Begeisterung im Pariser Mai, die Daniel Cohn-Bendit, ein Sohn guter Freunde, mit ausgelöst hatte. Sie mochte die subversive Infragestellung erstarrter Strukturen im Geiste einer offenen Räterepublik. Selbst Elias Canetti schilderte die beeindruckende Bewegung, die ihm gerade an der Sorbonne begegnet war: »Die Fenster oben von jungen Menschen besetzt, ein rotes Halstuch um das steinerne Standbild Victor Hugos. Junge Anarchisten rufen *ihre* Zeitung aus. Atmosphäre von Freiheit, in der jeder zur Rede kommt, niemand mundtot gemacht wird, jede angehört wird.« In *Über die Revolution* hatte Hannah Arendt einige Jahre vor den revolutionären Aufbrüchen der Studenten die Leistungen der amerikanischen Gründerväter in Erinnerung gerufen. Diese hatten in ihrer demokratischen Verfassung um 1776 dezentrale Strukturen vorgesehen, um unabhängige Meinungsbildungen innerhalb eines pluralen Gemeinwesens zu ermöglichen und so die relative Ordnung des freiheitlichen Individualismus zu sichern. Zu Zeiten des Vietnam-Krieges demonstrierte gerade die studentische Protestbewegung für Arendt erneut die vitale Stärke des revolutionären Erbes der Väter. Im Mai 1966 schrieb sie Jaspers aus Chicago: »Die Studentenunruhen [...] waren eigentlich sehr erfreulich. [...] Man hat nicht die Polizei gerufen und den Studenten nicht gedroht. Nach drei Tagen sind sie freiwillig wieder abgezogen, haben die ganze Zeit hindurch diskutiert und sich streng an alle parlamentarischen Spielregeln gehalten. Jeder kam zu Wort, jeder wurde gehört, niemand wurde ausgepfiffen, alle Anträge wurden ordnungsgemäß gestellt – kurz, es war in keinem Augenblick ein Mob.«

Jean Améry gehörte mit Arendt zu den liberalen Autoren des *Merkur*, deren Essays kritische Einsprachen gegenüber der revolutionären Studentenschaft boten. Der österreichische Jude hatte am eigenen Leibe die Qualen erlebt, die eine ideologische Revolution ganz anderer Art in Deutschland über ihn gebracht hatte. Sein Votum entsprach dem, was Jürgen Habermas in der frühen Hochphase der Studentenbewegung als »Linksfaschismus« bezeichnet hatte. Enzensberger gibt in *Tumult* Einblick in die oft naive bis blindgläubige Parteigängerschaft, der er früher diplomatisch einigen Tribut gezollt hatte, etwa wenn er ein Gespräch mit seiner norwegischen Frau Dagrun erinnert: »Das Bedürfnis nach Religion kann aller Zweifel Herr werden. Mit steinernem Gesicht erklärte dieses zarte Geschöpf mir, die Moskauer Prozesse seien ein Muster der Volksjustiz gewesen, ganz zu schweigen von Trotzki – diesem Verräter sei ganz recht geschehen. Nur die bürgerliche Propaganda verleumde den Kameraden Stalin. Die russischen Kommunisten, die im Gulag zugrunde gegangen sind, seien Volksfeinde gewesen, Revisionisten, Spione. Gewiß hätten übereifrige Funktionäre einzelne Fehler gemacht, aber davon habe Stalin nichts gewußt. Der *diabolus ex machina* trug in dieser Version den Namen Chruschtschow. Erst mit ihm habe die Agonie der Oktoberrevolution begonnen.«

Dass Hans Magnus Enzensberger sich in jenen Jahren nicht entscheiden konnte, seine Sympathien für revolutionäre Formen der Beglückung gänzlich aufzugeben, ist ihm im Rückblick peinlich. Tatsächlich entwickelte er in seiner »zweideutigen Haltung«, dem »Doppelleben«, wie es in *Tumult* heißt, nie die persönliche Haftbarkeit des Denkens, die Hannah Arendt bei Ingeborg Bachmann und Uwe Johnson schätzte und die auch Jean Améry mit ihnen verband. Aber Enzensbergers Kunst, sich dem existentiellen Ernst zu entziehen, sobald er zu tief ins eigene Leben einschnitt, bewahrte ihn auch davor, die Radikalisierung in der Tat mitzuvollziehen, die er im Wort so leidenschaftlich gepriesen hatte. Ein Dokument seiner schillernden Ambivalenz ist der Brief, den er Ulrike Meinhof schickte, bevor diese endgültig den Weg des gewaltsamen Kampfes wählte. Enzensberger gibt sich noch den opaken Anschein des Revolutionärs und deutet doch an, wie fern er inwendig dem Tumult schon gerückt war: »Heute, am dritten Adventstag 1969, ist es hier so: die Frankfurter Marxisten-Leninisten haben sich in ML-1, ML-2 und ML-3 aufgespalten. Das Geld wirbelt auf den Straßen herum, und in den Kaufhäusern brüllen die Leute, mit Weihnachtspaketen behangen. Die Befreiung der Menschheit macht große Fortschritte: Pornographie und Mao, alles auf eine Wand geklebt. Niemand weiß mehr, was wahr und was gelogen ist, es geht durcheinander wie ein Haschisch-Bild. [...] Ich bin jetzt uralt, aber springe herum wie ein Heupferd. Jeden Tag kommen neue Bücher. Ich habe fast aufgehört, sie zu lesen. [...] Ich bin zu dem Schluß gekommen, daß wir uns nicht umbringen lassen sollten. Meistens weigere ich mich sogar, mich zu ärgern.« Im milden Blick zurück gesteht der altersweise Enzensberger zu, dass schon damals sein revolutionäres Kostüm fadenscheinig geworden war: »Natürlich ahnten die intelligenteren Häuptlinge unter den politischen Köpfen, daß auf einen Schriftsteller, auch wenn er den Mund voll nimmt mit politischen Phrasen, im Grunde kein Verlaß ist.«

VI.

Die Figur des Harlekins, die Enzensberger für Jürgen Habermas im Schauspiel der Revolution dargeboten hatte, gilt ikonographisch als Gestalt einer hintergründigen Nachdenklichkeit. Im Maskenspiel spricht der Harlekin der Zeit das Urteil, scheinbar ohne letzten Ernst. Die Passionsfigur dagegen bedeutet kunstgeschichtlich eine altmeisterlich frühere und vertrautere Gestalt, deren Melancholie sich am eigenen und fremden Leid entzündet. Ikonographisch gründet sie in der religiösen Tradition; die Leidensgeschichte Christi wurde in der Neuzeit zunehmend sublimer mit der realistischen Anschauung von Landschaft und Leben der Menschen verknüpft, so dass später das Leiden in ferneren symbolischen und allegorischen Bildern seinen Ausdruck erlangte, bis hin zu gänzlich säkularen Gestalten. Gleichwohl blieb die ikonographische Strahlkraft der klassischen Passion bestehen, für die Moderne wohl am stärksten ersichtlich in der Wirkung, die Matthias Grünewalds Isenheimer Altar nach dem Ersten Weltkrieg auf Künstler aller Genres ausgeübt hatte. Exemplarisch schrieb Elias Canetti über seinen Besuch in Colmar: »Wovon man sich in der Wirklichkeit mit Grauen abgewandt hätte, das war im Bilde noch aufzufassen, eine Erinnerung an das Entsetzen, das die Menschen einander bereiten. [...] Alles Entsetzliche, das bevorsteht, ist hier vorweggenommen.«

Um 1968 wurde Che Guevara in vielfacher Überblendung mit dem leidenden Christus, der ebenfalls für die Armen und Rechtlosen gestorben war, zur führenden Ikone der Revolution, die weltweit gleichsam als Monstranz der guten Sache diente. Der Kunsthistoriker David Kunzle hat jüngst entlang eines ganzen Kaleidoskops an vergleichenden Bildern diesen *Chesucristo. Die Fusion von Che Guevara und Jesus Christus* beschrieben. In *Tumult* finden sich solche Bilder des heroischen Guerilla-Führers öfter, die Che auch zum beliebten Idol der Sprayer in New York werden ließ. Die Geschichte eines jungen Bauern, der in Italien begeistert das Konterfei des Guerilla-Führers trägt und sich in Kuba das Leben nimmt, erzählt Enzensberger dazu en passant.

In Deutschland wurde Rudi Dutschke mit seiner großen Nähe zum politisch engagierten Protestantismus zu einer vergleichbaren Gestalt. Denn nach dem Attentat auf ihn zu Ostern 1968 betrachtete man auch ihn wie Che als leidensbereiten Kämpfer für die gute Sache. Auch der Freitod Ulrike Meinhofs im Mai 1976 im Gefängnis Stammheim lässt sich im Horizont dieser politischen Ikonographie deuten. Dabei hatte sich die Studentin – angeregt durch das Interesse an den Alten Meistern und der barocken Lyrik, die der Vater als traditionsbewusster Kunsthistoriker und frommer Christ früh in Meinhof geweckt hatte – schon in ihren kunst- und literaturhistorischen Studien lange mit der Passionsgeschichte beschäftigt.

In ganz anderer Deutlichkeit entfaltet der katholisch erzogene Jean Améry zwei Jahre nach Meinhofs Tod in dem Essay *Mein Judentum* säkularisierte Gedanken einer jüdisch-christlichen Passionsfigur: »Der Jude war das Opfertier. Er hatte den Kelch zu trinken – bis zum allerbittersten Ende. Ich trank. Und dies wurde mein Judesein. Das Juden*tum* war eine andere Sache. Mit ihm hatte ich nichts zu tun.« Die Erfahrung des Holocaust wird ihn im Herbst 1978 einholen. Jean Améry nimmt sich in Salzburg das Leben und wird zur modernen Passionsfigur wider Willen.

Auch Uwe Johnson exponiert in seinen *Jahrestagen* das Passionsmotiv. Gesine Cresspahl leuchtet dessen religiöse Erklärung im protestantischen Konfirmationsunterricht nicht ein. Johnsons Heldin lehnt Tod und Sühne als dogmatisches Modell ab, das helfen soll, mit der Geschichte fertig zu werden. Dagegen hält Gesine es strikt mit der aufklärerischen Notwendigkeit, »mit Kenntnis zu leben«. Ihre übergewissenhafte Mutter dagegen, die schon zwei Selbstmordversuche hinter sich hat, wählt in der Nacht vom

9. November 1938 in einer Scheune den Verbrennungstod, nachdem ein jüdisches Mädchen erschlagen worden war. Johnson
lässt es offen, ob ihr Tod Ausdruck eines irregeleiteten Gewissens oder vielmehr, wie der Pastor es will, als politisch bewegtes
Selbstopfer zu sehen ist, das zugleich eine aktive Sühne im Sinne Jesu bedeute. Vor Abschluss der *Jahrestage* ließ Johnson in der
autobiographischen *Skizze eines Verunglückten* sein Alter Ego den
Selbstmord vergeblich suchen. Nur ein »Ableben« war dem Protagonisten möglich, das vor allem der quälenden Erinnerung an
das persönliche Unglück geschuldet war, in das ihn das Eheleben
nach Jahren vermeintlichen Glücks gestürzt hatte. Johnson selbst
starb drei Jahre später, als das große Epos endlich beendet war,
an den Folgen des jahrelangen Alkoholexzesses, dem er sich in
der Einsamkeit der englischen Jahre hingegeben hatte. Das suizidale Denken, das im Werk in vielfachen Nuancierungen anklang,
holte Johnson in dieser protrahierten Form der Selbstzerstörung
endgültig ein.

Auch bei Ingeborg Bachmann ist im schriftstellerischen Bewusstsein der Holocaust präsent. In ihrem Hauptwerk *Malina*
quälen das »Ich« schreckliche Träume vom Tod in den Gaskammern. Bachmann imaginiert das Schicksal des Verbrennungstods
in dem Roman sowie in einer anderen Erzählung. Tatsächlich erlag die Dichterin im Oktober 1973 den Verbrennungen, die sie sich
in einem narkotischen Zustand nach Tablettenmissbrauch zuge-
zogen hatte. Seit einem frühen Essay über Simone Weil war die Figur des Heiligen, der dem Unglück der Wirklichkeit mit der Konsequenz seines tödlichen Martyriums begegnet, in ihrem Werk
präsent, auch wenn Bachmann selbst das Lebensglück durchaus
zu genießen wußte. Die Freundschaft zu Hans Magnus Enzens-

berger blieb bis zuletzt ungebrochen, gerade weil Bachmann unter anderem darauf verzichtete, von den »vielen Liebhaber[n]« zu berichten, »die sie ertrug«, so der Autor in seiner späten »Vignette«. Dabei habe sie »von ihren Fluchten, ihren Depressionen und von den langen Monaten, die sie in Kliniken und Sanatorien zugebracht hatte, [...] hie und da etwas durchblicken« lassen.

VII.

Die folgenden Persönlichkeitsprofile geben in allen Fällen suizidale Züge zu erkennen, die erlauben, von säkularisierten Passionsgeschichten zu sprechen. Mit dem deutsch-jüdischen Literaturhistoriker Erich Auerbach, einem Freund Walter Benjamins, lässt sich der untergründige Zusammenhang zwischen der Religionshistorie und der modernen Literatur genauer verstehen. Nicht zufällig erinnerte sich der Romanist, den man 1936 von seinem Marburger Lehrstuhl vertrieben hatte, im türkischen Exil an die alttestamentlichen Wurzeln des Passionsgedankens, den er in seinem Buch *Mimesis. Dargestellte Wirklichkeit in der abendländischen Literatur* über dessen christliche Überformung bis in die moderne Gestalt bei Virginia Woolf verfolgt hatte. Dass diese Sicht sich dem Geist der Hegel-Zeit verdankt, in der die große Wende von der christlichen zur säkularen Deutung der Wirklichkeit statthatte, dessen ist sich Auerbach bewusst. Zugleich geht mit seiner Genealogie die Einsicht in die jüdischen Wurzeln des Rätsels des Lebensopfers einher: die Opferung des Isaak. Die menschliche Vernunft kann diesen Gedanken nicht fassen; jedem Opfer wohnt bei aller Konsequenz etwas Absurdes inne, als ob der Tod wirklich der Ursprung der Versöhnung sein könnte, wie es das Christentum propagiert.

Auerbach löst das Geheimnis keineswegs, aber seine Erinnerung an die jüdisch-christlichen Wurzeln der Passion in ihren vielfältigen Aporien erlaubt, die Schreibmotive der modernen Autoren in ihren suizidalen Gedanken und Handlungen besser nachzuvollziehen. Wo die Autorität der Religion schwindet, müssen menschliche Visionen versuchen, das Leiden als eine Kategorie des Lebens in dessen »Grenzsituationen« zu verstehen, um mit Karl Jaspers zu sprechen. Insofern kommen in den vier Fallstudien auch psychopathologische und kulturphilosophische Einsichten zum Tragen, um Werk und Leben der Autoren im biographischen und historischen Bedingungsgefüge genauer erhellen zu können.

Was jenseits aller Details sichtbar werden kann, sind jeweils eigentümliche Strukturen, in denen das eigene und allgemeine Unglück erlebt wird. In allen Fällen fehlt der befreiende Ausgang ins Leben, den Hans Magnus Enzensberger bis heute virtuos beherrscht. Mit einem Zitat aus Ingeborg Bachmanns Gedicht »Die gestundete Zeit« verteidigt er »Überlebenskünstler«, die mit Leichtigkeit und Wendigkeit begnadet sind: »Sind Anpassung, glückliche Zufälle, Kompromisse und mehrdeutige Entscheidungen von vorgestern? Kann man nichts von ihnen lernen? ›Es kommen härtere Tage‹«. Enzensberger ist eine solch glücklichere Natur, die sich aber auch ein feines Gespür für jene »Spätfolgen der Traumata« bewahrt hat, welche etwa Jean Améry, Paul Celan und Primo Levi in den Freitod getrieben haben. Die hier behandelten Werke und Lebensgeschichten zeugen auch von dem vergeblichen Bemühen Bachmanns, Johnsons und Meinhofs, der inneren Verzweiflung angesichts der historischen Katastrophe zu entkommen.

In allen Skizzen wird man, um an Franz Kafka zu erinnern, mit dem Unglück des Lebens vertraut, das zwar ästhetisch zu lindern, aber nicht zu überwinden ist. Gleichwohl bleibt auch die andere Seite des leidenschaftlichen Interesses an den Schriftstellern und ihren Lebensläufen wahr, die Uwe Johnson einmal wunderbar formulierte: »Er fand es regelmäßig lehrreich, eine Person anzusehen auf ihre Entstehung, hinter der Person ihr Leben zu finden. Es machte Spaß, einer bewußten Vergangenheit die tatsächliche zu finden, die Erinnerung einer Person mitzunehmen zurück ins Vergessene, auch sie überrascht zu sehen vor sich selbst.«

Das Leben eines Schiffbrüchigen
Jean Améry

I.

»Der Essayist Jean Améry wurde [...] in Salzburg tot aufgefunden. Aus den Phiolen seiner Medikamente fehlten etwa fünfzig Tabletten.« So eröffnete die *Wiener Presse* am 19. Oktober 1978 ihren Nachruf. Wolfgang Kraus, ein Améry wohlgesinnter Literaturkritiker, schließt erschüttert mit einer Passage aus *Hand an sich legen*: »Ich schlage, immer noch fassungslos, die letzte Seite seines Buches über den Freitod auf und lese: ›Es steht nicht gut um den Suizidär; stand nicht zum besten für den Suizidanten. Wir sollten ihnen Respekt vor ihrem Tun und Lassen, sollten ihnen Anteilnahme nicht versagen, zumal wir selber keine glänzende Figur machen. Beklagenswert nehmen wir uns aus, das kann ein jeder sehen. So wollen wir gedämpft und in ordentlicher Haltung, gesenkten Kopfes den beklagen, der uns in Freiheit verließ.‹«

Diese Haltung zeigte auch Primo Levi, der Améry aus der gemeinsamen Lagerzeit in Auschwitz kannte. Der italienische Schriftsteller und Chemiker, der sich selbst ein knappes Jahrzehnt später im Zuge einer Depression das Leben nehmen sollte, sprach vom »harten Kern der Unbegreiflichkeit«, der über jedem Selbstmord liege. Zugleich gestand Levi angesichts von *Hand an sich legen* zu, dass der »Freitod des streitbaren, einsamen Philo-

sophen« eine erschütternde Folgerichtigkeit besitze: »Man liest
diese Seiten mit einem nahezu physischen Schmerz, sie sind das
Zeugnis eines Schiffbruchs, der sich über Jahrzehnte hinzieht, bis
zu seinem stoischen Abschluß.«

Betreten hatte Jean Améry die intellektuelle Bühne in Deutschland im Jahr 1965, als er mit dem Essay »Die Tortur« für die Zeitschrift *Merkur* seine Qualen in der Gestapohaft schilderte. Der
zugehörige, von ihm selbst verfasste Lebensabriss lässt das Unglück ahnen, das ihn anschließend erwarten sollte: »Jean Améry,
geboren 1912 in Wien. Studium der Literatur und Philosophie in
Wien. 1938 Emigration nach Belgien. 1941–1943 Widerstandsbe-
wegung in Belgien. Verhaftung durch Gestapo. Deportation nach
verschiedenen Konzentrationslagen. Lebt als freier Schriftsteller,
Journalist und Rundfunkmitarbeiter in Brüssel.«

Ingeborg Bachmann war damals tief beeindruckt von den
genauen Reflexionen. In der Erzählung »Drei Wege zum See«
schreibt sie über deren Protagonistin: »Viel später las sie zufällig
einen Essay ›Über die Tortur‹, von einem Mann mit einem französischen Namen, der aber ein Österreicher war und in Belgien
lebte, und danach verstand sie, was Trotta gemeint hatte, denn
darin war ausgedrückt, was sie und alle Journalisten nicht ausdrücken konnten, was auch die überlebenden Opfer, deren Aussagen man in rasch aufgezeichneten Dokumenten publizierte,
nicht zu sagen vermochten.« Die Journalistin ist sprachlos angesichts eines Menschen, der es nach langen Jahres geschafft hatte,
»durch die Oberfläche entsetzlicher Fakten zu dringen«. Ebenso
überrascht zeigte sich Theodor W. Adorno von dem Essay, als er
in seiner Frankfurter Vorlesung 1965 auf den ihm »übrigens völlig unbekannten Autor namens Jean Améry« hinwies, auch wenn

er dem eigenen Denken »mit seiner philosophischen Armatur, nämlich der des Existenzialismus, keineswegs gemäß« sei. Aber Améry habe »die Veränderungen in den Gesteinsschichten der Erfahrung, die durch diese Dinge bewirkt worden sind, in einer geradezu bewundernswerten Weise« ausgedrückt.

Bis 1966 entstand der Band *Jenseits von Schuld und Sühne. Bewältigungsversuche eines Überwältigten*, dem Améry vier weitere autobiographische Essays beifügte, die seine Lagererfahrungen mit Titeln wie »An den Grenzen des Geistes« wiedergaben. Die öffentliche Resonanz auf die gesammelten Essays war immens und entzündete sich oft an Amérys Fähigkeit, das Erfahrene gedanklich zu durchdringen. So schrieb Horst Krüger in der *Zeit*: »Wenn wir einen Literaturpreis für große Essayistik haben – dieses Buch hätte ihn verdient. Denn es hat die Kraft und die Moral, Bewußtsein zu verändern. [...] Nicht was diesem Menschen widerfuhr, ist das Besondere, sondern wie er es zwanzig Jahre später verarbeitete.«

Begonnen hatte Amérys später Weg in der deutschen literarischen Szenerie, nachdem Helmut Heißenbüttel auf ihn aufmerksam geworden war. Der Rundfunkredakteur erinnerte sich im Nachruf an die erste Begegnung: »Als ich ihn 1964 zufällig bei einer Einladung des Goethe-Instituts in Brüssel traf, hatte er eben versucht, die Position des Intellektuellen im Konzentrationslager, in Auschwitz, zu durchdenken und zu formulieren. Er hatte [...] das alles [...] zwanzig Jahre nicht anzurühren gewagt. Jetzt wollte er reden, Zeugnis geben.« Jean Améry akzentuierte ihre Begegnung an entscheidender Stelle anders. Seiner Erinnerung nach hatte der Redakteur selbst ihm den Vorschlag unterbreitet, über die Lagererfahrung zu schreiben: »1964 begegnete ich in Brüssel

durch Zufall Helmut Heißenbüttel. [...] Schon waren zwei Jahrzehnte hingegangen, seit das Schmachreich getilgt war, und so
ging ich ein auf des mir mehr als nur sympathischen Mannes Vorschlag, für ihn und seinen Südfunk eine Sendereihe zu verfassen.«
Er habe dessen Angebot, so sagt es Améry 1978 in der Antrittsrede
vor der Darmstädter Akademie für Sprache und Dichtung nur
»zögernd und unbehaglich« erwidert; später sei es sein Anliegen
gewesen, nicht als »Berufs-Nazi-Opfer« zu gelten, der das Erlebte
sprachlich so bannen könne: »Man nannte mich einen ›Essayis-
ten‹ und war beleidigt, als ich in *Lefeu oder Der Abbruch* die Grenze überschritt und mich an die belles lettres heranwagte, in denen
ich schließlich meine literarischen Ursprünge hatte.« Dass sein
erster Roman *Die Schiffbrüchigen* vor und nach 1945 keinen Verleger gefunden hatte, war für Améry eine Folge der Zeitumstände:
»1934 machte ich mich an einen Roman. Robert Musil fand ihn
begabt und ermutigte mich. Aber die herzhafte Tapferkeit kam
nicht auf gegen den Lauf der Dinge. [...] Bald nahm der Krieg mir
alle Sorgen ab: Untergrund, Nazi-Gefängnisse und KZ-Lager sind
keine rechten Arbeitsstätten für literarische Bemühungen.«

Ohne Zweifel schmerzte Améry trotz der großen Resonanz,
die er als essayistischer Autobiograph erzielt hatte, die fehlende
Anerkennung als Romanautor. Neben dem Trauma der Lagerzeit
blieb diese Versagung für ihn eine tiefe, bleibende Wunde, die
bis zuletzt schmerzte und nach Heilung verlangte. Deshalb versuchte Améry noch zur Zeit der Darmstädter Rede, dem Schicksal erneut mit einem »Roman-Essay« die Stirn zu bieten. Hans
Paeschke, dem ihm seit 1965 vertrauten Herausgeber des *Merkur*,
gestand er damals seine große Unruhe: »Im übrigen warte ich
jetzt mit echter Autoren-Bangnis auf das Echo oder das Schwei-

gen, das auf meinen Charles Bovary folgen wird. Es hängt für mich sehr viel davon ab, denn ich bin ein sich Wandelnder und will nicht ewiglich mir den Mund mit dem Etikett Essayist verkleben lassen.«

Noch bis in seine letzte Lebenswoche beklagte Améry, der früh einen Band über *Karrieren und Köpfe* verfasst hatte, den unglücklichen Verlauf seines Lebens. Im Brief an eine vertraute Rundfunkredakteurin schrieb er:»Nur habe ich mir die Frage gestellt, ob es nicht so etwas wie ein Schicksalsirrtum war, daß ich mich 1945, als ich noch relativ jung war, nicht entschloß, ein französischer Schriftsteller zu werden. Mir fiel dabei ein berühmtes Gedicht von H. M. Enzensberger ein (ich behalte Lyrik ja sehr gut im Gedächtnis ...), in dem es heißt: ›Was habe ich verloren in diesem Lande?‹« Die letzten Zeilen des Gedichts lauten in suizidal verstehbarer Mehrdeutigkeit:

> mördergrube, in die ich herzlich geworfen bin
> bei halbwegs lebendigem leib,
> da bleibe ich jetzt,
> ich hadere aber ich weiche nicht,
> da bleibe ich eine zeitlang,
> bis ich von hinnen fahre zu den anderen leuten,
> und ruhe aus, in einem ganz gewöhnlichen land,
> hier nicht,
> nicht hier.

II.

Jean Améry mied die »Mördergrube« lange. Bis 1965 war die Schweiz der Ort, an dem seine in Brüssel entstandenen Reportagen erschienen. Allerdings stellte er schon 1961 mit *Geburt der Gegenwart* eine kulturphilosophische Zeitdiagnose der westlichen Welt, die in Deutschland wenig geschätzt wurde. Denn das Kapitel »Im Schatten des Dritten Reiches« macht deutlich, warum er vor dem Jerusalemer Eichmann-Prozess auf kein Publikum hoffen konnte. Es bietet eine genaue Bestandsaufnahme der deutschen Nachkriegsjahre, die das restaurative Klima der Adenauer-Ära unter den Bedingungen des Kalten Krieges beschreibt: »Die Vertuschung und Verdrängung der nationalsozialistischen Vergangenheit wurde dem deutschen Volke durch eine Weltstimmung erleichtert, die [...] durchaus bereit war, zu vergeben und zu vergessen – und sei es nur um der antikommunistischen Allianz mit Deutschland willen, die man allenthalben, wenn auch nur als notwendiges Übel, annahm.« Als eine der wenigen überzeugenden Stimmen führt Améry Karl Jaspers mit dem Traktat *Die Schuldfrage* an. Der Philosoph habe 1946 gewagt, »seinem Volke Dinge zu sagen, wie es sie gewiß nicht gerne hörte«. Améry gefiel auch dessen Rechtfertigung der Nürnberger Prozesse, die er mit den Worten zitierte: »Die nationale Schmach liegt nicht im Gericht, sondern in dem, was zu ihm geführt hat, in der Tatsache dieses Regimes und seiner Handlungen.« Dagegen seien die deutschen Schriftsteller nicht fähig gewesen, die »unbewältigte Vergangenheit« wirklich zur Sprache zu bringen: »Die Dichter vermochten nicht, die Mauer der Wirklichkeit zu durchbrechen.«

Fritz Bauer löste mit den Frankfurter Auschwitz-Prozessen in der Folge den Bann. Nun forderte die kritische Öffentlichkeit in

Deutschland die schonungslose Aufklärung, deren Fehlen Améry in *Geburt der Gegenwart* vermisst hatte. Mit *Jenseits von Schuld und Sühne. Bewältigungsversuche eines Überwältigten* konnte er nun ein Zeichen setzen. Améry wollte eine selbstkritische Nachdenklichkeit unter den Deutschen wecken und kein vernichtendes Urteil sprechen. Ihm ging es um eine mögliche Versöhnung zwischen Opfern und Tätern.

Dieses Anliegen teilten auf deutscher Seite auch einige Psychiater, die mit Sorge beobachtet hatten, dass viele von Traumata gezeichnete Patienten, welche die Lagerwelt überlebt hatten, in den 1950er Jahren noch nicht einmal finanziell entschädigt worden waren. Man versuchte ihnen als Überlebenden des Holocaust wenigstens klinisch Gerechtigkeit zukommen zu lassen. Amérys Überlegungen greifen die psychiatrische Initiative auf, die in der Heidelberger Tradition von Karl Jaspers 1964 zu dem Buch *Psychiatrie der Verfolgten* geführt hatte. Die Autoren plädierten erfolgreich dafür, die Spätfolgen der Haft als Grund für Renten und andere Formen der Entschädigung anzuerkennen. Entscheidend für die positive Begutachtung war die klinische Kategorie der »erlebnisreaktiven Umstrukturierung der Persönlichkeit«. Aber zur chronifizierten Depression, die sich oft in Niedergedrücktheit, Schuldgefühlen und Antriebsstörungen äußerte, zählten manche Autoren auch »Züge misstrauischer Verbitterung«, die man vielfach als »Konzentrationslagersyndrom« klassifizierte.

In seinen Überlegungen bürstet Améry die psychiatrischen Überlegungen gegen den Strich. Er will die moralische Position des Opfers legitimieren, dem es um Aufklärung zu tun ist. Er stößt sich an der Bezeichnung »KZ-Syndrom«: »Wir allen seien, so lese ich in einem kürzlich erschienenen Buch über ›Spätschäden nach politischer Verfolgung‹, nicht nur körperlich, sondern auch psychisch versehrt. [...] Wir sind, so heißt es, ›verbogen‹.« Besonders war es der Aufsatz »Die Konzentrationslagerhaft als Belastungssituation«, der Améry mit Passagen über die »rassisch Verfolgten« und deren »generelle[m] Mißtrauen« provoziert hatte. Denn der Autor des Aufsatzes, der philosophisch ambitionierte Psychiater Paul Matussek, beurteilte dieses als psychopathologische Fragwürdigkeit: »[Das Mißtrauen] richtet sich gegen diejenigen Menschen, die nicht im KL waren und entspringt aus der nicht oder nicht voll auslebbaren Anklägerrolle, die sich durch das vergangene, aber nicht zu vergessene Faktum des totalen Ausgestoßenseins dem Verfolgten der Gesellschaft gegenüber auferlegt und die Gesellschaft ihm gegenüber ständig in Verlegenheit bringt.«

Améry erscheint dagegen das psychopathologisch gesteigerte Misstrauen keineswegs als Negativum. Vielmehr deutet er das »Ressentiment« als Privileg der Traumatisierten, da es sie mit einem geschärften Blick ausstatte und ihre Welt moralisch unbequem betrachten lasse. An Nietzsches provokative Moralpsychologie des Ressentiments mit ihrer polemischen Unterscheidung zwischen jüdisch-christlicher Sklavenmoral und vornehmer Herrenmoral entzündet sich Amérys gegenläufige Sichtweise. Er zitiert ausführlich aus *Zur Genealogie der Moral*: »Das Ressentiment bestimmt solche Wesen, denen die eigentliche Reaktion, die der Tat, versagt ist, die sich nur durch eine imaginäre Rache schadlos halten ... Der Mensch des Ressentiments ist weder aufrichtig, noch naiv, noch mit sich selber ehrlich und geradezu. Seine Seele schielt, sein Geist liebt Schlupfwinkel und Hintertüren, alles Versteckte mutet ihn als seine Welt, seine Sicherheit, sein Labsal.« Dem folgt das Bekenntnis zu einem scheinbar arg beschränkten

Blick des geschichtlichen Überwältigten: »Ich hegte meine Ressentiments.« Dabei ist Améry sich mit Nietzsche der moralisch
eingeengten Perspektive bewusst, die aus der Fixierung auf das
vergangene Unrecht resultiert: »Das Ressentiment blockiert den
Ausgang in die eigentlich menschliche Dimension, die Zukunft.
Ich weiß, das Zeitgefühl des im Ressentiment Gefangenen ist ver-
dreht, ver-rückt, wenn man will«. Die scheinbar psychopathologische Not des Opfers wird bei Jean Améry zur moralphiloso-
phischen Tugend: »Meine Ressentiments aber sind da, damit das
Verbrechen moralische Realität werde für den Verbrecher, damit
er hineingerissen sei in die Wahrheit seiner Untat.«

Die biographisch bedingten Traumata bilden somit die psy-
chodynamische Grundlage für die moralisch aufklärerische Vision: »Sittliche Widerstandskraft enthält den Protest, die Revolte
gegen das Wirkliche, das nur vernünftig ist, solange es moralisch
ist. Der sittliche Mensch fordert Aufhebung der Zeit – im besonderen, hier zur Rede stehenden Fall: durch Festnagelung des Un-
täters an seine Untat. Mit ihr mag er bei vollzogener moralischer
Zeitumkehrung als Mitmensch dem Opfer zugesellt sein.«

Amérys Reflexionen entfalten eine Paria-Moral, in der die
»negative Privilegierung« zum prophetischen Impetus wird. Entsprechend reklamiert er mit polemischer Bitterkeit die jüdische
»Einzigartigkeit, die man auch eine ›negative Ausgewähltheit‹,
d. h. eine Ausgewähltheit zum Schlachtvieh« nenne. Die moralische Prophetie eröffnet einen großartigen utopischen Horizont:
»Zwei Menschengruppen, Überwältiger und Überwältigte, würden einander begegnen am Treffpunkt des Wunsches nach Zeitumkehrung und damit nach Moralisierung der Geschichte. Die
Forderung, erhoben vom deutschen, dem eigentlich siegreichen

und von der Zeit schon wieder rehabilitierten Volke, hätte ein un-
geheures Gewicht, schwer genug, daß sie damit auch schon erfüllt
wäre. Die deutsche Revolution wäre nachgeholt. Hitler zurückge-
nommen.« Améry spricht selbst von einer »ausschweifenden moralischen Träumerei«, die er zuletzt wieder radikal in Frage stellt:
»Im Grunde waren die Befürchtungen [...] Nietzsches nicht gerechtfertigt. Unsere Sklavenmoral wird nicht triumphieren.«

III.

Als Jean Améry *Jenseits von Schuld und Sühne* schrieb, hatte Hannah Arendt mit *Eichmann in Jerusalem. Ein Bericht von der Banalität des Bösen* eine weltweite Kontroverse über das Verhalten
der Opfer des Holocaust ausgelöst. Als Beobachterin des Eich-
mann-Prozesses fragte Arendt, ob die erzwungene Kooperation,
gerade der Judenräte, nicht dazu geführt habe, dass wesentlich
mehr jüdische Menschen in die Vernichtungsmaschinerie der Nationalsozialisten geraten seien, als wenn ihre privilegierten Vertreter ihre Mitarbeit verweigert hätten. Sie selbst urteilte polemisch: »Eines aber ist gewiß: Die ›Führer‹ dieses Volkes, also im
Ghetto vor allem Judenrat und Judenpolizei, hätten besser daran getan, sich nicht an jene ungeglaubte und hoffnungslose Hoffnung zu klammern, sondern von Anbeginn ihre Sache und die ihrer Schützlinge auf nichts zu stellen, was in diesem Falle hießt:
auf den eigenen Tod, der ohnehin kommen musste, und auf die
Vorbereitung der rächenden Gewaltanwendung.«

Vor diesem Hintergrund bekennt Améry mit »schmerzvoller
Scham«, nicht zur Gruppe jener gehört zu haben, die in manchen
Lagern den Aufstand gegen die übermächtigen Deutschen ge-
wagt oder im Erdulden des Leids herausgeragt hatten. Obwohl

er den aktiven und passiven Widerstand derjenigen bewundert, die aufgrund ihres religiösen oder politischen Glaubens die inneren Kräfte besaßen, verteidigt er die besondere Situation dessen, den keine dogmatischen Wahrheiten mobilisiert habe: »Der skeptische geistige Mensch wurde nur in Ausnahmefällen durch das großartige Beispiel der Kameraden zum Christen oder zum marxistischen *engagé*. Meist kehrte er sich ab und sagte sich: Eine bewundernswerte und rettende Illusion, aber eine Illusion eben doch.« Primo Levi teilte diesen Blick: »Im Mühlwerk des täglichen Lebens lebten die gläubigen Menschen besser. Améry und ich haben es beide beobachtet. Es hatte überhaupt keine Bedeutung, welchem Glauben sie anhingen, ob er religiös oder politischer Natur war [...]: sie besaßen einen Schlüssel und einen Halt, ein tausendjähriges Morgen, für das es einen Sinn haben konnte, sich zu opfern, einen Platz im Himmel oder auf der Erde, wo die Gerechtigkeit und Barmherzigkeit gesiegt hatten, oder in einer vielleicht fernen, aber gewissen Zukunft den Sieg erringen würden: Moskau oder das himmlische oder das irdische Jerusalem.«

Gleichwohl blieb es nicht bei dem Urteil von *Jenseits von Schuld und Sühne*. Ein Jahr später änderte sich Amérys Auffassung, als er Jean-François Steiners Roman *Treblinka* besprach. Der ehemalige Lagerhäftling zeigte sich beeindruckt von dem Motiv, aufgrund dessen der junge französische Jude sein Buch geschrieben hatte. Améry zitierte dessen Bekenntnis: »Ich litt unter der Schande, Sohn eines Volkes zu sein, von dem sechs Millionen sich zur Schlachtbank führen ließen wie die Schafe.« Ihn bannte die dramatische Erzählung über die Sechshundert, denen die gewaltsame Flucht aus dem Todeslager gelungen war, während sich Hunderttausende ohne Gegenwehr in ihr Schicksal ergeben hatten. Keine Rede ist mehr von den ideologischen Illusionen angesichts der todesmutigen Entschlusskraft: »Aus der Tiefe der Demütigung erhebt sich der Mensch zur Selbsterlösung in der ›violence‹.« Die Tatsache, dass Steiner sich mit der literarischen Legende des grandiosen Widerstands den Vorwurf der Geschichtsfälschung einhandelte, stört Améry nicht: »Man trinkt und ist qualvoll berauscht.« Mit seinem hagiographischen Narrativ diene der junge Autor einem höheren Anliegen: »Was er erzählt hat, *daß* er es erzählt hat, trägt zur Befreiung aller überlebenden KZ-Juden vom nachlastenden Druck erfahrener Schmach bei.« Auch Hannah Arendt hatte in Jerusalem die Erinnerungen der jüdischen Widerstandskämpfer als seltene, emotional erlösende Schilderungen gehört und geschrieben: »Ihr Auftreten verjagte das Gespenst einer allseitigen Gefügigkeit«.

Ende der 1960er rückte Améry die perfiden Machtmechanismen der Nationalsozialisten nochmals stärker ins Bewusstsein, als er gefragt wurde, ein Vorwort zu einer Dokumentation des Warschauer Ghettos zu liefern: »[D]enn des Unterdrückers teilende und herrschende, schließlich den unausweichlichen Tod verhängende Gewalt hatte die praktischen, die psychologischen und die existentiellen Grundlagen des menschlichen Racheaktes zu zerstören gewusst.« Mit beißender Ironie unterstreicht sein Vorwort nun Steiners desolate Schilderung der Lagerexistenz: »Die Nazis gaben jedem Juden eine Chance, ein Schurke zu sein«. Die tägliche Kollaboration in den Ghettos habe sich vor allem aus der Hoffnung gespeist, selbst von der Deportation verschont zu bleiben oder zumindest ein milderes Schicksal erwarten zu dürfen: »Eine Hierarchie errichtete sich, wo doch alles darauf angekommen wäre, daß kein armer Hund hätte mehr und besser sein sollen als der andere, um mit ihm in totaler Egalität zur Wolfsherde zu werden.« Seine Reflexionen rechtfertigen jegliche Handlung, die unternommen wurde, um am Leben zu bleiben: »Jede Antwort auf die menschliche Zerstampfung der Juden durch den Nazi war im Ghetto legitim: auch die im üblichen Sinne niederträchtigste.«

Die tiefe Zerrissenheit, die Améry angesichts der eigenen Verstrickung in den Apparat der Vernichtung fühlte, drückt sich auch im zornigen Anschreiben gegen Hannah Arendt und ihren *Bericht von der Banalität des Bösen* aus: »Es war die politische geradeso wie die moralische Begriffswelt durch ein Übermaß an Unrecht außer Kraft gesetzt worden. Der Triumph des radikalen Bösen (nicht des ›sogenannten‹, das rückführbar wäre auf stammesgeschichtliche Tatsachen; auch nicht des ›banalen‹, an dessen Existenz ich nicht mehr glauben kann) hatte im Ghetto eine Welt erstehen lassen, die nicht jenseits, wohl aber unterhalb von Gut und Böse war.« Als Betroffener, der die Lagerwelt überlebt hatte, war Améry so empört, dass er Arendt – tief getroffen und entsetzt von dem, was er als Arroganz und Ignoranz empfand – auch persönlich angriff: »Nur Unverstand, frecher Hochmut und völlige Unkenntnis der Sachlage wird den ›Kollaborations-Juden‹ verurteilen wie irgendeinen Quisling im besetzten Europa!« Mit polemischer Leidenschaft setzt er sich von der provokanten Gedankenführung von *Eichmann in Jerusalem* ab. Améry führt die »eigentümliche Dialektik der jüdischen Solidarität« an gegen das, »was immer uns Frau Arendt erzählt haben mochte in ihrem bemerkenswert verständnislosen und nicht einmal relevante Sachkenntnis enthaltenden Eichmann-Buch!«: »Sie litten trotz allem mit ihren Opfern, die jüdischen Kapos, Blockältesten und die jü-

dischen Ghetto-Polizisten und schnöden Ghetto-Notablen. Sie
prügelten den Mitjuden und trafen dabei sich selbst; sie jagten
ihn in die Gaskammern und glaubten nicht einmal, daß sie mit
solchem Verrat sich selber würden retten können.«

IV.

Nach dem Erfolg von *Jenseits von Schuld und Sühne* blieb Améry vorerst dem autobiographischen Genre treu. Er behielt auch
das kluge Prinzip bei, fünf Essays zunächst für den Rundfunk zu
schreiben und sie nach Möglichkeit auch einzeln abdrucken zu
lassen, bevor sie gesammelt als Buch erschienen. Auf diesem Weg
erschienen bei Klett-Cotta in den Jahren 1968 und 1971 die beiden Bände *Über das Altern* und *Unmeisterliche Wanderjahre.* Sie
folgten zwei anderen lebensgeschichtlich zentralen Perspektiven:
dem körperlichen Verfall, den der 66-jährige Améry zu gewärti-
gen hatte, und dem geistigen Werden, das ihn von den Wiener
Anfängen im Positivismus in die französische Welt des Existentialismus um Jean-Paul Sartre geführt hatte.

    Den ersten Band *Über das Altern. Revolte und Resignation*
besprach Horst Krüger in der *Zeit* unter dem Titel »Aufklärung
statt Verklärung«. Ihm imponierte Amérys schonungsloser Willen
zur Ernüchterung. Dass diese auch von den traumatischen Erleb-
nissen geprägt war, zeigte sich in dem späteren Essay »Über das
Altern«, den Améry drei Jahre nach dem Buch im *Zeitmagazin* erscheinen ließ: »Das Leben des alten Menschen ist Last. Sein Leib
wird aus einem tragenden zu einem lastenden, ein unheimlicher
Geotropismus macht, daß der Alte zur Erde sich neigt: Er geht
gebückt, denn er ist schwer vom Gewichte des eigenen Körpers,
schwer auch von Erinnerungen, die ihm die Wirklichkeit verstel-

len, beschwert bis zur Unerträglichkeit von den Provokationen eines Zeitgeschehens, das er nicht mehr mitgestalten kann.«

Der melancholische Zug prägte auch die Essay-Sammlung *Unmeisterliche Wanderjahre*, die als »Bildungsgeschichte« gedacht war und die »Problematik einer intellektuellen Existenz zwischen Deutschland und Frankreich« in bewusster Subjektivität erzählen sollte: »Prinzipiell würde ich bei der Methode der persönlich-existentiellen Aussageform verharren wollen, die ich für meine Sendereihe und Bücher *Jenseits von Schuld und Sühne* und *Über das Altern* wählte, nur daß der hier proponierten Serie doch die informative Komponente gegenüber der subjektiven ein klares Übergewicht wird bewahren müssen.« Die Selbstanzeige des Buches umreißt resignativ die Ohnmacht des Geistes gegenüber der vernichtenden Geschichte: »Es gibt Meisterschaft und Meister nicht mehr. Immer wieder soll dem Hörer dargetan werden, wie die Zeit gewaltige und unlösbar erscheinende Probleme ganz einfach auslöscht, [...] und manchmal wird Geschichte nur als das erscheinen, als was einst Theodor Lessing sie bezeichnet hat: Sinngebung des Sinnlosen.« Dass Améry vergeblich versucht hatte, sich im Denken einzurichten, weil ihm die reale Heimat verloren war, beschrieb Rudolf Hartung, der damalige Herausgeber der *Neuen Rundschau*: »Indem er sich nämlich ganz dem Denken überantwortet, als gebe es Heimat oder Wohnstatt nur in ihm und in den geschichtlichen Entfaltungen des Zeitgeistes, erwartet er vom Denken zu viel.«

Der Verlust der Heimat machte Améry auch sensibel für den Staat Israel, den er 1976 erstmals besucht hatte. Während die europäische Linke nach dem überraschend erfolgreichen Sechstagekrieg Israel in weiten Zügen verurteilte und sich mit dem Schick-

sal der unterdrückten Palästinenser solidarisierte, verteidigte
Améry schon 1969 im Essay »Der ehrbare Antisemitismus« das
1948 gegründete Land: »Fest steht: Der Antisemitismus, enthalten
im Anti-Israelismus oder Anti-Zionismus wie das Gewitter in der
Wolke, ist wiederum ehrbar. Er kann ordinär reden, dann heißt
das ›Verbrecherstaat Israel‹. Er kann es auf manierlichere Art machen und vom ›Brückenkopf des Imperialismus‹ sprechen«. Als
gebranntes Kind befürchtete er eine neue Welle deutschen Ressentiments, das sich nun gegen die Juden in Gestalt der politisch
Mächtigen richten würde, die mit den Mitteln des internationalen
Kapitals gnadenlos gegen Ohnmächtige agierten: »Die Linke [...]
sieht nicht, daß trotz Rothschild und einem wohlhabenden ame-
rikanisch-jüdischen Mittelstand der Jude immer noch schlechter
dran ist als Frantz Fanons Kolonisierter, sieht das so wenig wie das
Phänomen des anti-imperialistischen jüdischen Freiheitskampfes,
der gegen England ausgefochten wurde.«

Als sich Israel im Jom-Kippur-Krieg gegenüber den überra-
schenden Angriffen der arabischen Anrainerstaaten als wehrhafte
Heimstatt jüdischer Menschen erwiesen hatte, vertiefte Améry seine Apologie. Sein Essay »Der neue Antisemitismus« interpretier-
te diesen 1976 als erschreckendes Anzeichen für eine Renaissance
antijüdischen, von Gewaltphantasien durchzogenen Denkens:
»Der Antisemitismus, welt- und menschenunmöglich geworden
durch etwas, das hier durch die Chiffre ›Auschwitz‹ verkürzt ge-
kennzeichnet ist, steht im Begriffe, sich wieder in die politische
Diskussion einzudrängen und sich ganz unverschämt breit zu machen. [...] Der Antisemitismus, mit dem wir es *heute* zu tun haben,
nennt seinen Namen nicht. Im Gegenteil: Will man ihn haftbar
machen, verleugnet er sich. Man kann ihm nur schwer den Prozeß

machen, den er schon längst verloren hat, der aber gleichwohl ein Verfahren in Permanenz zu bleiben hätte. Was sagt der neue Antisemit? Etwas überaus Einfaches und dem flüchtigen Blick auch Einleuchtendes: Er sei nicht der, als den man ihn hinstelle, nicht Antisemit also sei er, sondern *Anti-Zionist!* [...] Man darf rufen: ›Schlagt die Zionisten tot, macht den Nahen Osten rot!‹ – und kann verschweigen oder sogar empört die Insinuation zurückweisen, daß in diesem Kampfruf ein anderer, nur allzu bekannter mitschwinge: das ganz eindeutige ›Juda verrecke‹ der Nazis.«

Mit dem aktuellen Anlass blitzte die Erinnerung an die jüngste Vergangenheit auf, deren unheilvolle Rückkehr Améry unter gewandelten Umständen und Vorzeichen befürchtete. Hier ist spürbar, wie wirkmächtig die Traumatisierung blieb, wie genau und argwöhnisch, bis in Übertreibungen hinein, der ehemalige Lagerhäftling die deutsche Öffentlichkeit und ihre Meinungsbildung beobachtete. Jean Améry offenbarte mit diesen Essays zum linken Antisemitismus nochmals deutlich, von welchen biographischen Erfahrungen her seine Rolle als engagierter Intellektueller ihre Bestimmung und Rechtfertigung fand.

V.

Der Weg seines Schreibens in den 1970er Jahre enthüllt nach den essayistischen Erfolgen auch, wie sehr das frühe Trauma, nicht als Schriftsteller anerkannt worden zu sein, in Améry weiterwirkte. So gestand er Anfang 1973 dem Wiener Jugendfreund Ernst Mayer, dass er literarische Pläne habe: »Der Schritt in das im engeren Sinne ›Dichterische‹ ist immerhin für mich ein Sprung ins kaum noch Bekannte: seit vier Jahrzehnten (›Die Schiffbrüchigen‹) habe ich ja keine erzählende Prosa mehr geschrieben.«

Helmut Heißenbüttel bat er, das erste Kapitel seiner werdenden erzählerischen Prosa *Lefeu oder Der Abbruch* gegenzulesen. Schon der Untertitel *Roman-Essay* lässt erkennen, wie unsicher sich Améry bis zum Druck fühlte, ob er wirklich ein Erzähler sei: »Ich bin mehr als begierig zu hören, wie Sie diesen Versuch, der für mich eine Art Rückkehr zu meinen erzählerischen Ursprüngen ist, einschätzen.« Dass sich der Büchner-Preisträger Heißenbüttel »im Wesentlichen einverstanden« zeigte, konnte ihn kaum beruhigen. Amérys sehnlichster Wunsch war es, den frühen Misserfolg hinter sich zu lassen. Ernst Mayer gestand er: »Warum ich gar so grossen Wert lege auf gerade dieses Buch? Wahrscheinlich weil ich darin zum erstenmal nach vielen, so vielen Jahren wieder so etwas wie ›Dichtung‹ wagte. Erinnerst Du Dich, wie wir in unserer Jugend einander stets im Scherz ›Dichter‹ nannten? Ganz offensichtlich hing ich doch mehr an dieser Selbstvorstellung als ich in den vergangenen Jahrzehnten, da ich mir als ›Publizist‹ einen kleinen Namen machte, eingestehen wollte.«

Vielleicht ahnte Améry die kommende Enttäuschung, als er nach Erscheinen des Buches Rudolf Hartung mitteilte: »Beunruhigend ist Reich-Ranicki, von dem ich nur hoffen will, dass er sich nicht beckmesserisch über meine Arbeit hermacht«. Kaum zwei Wochen später sollte der Literaturchef der *Frankfurter Allgemeinen Zeitung* unter dem polemischen Titel »Schrecklich ist die Verführung zum Roman« den Finger in die offene Wunde legen. Dessen Kritik postulierte geradezu höhnisch, dass für Amérys »späte Anerkennung« ein »zentrales Erlebnis« entscheidend sei: »[U]m es anzudeuten, genügt es, die Ortsbezeichnungen Auschwitz, Buchenwald und Bergen-Belsen zu nennen«. Und angesichts des biographischen Faktums, dass er nach der Flucht aus dem War-

schauer Ghetto in einem Versteck mit seiner Frau überlebt hatte,
konnte Reich-Ranicki es sich leisten, den Moralismus des »viel-
geprüften Mann[es]« mit dem »zerfurchten Gesicht« ironisch
zu attackieren. Gleichsam im Horizont von Nietzsches Kritik
an den Opfern, die mit ihrem Ressentiment eine geschichtliche
Moral einklagen, schrieb der Kritiker: »So sah er sich plötzlich,
ob er es wollte oder nicht, in der Rolle eines gesuchten und beliebten Spezialisten für die unbewältigte Vergangenheit, der auch
deshalb besonders geschätzt wurde, weil er keine Hemmungen
kannte, seine eigenen Schwierigkeiten und Komplexe vor den Le-
sern oder Zuhörern nicht nur mit schonungsloser Aufrichtigkeit
auszubreiten, sondern auch mit geschmeidiger Eloquenz.« Intui-
tiv erfasste Marcel Reich-Ranicki nicht zuletzt auch die tieferen
Sehnsüchte Amérys, als er provozierend folgerte, der erfolgreiche
Essayist habe sich »ermuntert und ermutigt« gefühlt, sich den Ju-
gendtraum als Romanautor zu erfüllen.

Die Worte saßen. Seinem Lektor Hubert Arbogast berichtete Améry: »Der törichte Reich-Ranicki war natürlich ein arger
Schock.« Ähnlich hieß es gegenüber dem Freund Hans Paeschke:
»Zum Thema Reich-Ranicki ist nicht viel zu sagen. Es wäre un-
aufrichtig, wollte ich nicht gestehen, dass mir dieses Bravourstück
einen gewissen Schock verursachte.« Dass auch der hochverehrte
Günter Kunert im privaten Brief seine Reserve gegenüber den literarischen Qualitäten von *Lefeu* geäußert hatte, gab Améry allerdings sehr zu denken. Resigniert antwortete er: »In meinem Falle
haben Sie allein schon deshalb recht, weil die Mehrzahl der Kom-
petenten ungefähr urteilte wie Sie; die Wenigen, die mir tröstend
kommende Jahrzehnte versprechen, kommen dagegen nicht auf
und dürfen von mir nicht in Betracht gezogen werden.«

Im Januar 1975 berichtete Jean Améry noch voller Gram Ernst Mayer: »Ich stecke, um die Wahrheit zu sagen, in einer ziemlich morastartigen Depression [...]. 1974 war ein elendes Jahr. Das Schlimmste, das es mir brachte, war der totale Misserfolg jenes Buches, das ich nicht nur für mein bestes hielt, sondern von dem ich mir einbildete, es sei eine Art von ›Lebenswerk‹ in Kleinformat (denn Grossformatiges habe ich mir ohnehin niemals zugetraut).« Im nächsten Monat schlug Améry auch dem Lektor vor, was er schon Mitte 1974 gegenüber Günter Kunert als Idee geäußert hatte: »Ich möchte ein Buch über den Freitod schreiben (›Hand an sich legen.‹ Meditationen über den Freitod) [...]. Es soll ein Buch werden, das den Freitod ganz von innen her darstellt, dass der Autor ganz in die geschlossene Welt des Selbstmörders eintritt.«

VI.

Auf dem Weg zum *Diskurs über den Freitod* hatte Améry schon 1973 den Essay »Träger der Freiheit« verfasst. Darin bewunderte er vor allem historische Beispiele der Selbsttötung, die auf religiösen und politischen Motiven beruhten. So erschien ihm Thomas Müntzer als herausragendes Beispiel, weil dieser seine Bauern gegen die Übermacht der Fürstenheere in einen mutigen Todeskampf für ein kommendes Reich der irdischen Gerechtigkeit geführt habe. Auch würdigte Améry jene Menschen als »Träger der Freiheit«, die aus politischen Motiven den symbolträchtigen Tod gesucht hätten: »Desgleichen haben die Buddhistenmönche, die sich in Vietnam verbrannten oder hat Jan Palach, der das gleiche Selbstopfer in der ČSSR brachte, in ihren Selbstzerstörungsakten Signale der existentiellen Freiheit gegeben.« Während das kämp-

ferische Martyrium eine »Dimension der Zukunft« entfalten könne, beschreite die demonstrative Selbsttötung den befreienden
»Rückweg ins Nichts«. In beiden Fällen erkannte Améry suizidale
Handlungen an, die er Jahre zuvor in *Jenseits von Schuld und Sühne* als Ausdruck ideologischen Denkens abgewertet hatte. Sein
Essay gibt zuletzt einen Ausblick auf Menschen, die unabhängig
von politischen und religiösen Motiven rein persönliche Gründe
für den Suizid angeben. Auch sie sind »Träger der Freiheit«. Drei
Jahre später wird Améry in *Hand an sich legen* ihre Entschiedenheit als moralisch herausragend in den Mittelpunkt seines Dis-
kurses über den Freitod stellen.

Tatsächlich erscheinen in *Hand an sich legen* diejenigen, die
sich aus rein persönlichen Motiven das Leben nehmen, als die eigentlichen Helden, verglichen mit jenen, die im politisch und religiös motivierten Kampf ihr Leben lassen: »[S]ie kennen alle den
Moment *vor dem Absprung* nicht in seiner vollen Dichtigkeit, und
die Freiwilligkeit ihres Todes ist stets nur eine halbe. [...] Der Held
muß nicht unbedingt von der feindlichen Kugel getroffen werden,
wenn er im Angriff auf einen Panzer offensichtlich dem Tod in die
Arme läuft. Der Märtyrer kann aufgespart werden [...]. Der Suizi-
dant aber stirbt aus eigenem Entschluß.« Angesichts der Essays,
die Améry einige Jahre zuvor über die bewunderungswürdigen
Ghetto- und Lageraufstände in Warschau und Treblinka verfasst
hatte, ist sein Vergleich schon erstaunlich. Der Ursprung dieser
Größen- oder Ausgleichsphantasie kann in der demütigenden Erfahrung liegen, die der Autor um des Überlebens willen in seiner
angepassten Lagerwelt erfuhr. Eine narzisstische oder kompen-
satorische Überhöhung der suizidalen Phantasien angesichts der
traumatischen Erfahrungen der Lagerzeit scheint auch vorzulie-

gen, wenn Améry die Selbsttötung moralisch über die religiöse Passion stellt, die vor allem im »Sterbe[n] des Propheten auf Golgatha« repräsentiert sei: »Wer Hand an sich legt, ist grundsätzlich ein anderer als der, welcher sich dem Willen der anderen preisgibt: mit diesem geschieht etwas, jener handelt von sich aus.«

Dass Améry die Verhinderung eines solch mutigen Tuns im *Diskurs über den Freitod* zum eigentlichen Skandal erhebt, ist dann nur konsequent. Die persönliche Erfahrung, nach einem Suizidversuch durch eine Intensivbehandlung ins Leben zurückgeholt worden zu sein, steht dafür Pate: »Eine tiefe Bitternis erfüllte mich gegen alle Gutmeinenden, die mir die Schmach angetan. Ich wurde aggressiv. Ich haßte. Und wußte, ich, der ich vordem intimen Umgang gehabt hatte mit dem Tod und dessen Sonderform, dem Freitod, besser als je zuvor, daß ich dem Tode zugeneigt war und daß die Rettung, deren der Arzt sich rühmte, zum Schlimmsten gehörte, das man mir je zugefügt – und das war nicht wenig.«

Es ist überraschend, dass Améry den Vernichtungswillen der Schergen von damals mit dem lebensrettenden Tun der Helfer von heute im traumatisierenden Resultat gleichsetzt. Während einstmals die mächtigen Widersacher den fremdbestimmten Tod brachten, werden Jahrzehnte später jene moralisch angeklagt, die das selbstbestimmte Sterben nicht zulassen. Die Kritik an der Psychiatrie als staatlich autorisierter Ordnungsmacht fällt entsprechend scharf aus: »Wir sind über das, wie mir scheint, inhumane geistige Entwicklungsstadium, das den Suizid mit dem Bannfluch belegte, noch immer nicht hinausgelangt. Nur daß, wo einst religiöse Gebote und Verbote so verbindlich waren [...], heute Soziologie, Psychiatrie und Psychologie, bestallte Träger der öffentlichen Ordnung, den Freitod behandeln, wie man eine Krankheit behandelt.«

Während die Auschwitz-Prozesse den fruchtbaren Boden für *Jenseits von Schuld und Sühne* bereitet hatten, ist es zehn Jahre später der antipsychiatrische Diskurs, der Améry die berechtigte Hoffnung hegen ließ, mit *Hand an sich legen* eine zeitgemäße Resonanz zu finden. Besonders der traditionelle Krankheitsbegriff war bei den Vertretern der Antipsychiatrie als gesellschaftlich fragwürdiges Konstrukt umstritten. Améry schloss sich dieser Sicht in weiten Zügen an: »Mir scheint nur, nach allem, was ich gelesen und selber erfahren habe, daß die Grenzen von psychischer (und, beiläufig, körperlicher) Gesundheit gegen den Bereich der Krankheit stets willkürlich und nach dem jeweils in Geltung stehenden Bezugssystem der Gesellschaft gezogen werden.« Er stellt insofern die rhetorische Frage: »Wie krank ist der Melancholiker? Wie krank ist der Depressive?« Seine Antwort ist eindeutig: »Der Depressive oder der Melancholiker, für welchen ›die Vergangenheit unwürdig, die Gegenwart schmerzhaft, die Zukunft nichtexistent‹ sind, [...] ist so wenig krank wie der Homoerotiker. Er ist nur *anders*.« So betrachtet er abgesehen von den Schizophrenen, die er anders als die Antipsychiater als regelrechte Kranke mit schlimmen Wahnerscheinungen ansieht, die große Gruppe der melancholisch veranlagten Menschen als solche, die einer von Staat und Kapital gelenkten Psychiatrie ausgeliefert seien: »Wer als Melancholiker seiner Berufstätigkeit nur mit Widerwillen und darum unzulänglich, schließlich gar nicht mehr nachgeht, nur am Bette kauert und die Dinge an sich herankommen läßt, ist für die Gesellschaft nicht brauchbar, funktioniert nicht. Die Sozietät muß also danach sehen, daß man ihn

›heile‹, durch psychotherapeutisches Herumgerede, durch Elektroschocks, durch chemotherapeutische Behandlung, und wenn all dies nicht hilft, ihn aus- und einsperre.«

Grundsätzlich wendet sich sein *Diskurs über den Freitod* gegen den wissenschaftlichen Anspruch, die suizidale Dynamik objektivieren zu können: »Dieser Text ist jenseits von Psychologie und Soziologie situiert. Er beginnt dort, wo die wissenschaftliche Suizidologie endigt. Ich habe versucht, den Freitod nicht von außen zu sehen, aus der Welt der Lebenden oder der Überlebenden, sondern aus dem Inneren derer, die ich die Suizidäre oder Suizidanten nenne.« Améry schließt seinen Zirkel des suizidalen Verstehens hermetisch im Zeichen der notwendigen Selbsterfahrung und schirmt die Entscheidung des Einzelnen rigoros gegenüber allen Einsprachen Dritter ab: »Mitreden darf nur, wer da eingetreten ist in die Finsternis. Er wird nichts herausfördern, was im Lichte draußen als nützlich erscheint.« Die Wissenschaften seien überfordert, die entscheidende »Situation vor dem Absprung« zu verstehen, in der die rationale Lebenslogik nicht mehr gelte: »Der Akt des Absprungs aber, wiewohl er noch psychologischer Impulse voll ist, kann nicht mehr psychologischer Einsicht offen stehen«. Allein dichterische »Ahndungskraft« sei fähig, die »Anti-Logik des Todes« zu erkennen, während die pragmatisch-rationale »Lebenslogik« rasch an die Grenze ihres Verstehens komme.

Diese Position entsprach in weiten Teilen jener, die der von Améry seit den Wiener Jugendjahren geschätzte Robert Musil vertreten hatte. Dessen »Skizze der Erkenntnis des Dichters« spricht der rationalen Psychologie die Fähigkeit ab, Fragen des »inneren Menschen«, etwa die »Versuchung des Todes«, beurteilen oder gar klären zu können: »Was unberechenbar mannigfaltig ist, sind nur die seelischen Motive und mit ihnen hat die Psychologie nichts zu tun.« So ging auch Améry auf Distanz zu psychologisch geläufigen Theoremen über den Selbstmord. Vor allem ist es Freuds Gedanke des »Todestriebes«, dem sein *Diskurs über den Freitod* mit einer existenzphilosophisch getränkten Lehre des Scheiterns begegnet. Améry formuliert einen grausamen Teufelskreis des sich steigernden Lebensekels: Der besondere »échec des Lebens«, die einzelne Erfahrung des Scheiterns, bestätigt demnach deren allgemeine Wahrheit, den »échec im Leben«. »Der Freitod [...] ist ein langer Prozeß des Sich-Hinneigens, der Annäherung an die Erde, ein Aufsummieren vieler Ziffern von Demütigungen, [...] eine Art von Fortschreiten auf einem Wege, der geebnet ist, wer weiß, vom Anbeginn her.«

Die lebensgeschichtlich grundierte Einsicht in die »Absurdität des Lebens« kleidet Améry in Begriffe Martin Heideggers, die den nachdenklichen Einzelnen scharf vom gesellschaftlichen »Gerede«, dem prekären »Man« abheben würden: »Der Mensch lebt also jenseits des Herumredens, das er um seiner Selbstverteidigung willen veranstaltet, im ständig sich verdichtenden Wissen um den Tod hin.« Aber anders als der Existenzphilosoph, der in *Sein und Zeit* vor dem folgerichtigen Gedanken des Freitods zurückschreckte, verstärkt Amérys *Diskurs* über den Freitod den gedanklichen Sog der suizidalen Reflexionen: »Unsere Todesneigung, sofern wir den spekulativen Begriff anwenden dürfen [...], geht nach der Unsituierbarkeit des nichtigen Nichts.« In dieser Lage sich nicht dem allgemeinen »Geschwätz« anzuschließen, sondern der besonderen Einsicht in die »Abscheulichkeit« des Lebens zu folgen, hebt nach Améry den konsequenten Menschen aus der Masse der Mitläufer heraus: »Er schlägt sich auf die Seite jener winzigen Minorität derer, die nicht mehr mitmachen wollen und die jeder Tropf feige nennt, als ob es höheren Mut geben könne, als es der ist, der dem Ursprung jeglicher Angst, der Todesangst, die Stirn bietet.«

Entscheidend für *Hand an sich legen* ist demnach der Blick auf die »Situation vor dem Absprung«. Améry kommt es auf den moralischen Mut an, der »Todesneigung« gegen den stärkeren »Lebenstrieb« zu folgen. Die heroische Entschlusskraft fungiert als Zünglein an der Waage. So besitzt das kasuistische Panorama von Situationen des Scheiterns, in denen der »Freitod zum Versprechen« wird, keine wirkliche Bedeutung. Denn zuletzt gilt die Aufmerksamkeit allein dem moralischen Moment des suizidalen Entschlusses. Alle Betroffenen, egal welches Unglück sie jeweils getroffen haben mag, sind gleichermaßen für ihren Mut, den Sprung zu wagen, zu bewundern: »[W]er den Freitod wählt, erkürt etwas, das dem Lebenstrieb gegenüber das Schwächere ist. Er sagt gleichsam: Dem Starken Trutz! – indem er gegen den Lebenstrieb der Todesneigung nachgibt.« Im Absprung entstehe ein grandioses Gefühl, ein »Freiheitsrausch«, der im finalen Aufbäumen gegen die Geschichte zum Ereignis wird, ohne selbst ihrer Absurdität entrinnen zu können.

Trotz der polemischen Kritiken, die *Hand an sich legen* im psychiatrischen Raum erntete, erhält Amérys leidenschaftlicher *Diskurs* nach dem Erscheinen 1976 auch einigen Zuspruch von reformorientierten Medizinern. Angesichts der traditionell paternalistischen Einstellung und des stark kustodialen Verhaltens in der Psychiatrie schätzte man sein provokatives Plädoyer für die Autonomie des suizidalen Menschen. Nach den teilweise wohlwollenden Resonanzen aus der Medizin schlug Améry durchaus auch versöhnliche Töne an. Als er gebeten wurde, für *Meyers Enzyklo-pädisches Lexikon* den Artikel »Selbstmord oder Freitod?« zu ver-fassen, schrieb er vergleichsweise abgewogen: »Prekär bleibt mein Begriff Freitod sowieso. Denn hier redet sogleich die Psychologie und namentlich ihr Zweig Suizidpsychologie drein, um mir zu ver-sichern, es sei der Suizid allenfalls in einer verschwindend gerin-gen Anzahl von Fällen, dort nämlich, wo es sich um den so benann-ten ›Bilanzselbstmord‹ handelt, ein Akt authentischer Freiheit; die überwältigende Mehrheit der suizidären Handlungen werde unter unerträglichen Zwangsumständen vollzogen; der Suizid sei gera-dezu [...] das Zeugnis allerengster Freiheitsbeschränkungen. Muß ich nun betreten schweigen? Keineswegs. [...] Kein [Wort] gegen die Suizidologie, die seit dem großen Werk Emile Durkheims uns soziologisch und psychologisch unschätzbare Dokumente über-gab.« Aber Améry beharrte dennoch auf dem menschlich einfüh-lenden Zugang, der versucht, das Innere des suizidalen Menschen frei von Theoremen zu erschließen: »Dieses ist aufspürbar in sei-ner spezifischen Befindlichkeit vielleicht durch intimste Gesprä-che mit suizidären Menschen, am besten aber wohl vermittels der ganz und gar unwissenschaftlichen Empathie, die schließlich am Anfang einer jeden phänomenologischen Reflexion steht.«

VII.

Die Offenheit für das phänomenologische Denken rührt her von der Freundschaft, die Améry mit dem Heidelberger Psychosoma-tiker Herbert Plügge pflegte. Die dortige Universität war seit der Jahrhundertwende ein Ort, an dem das geisteswissenschaftliche Verstehen auch in der Medizin Spuren hinterlassen hatte. Die ein-drücklichsten stammen von Karl Jaspers, der den phänomenolo-

gischen Zugang zum Patienten methodisch in die akademische
Psychiatrie eingeführt hatte. Er suchte als Autor der *Allgemeinen
Psychopathologie* eine Alternative, die er dem theoretischen Anspruch der Psychoanalyse wie auch der empirischen Ambition der
Naturwissenschaften entgegensetzen konnte. Die sich gegenseitig meist ausschließenden Zugänge zum Menschen beanspruch-
ten seines Erachtens, jeweils in einseitigen Psycho- und Hirn-
mythologien das seelische Leiden zu klären. Jaspers bahnte mit
dem »einfühlenden Verstehen« einen dritten Weg, um dem inneren Leben des Patienten und später auch den ungewöhnlichen
Denkwegen künstlerischer Menschen gerecht zu werden.

Als Jaspers nach den klinischen Anfängen als Psychologe in
die Philosophie wechselte, entwickelte er ein eigenes Verständnis
des Suizides, das den gemäßigten Überlegungen von Jean Améry
nahekommt. Die dreibändige *Philosophie* enthält 1932 entsprechend ein Kapitel »Über den Selbstmord«, das vehement die Anerkennung der Autonomie des Betroffenen einfordert. So schreibt
Jaspers gegen die herrschende Meinung der damaligen Kliniker:
»Der Selbstmord ist das inkommunikable Geheimnis des Einzelnen.« Dabei ging es ihm nicht darum, die psychiatrische Sicht
zu diskreditieren. Vielmehr sah Jaspers wohl, dass die »Kausalität der Natur« in biologischer, psychologischer, soziologischer
und biographischer Perspektive wissenschaftlich zu umreißen ist.
Aber zugleich nahm er mit Kant eine »Kausalität der Freiheit« an,
die zuletzt jedem Menschen im Bedingungsgefüge seines Fühlens, Denkens und Handelns einen wie immer begrenzten Freiraum belässt. Dieser kann unter Umständen sehr groß sein, zumal
wenn Wertmotive eine Rolle spielen, die nicht wissenschaftlich
determiniert sind.

Es lohnt sich, entlang des von Jaspers entwickelten kultur-
wissenschaftlich orientierten Ansatzes das suizidale Bedingungsgefüge zu erhellen, das zum Freitod von Jean Améry führte. Schon
die »Situation vor dem Absprung« ist eine besondere. Sein Suizid stand bereits lange als Möglichkeit im Raum. Seit dem Erscheinen von *Hand an sich legen* antwortete Améry während
seiner Lesungen auf die immer wieder gestellte Frage nach der
persönlichen Konsequenz vielsagend: »Nur Geduld.« Im Spät-
sommer 1978, zwei Jahre nach Erscheinen des Buches, trat eine
Situation ein, in der für Améry der Gedanke an den möglichen
»Absprung« zum Versprechen wurde. Sein neuer »Roman-Essay«
Charles Bovary, Landarzt war erschienen; und der Autor erwartete mit höchster Spannung die öffentliche Resonanz auf diesen
»letzten Testfall«. Exemplarisch spiegelt ein Brief an Hubert Arbogast die dramatische Stimmung: »Jetzt kommen aufregende
Tage auf mich zu. Warten auf den Klang des Echos: Dumpf? Hell?
Man wird hören. [...] Zweimal nun, zuerst mit ›Lefeu‹ und nun mit
dem Charles B., habe ich versucht, mich vor den Deutschen als
ein ›Dichter‹ auszuweisen, einst glaubte ich ja, daß ich ganz gewiß einer sei. Versuch ›Lefeu‹ mißriet zu rund drei Vierteln. Wenn
es mit Ch. B. nicht besser geht, würde ich nun wohl sagen müssen,
ich erlag von frühauf einem Irrtum.« Das Urteil lag für Améry allein in den Händen der Öffentlichkeit. Schon in *Über das Altern*
finden sich entsprechende Reflexionen über den »Richtspruch
der Gesellschaft«: »Wir glauben, als Dichter zu sprechen – so sei
es angenommen –, und fordern die Gesellschaft heraus durch
unser dichterisches Wort. Ob wir wirklich, weil wirkend, Dichter
waren, wird davon abhängen, ob die Gesellschaft unsere Herausforderung annimmt.«

Améry hegte eine grandiose Vorstellung vom Dichter, den er als einen »mit Sonderrechten ausgestatteten schöpferischen Menschen« über die restliche Gesellschaft erhob: »Nur eine Spur von Wahrheit mag es doch enthalten, wenn ich sage, es kann nicht jemand den ›Lefeu‹ [...] schreiben und dann im Leben den gleichen Maßstäben unterworfen werden wie Hinz und Kunz.« Angesichts dieser Größenphantasie ist es nachvollziehbar, wie bitter es wirken musste, dass Améry die dichterische Anerkennung versagt blieb: »Eine kleine Welle hatte mich für eine Weltsekunde hochgeschwebt. Sie ist abgeebbt. So war es also doch ein verpfuschtes Leben, und so ganz unrecht hatte schließlich meine Mutter nicht, die mir so oft prophezeite: ›Aus dir wird nichts!‹« Daher bilanzierte Améry vier Jahre später ob der neuerlich drohenden Enttäuschung in suizidaler Hinsicht: »Wenn der Bovary schief geht, weiß ich, was ich zu tun habe.«

Im Jahr 1974 hatte Améry die tiefgreifende Verletzung seines Selbstwertgefühles wieder ausgleichen können, indem er zur erfolgreichen Essayistik zurückkehrte. 1978 schien dieser Weg kaum mehr möglich, da genau zu dieser Zeit Hans Paeschke, einer der beiden Garanten seines essayistischen Wirkens, in den Ruhestand trat. Améry fühlte sich »recht melancholisch«, zumal dessen Nachfolger keine Anstalten machte, ihm die privilegierte Stellung als Autor zu erhalten: »Ein wenig nachdenklich stimmt mich alles, was meine hinkünftige Mitarbeit beim ›Merkur‹ ohne Paeschke oder mit nur einem halben oder sogar ein Viertel Paeschke angeht. [...] Der ›Merkur‹ war und ist meine wichtigste Tribüne, denn wenn er auch nicht Riesenauflagen hat, so wird er doch von jenen gelesen, auf die es ankommt.« Améry resümierte: »Der Verlust wäre bitter.«

In somatischer Hinsicht gab es ebenso guten Grund, tief besorgt zu sein. Jenseits normaler Alterungsprozesse lagen bei Jean Améry massive Herzbeschwerden vor, die den Kettenraucher in Form von zwei Infarkten ereilt hatten und nur unter starker Medikation ein anstrengendes Leben erlaubten. Helmut Heißenbüttel erinnert einen schweren Kreislaufkollaps, den sein Autor 1977 auf der Buchmesse erlitten hatte. Mitte 1978 meldete Améry dem Jugendfreund Ernst Mayer: »Daß der Cardiologe mir ein stärkeres Nitroglycerin-Präparat gab (das meine störenden Schmerzen auch nicht besonders lindert), ist wohl nicht weiter erwähnenswert.«

Aus psychodynamischer Hinsicht ergaben sich bei einer chronisch melancholischen Anlage in kritischen Situationen immer wieder suizidale Gestimmtheiten, von denen Améry gegenüber verschiedenen Briefpartnern andeutend sprach. So schilderte er gegenüber Ernst Mayer 1975 sein Verlangen nach einem »Winterschlaf«, aus dem er nicht mehr erwachen wolle; im Folgejahr stellte Améry Überlegungen zur zukünftigen finanziellen Sicherung seiner Frau an, »da ich demnächst oder später, freiwillig oder nicht, die Potscherln ausstrecke«. Auch seine Geliebte, die »letzte Leidenschaft eines alten, ja alten Mannes« war Anlass, mit dem Freund über Geldnöte zu sprechen, »wie immer alles dann ende«. Deshalb bat Améry seinen Lektor Ende 1977, der Geliebten künftige Honorare zu überweisen: »Damit würde ich freilich die bindende Verpflichtung eingehen, noch mindestens bis Ende 78 am Leben zu sein.«

Mit der Dreieckskonstellation berühren wir zudem eine aufreibende soziale Bedingung seines Lebens. Améry hatte seiner Frau Maria lange Zeit die Beziehung mit der zwölf Jahre jüngeren Literaturwissenschaftlerin Mary Cox-Kitaj zu verheimlichen gesucht, die zeitweise in den USA lebte und die er selten sehen konnte. Seine innere Zerrissenheit spiegelt sich in den Zeilen, in denen er schon 1973 angesichts der schwierigen Verhältnisse in der dritten Person über seine Frau an den Freund schreibt und einige Gedichtzeilen Hölderlins paraphrasiert: »Er hat sich auch den Falschen ausgesucht. Aber im Grunde sucht niemand sich nichts aus. Man wird herumgetrieben, zusammengeführt, auseinandergerissen, steigt, fällt. Vor allem: fällt. Wie Wasser, von Klippe zu Klippe geworfen, was für ein scheusslicher Zustand!«

Unbewusst schloss sich mit der Paraphrase von »Hyperions Schicksalslied« der Kreis. Schon 1949 hatte er die Verse im Wortlaut an seine spätere Frau gesandt. Damals hatte Améry zugleich voller Enthusiasmus an seinem wiedergefundenen Jugendroman *Die Schiffbrüchigen* gearbeitet und gehofft, »den Erfolg zu zwingen; schliesslich [werde ich] ja erst im Herbst 37 Jahre alt, und Marcel Proust begann mit vierzig«. Aber so wie sich damals nicht die Erwartung erfüllte, da kein Verleger sich finden ließ, bedrängte ihn im letzten Lebensjahr immer noch die Sorge, ob er in den »belles lettres« sich Verdienste erwerben könne oder allein als »Auschwitz-Clown« fungieren müsse, wie es in einer Sendung eine Woche vor dem Freitod hieß.

All die genannten Faktoren beeinträchtigten und ermüdeten die innere Spannkraft, die Améry im Moment des Erscheinens des zweiten »Roman-Essays« benötigt hätte. Der Abschiedsbrief an seine Frau verdichtete die resignative Stimmung, die ihn seit langen Jahren phasenweise heimgesucht hatte und angesichts der beruflichen, körperlichen und biographischen Malaisen sich weiter zugespitzt hatte: »[I]ch bin am Ende meiner Kräfte und kann meinem Niedergang, intellektuellen, physischen, psychischen, nicht zusehen.« Als die Frankfurter Buchmesse im Oktober 1978 nahte und Améry erste Urteile über den *Charles Bovary* erwartete, war es sehr fraglich, ob er noch die seelische Widerstandskraft aufbringen würde, der möglichen Niederlage gefasst zu begegnen.

Der Autor löste die kritische Situation, ohne die mögliche Wende abzuwarten, die sich zum Guten durch den erhofften Erfolg hätte vollziehen können oder die seine Lage durch negative Kritiken noch weiter verschlechtert hätte. Améry setzte sich nicht mehr dem gefährlichen Wagnis der Resonanzen auf der Buchmesse aus und änderte im letzten Augenblick, als er auf der Lesereise von Marburg aus nur noch den kurzen Weg nach Frankfurt vor sich hatte, seine Reiseroute. Er passierte die Messestadt lediglich und begab sich am 17. Oktober auf den Weg nach Salzburg, wo er ein Hotelzimmer bezog. In der moralisch herausfordernden »Situation vor dem Absprung«, der er mit der Einnahme einer Überdosis von Schlaftabletten sanft begegnete, sprach sich Améry nochmals Mut zu, wie der Abschiedsbrief an seine Frau bezeugt: »Denk auch an das schöne Gedicht von Christian Wagner, das Du einmal für mich ausschnittest.«

Das Gedicht »Freitod« des schwäbischen Dichters, der um 1900 als einfacher Bauer sein Geld verdiente und die Aufmerksamkeit Hermann Hesses erlangt hatte, preist im Geiste des späten Nietzsche die Fähigkeit, in aller Beengung des Lebens zuletzt – anders als die Masse der Menschen – die Entscheidung über dessen Ende selbst treffen zu können.

Was gibt dem Leben erst die rechte Weihe?
Das Sterben ist's, das selbstgewählte, freie.

Der Vorsatz stolz, sich von dem Stoppelweiden-
Auftrieb der Herden einmal auszuscheiden.

Das Hürdetor der Freiheit mit dem bloßen
Und unbeschützten Fuße aufzustoßen.

Schlafmüt'ge Daseinslust in blödem Herzen
Durch frisches Handeln kräftig auszumerzen. –

Freitod! – Wer hat zuerstmals dich erfunden?
Ein Göttersohn, ins Sklavenjoch gebunden,

Der, als geholt durch des Tyrannen Boten,
Die Ketten schlug ins Antlitz dem Despoten.

Ohne Zweifel umgab Améry mit dem Hinweis auf Christian Wag-
ners grandioses Gedicht seinen »Freitod« mit einem strahlenden
Nimbus des widerständigen Lebens, seinen moralischen Mut in
aller Einsamkeit feiernd. Aber angesichts der näheren Umstände, des »Schraubstocks der Zwänge«, in dem sich der um literarische Anerkennung kämpfende Améry befand, ist zugleich die
große Verlassenheit ahnbar, die seine Tat umgibt und hinter der
die Angst vor einer erneuten tiefen Verletzung steht. In allem Enthusiasmus für die Freiheit, die mit dem Tun verbunden sein soll,
bleibt der resignative Unterton. Freiheit und Zwang bedingen
sich gegenseitig und verschränken sich am Ende fast ununter-

scheidbar: »Ein Kopf, der, anrennend gegen vier aufeinander zurückende Wände, einen rasenden Wirbel schlägt? Das eine so gut wie das andere, die Metaphern schließen einander nur scheinbar aus: im Drüben, das es nicht gibt, werden auch sie nicht sein.«

VIII.

Amérys Freitod war nicht allein Ausdruck der Resignation. Man kann darin auch ein bewusst gesetztes Zeichen sehen, das den Blick auf sein Leben und Werk beeinflussen sollte. Die Vermutung bestärkt ein später Essay, den Améry in den letzten Lebensmonaten über den heroischen Freitod der zum Katholizismus übergetretenen jüdischen Philosophin Simone Weil geschrieben hatte. Weil hatte sich 1943 als politische wie religiöse »Trägerin der Freiheit« entschieden, im englischen Exil nur soviel essen zu wollen wie ihre einstigen Mitbürger im besetzten Frankreich. Die legendäre Intellektuelle starb infolgedessen im Alter von 34 Jahren an einem Lungenleiden. Aber Jean Améry griff in »Simone Weil – jenseits der Legende« deren freiwilliges Martyrium an: Die Philosophin habe durch ihr Verhalten gezielt zur religiös legendären Gestalt werden wollen, um die zukünftige Bedeutung ihres mediokren Werkes zu heben: »Der Todesschatten wurde zum Heiligenschein, und nicht nur in ihrem Lande, sondern in der Welt. So wäre es schlechter Geschmack oder, schlimmer, Blasphemie gewesen, über das Unsystematische ihres Œuvre sich auszulassen.« Das »Rankenwerk der Legende« habe den klaren Blick auf Simone Weil unmöglich gemacht: »Das Prestige ihres Todes hat sie herausgehalten aus der kritischen Diskussion.«

Seinem Freund Hans Paeschke war die »unerbittliche« Schärfe, mit der Améry Person und Werk der radikalen Denkerin ab-

lehnte, die seine »Schwester im Geiste« hätte sein können, ein
Rätsel. Wie immer man es lösen mag, gewiss ist, der posthum im
Merkur erschienene Essay offenbart, dass Améry im Jahr seines
Freitodes die Vorstellung des von ihm beförderten und beflügel-
ten Nachruhmes im Spiegel eines anderen philosophischen Le-
bens zutiefst beschäftigte.

Tatsächlich betrachtete man nach seinem Freitod den Roman-
Essay *Charles Bovary* mit anderen Augen, auch wenn das nicht
bedeutete, dass kritische Einwürfe ausgeblieben wären. Exemplarisch sei der Philologe Hans-Martin Gauger genannt, der in der
Neuen Rundschau urteilte: »Natürlich kann man jetzt das Buch
nicht mehr lesen, wie man es gelesen hätte, wenn nicht geschehen wäre, was geschehen ist [...]. So steht das Buch im Schatten
seiner Tat.« Gleichwohl sprach Gauger nüchtern aus, was nicht
nur er meinte, allerdings ohne die von Marcel Reich-Ranicki ad
personam vernichtend eingeführte biographische Pointe: »Lang-
weilig ist Amérys Buch keineswegs; einfach, weil dieser ebenso intelligente wie anregbare und erlebnisfähige Essayist gänzlich außerstande war, Langweiliges zu schreiben.« Aber Gauger
kommt zuletzt doch zu einem harschen Urteil, das die Grenzen
von Amérys schriftstellerischen Vermögen deutlich betont: »Es
ist aber doch, möchte man sagen, ein verranntes Buch. Es ist un-
befriedigend, weil es weder eine akzeptable Interpretation und
Auseinandersetzung ist, noch eine befriedigende, von dem Roman angeregte, dann aber eigenständig weiterdichtende Erzählung (ein Erzähler war Améry nun einmal nicht; dies zeigte auch
›Lefeu‹).«

Rasch führte sein Freitod dazu, dass Jean Améry zur Ikone
derjenigen wurde, die sich in der *Deutschen Gesellschaft für Hu-*

manes Sterben engagierten. So fragt der Psychiater Hermann Pohlmeier in *Selbstmord und Selbstmordverhütung* sichtlich beeindruckt: »Hat Améry nicht vielleicht doch viel umfangreicher Recht mit seiner Behauptung, Selbstmord sei ein Privileg des Humanum, d. h. er mache den Menschen erst menschlich?« Fünfzehn Jahre nachdem der Mediziner mit Améry in Hamburg ein Symposium zum Thema Suizid durchgeführt hatte, macht er den verstorbenen Freund 1992 zum Märtyrer der von ihm geführten Bewegung: »Amérys zentrale Aussage, ›Mein Tod soll meine Sache sein‹, ist das zu reflektierende Vermächtnis, mit dem wir heute als Pfund wuchern können zu vielfältigem Gewinn.«

Die langfristige Wirkungsgeschichte sieht Jean Améry vor allem als legendären Holocaust-Überlebenden, den das Erlittene am Ende doch eingeholt habe. Eine Sicht, die Primo Levi zuerst beschrieben hatte, wohl nicht zuletzt, weil er ein Jahrzehnt später Améry auf diesem Weg folgen sollte. Auch betonte sie Imre Kertész, der als 1944 deportierter Budapester Jude die Lager überlebt und Jahrzehnte später diese Zeit im *Roman eines Schicksallosen* erinnert hatte. Einige Jahre bevor man ihm 2002 den Literatur-Nobelpreis verlieh, verortete Kertész auf einem Wiener Symposium zu Ehren von Jean Améry dessen Sterben im Horizont der traumatischen Erfahrung: »Der Holocaust hat seine Heiligen ebenso wie jede andere Subkultur; und wenn die Erinnerung an das Geschehene erhalten bleiben soll, dann wird das nicht durch offizielle Reden, sondern durch diejenigen geschehen, die Zeugnis geben.« Er sprach von der »tragischen Geste«, die Werk und Selbsttötung Amérys bedeuteten.

Dabei ist die Frage, in welchem Maße der Freitod ein spätes Resultat der überwältigenden Geschehnisse war, nicht eindeutig zu klären. Dass Améry selbst über das Unglück der Geschichte nachdachte, zeigt eindrücklich sein Vorwort zur Neuausgabe von *Jenseits von Schuld und Sühne*, die ein Jahr vor seinem Tod erschien: »Nichts ist vernarbt, und was vielleicht 1964 schon im Begriffe stand zu heilen, das bricht als infizierte Wunde wieder auf.« Imre Kertész konnte diese verzögerte Wirkungsgeschichte der Misshandlungen nur vermuten, als er schrieb: »Als hätte die Befreiung der Lager das Urteil nur aufgeschoben, das die zum Tode Bestimmten schließlich selbst vollstreckten.«

IX.

Es ist erstaunlich, wie viel Amérys erster Roman *Die Schiffbrüchigen* schon 1935 von dem ahnen lässt, was dem Autor selbst später zustoßen wird. Der Protagonist, Eugen Althager, ein junger Literat jüdischer Herkunft, spricht Gedanken aus, die Jean Amérys späteren Bewusstseins- und Lebensweg bis in den Freitod hinein bestimmen werden: »Der Gedanke des Selbstmordes, der wie ein Schatten über dem ganzen Entwicklungsgang Eugen Althagers liegt, fordert dringend eine Bereinigung. Aber Eugen, der sich nie Illusionen über seine Kraft machte, weiß, daß er auch dazu nicht stark genug ist. So läßt er denn wieder einmal den Zufall zum Schicksal werden und benützt einen banalen Straßenstreit zum ›mittelbaren Selbstmord‹: Er hat einen Zusammenstoß mit einem völkischen Couleurstudenten, auf dessen Duellforderung er eingeht unter der lügenhaften Versicherung, daß er ›Arier‹ sei. Mit der melancholisch resignierten Unterstützung seines Freundes Heinrich Hessl stellt er, der niemals eine Waffe in der Hand hielt, sich einem Säbel-Duell unter schweren Bedingungen, bei dem er denn auch fällt. Wir sind genau ein Jahr nach Beginn des

Buches. Ein sinnloses Leben wird durch einen nahezu karikaturistisch sinnlosen Tod beendet.«

Sein Leben lang hatte Améry nach dem frühen Misserfolg inständig gehofft, als Autor jenseits des autobiographischen Essays anerkannt zu werden. Er sehnte sich vergeblich nach der großen Resonanz. Die »narzisstische Kränkung«, die Améry als Motiv für den Suizid halbherzig ablehnte, besaß angesichts der ausgebliebenen Anerkennung als Romanautor ohne Zweifel einen starken Anteil an der melancholischen Dynamik, die sein Leben zuletzt einschnürte. In der psychoanalytischen Narzissmus-Deutung von Heinz Henseler, die Jean Améry scharf angegriffen hatte, wird die suizidale Handlung nicht als Akt der Aggression verstanden. Vielmehr sei sie ein Versuch, den Verlust des Selbstwertgefühls durch die Vereinigung mit dem moralisch grandiosen Objekt, als das sich der Mensch im Freitod erlebt, ausgleichen zu wollen. Entlang dieser Bestimmung ist der Selbstmord als radikale Form der Kompensation zu sehen. Die moralische Überhöhung des Entschlusses, den Améry in *Hand an sich legen* indirekt sogar gegenüber jenen vornimmt, die im Widerstand der Lagerwelt ihr Leben ließen, bezeugt, wie tief die Verletzung ihn prägte, zum willigen Opfer geworden zu sein.

Jean Amérys freiwilliger Tod besiegelte das Unglück seines Lebens, zu dem in den letzten Lebensjahren auch gehörte, als Schriftsteller nicht das erschnte literarische Glück erfahren zu haben. Dabei ist Jean Améry der Aufgabe der essayistischen Aufklärung über die Geschichte auf selten schonungslose Weise gerecht geworden. So wurde er bis in sein Sterben hinein zum bleibenden »Protagonist[en] eines Epochenzustands«, um mit Worten von Imre Kertész zu schließen. Es bewahrheiteten sich für Jean

Améry auf unheimliche und ungeliebte Weise die Worte, die der ungarische Schriftsteller in seinem *Galeerentagebuch* notiert hatte, während er in der Verborgenheit seiner Budapester Existenz den *Roman eines Schicksallosen* schrieb: »Im Leben eines Menschen kommt der Moment, in dem er sich plötzlich seiner selbst bewußt wird und seine Kräfte frei werden; von diesem Moment an können wir uns als uns selbst betrachten, in diesem Moment werden wir geboren.«

Die Wahrheit ist dem Menschen zumutbar
Ingeborg Bachmann

I.

Im Rückblick auf Ingeborg Bachmann sagte Hans Magnus Enzensberger: »Ihr Leben reicht für mehr als einen Roman, der hoffentlich nie geschrieben und nie in den Buchhandlungen liegen wird.« Die Befürchtung des Freundes gründet nicht zuletzt auf der schillernden Vieldeutigkeit Ingeborg Bachmanns, die ihr privates und öffentliches Leben scharf voneinander trennte und im lyrischen und prosaischen Werk doch beständig verwob. Ihr geheimnisvoller Tod 1973 tat das seinige, um vielfache Erkundungen ihrer Person und ihres Lebens herauszufordern. Deren erste und vielleicht literarisch eindringlichste war Uwe Johnsons Bericht *Eine Reise nach Klagenfurt*. Zu den Schwierigkeiten, Ingeborg Bachmann gerecht zu werden, gehört, dass sie als Philosophin schon früh eine an Heidegger und Wittgenstein geschulte Leidenschaft des Denkens zeigte, die später auch suizidale Züge ihrer intellektuellen Biographie mit prägte.

Ihr früher Ruhm setzte 1953 und 1956 mit den Gedichtbänden *Die gestundete Zeit* und *Anrufung des großen Bären* ein. Ingeborg Bachmann gewann den Preis der *Gruppe 47* und der *Spiegel* setzte die moderne Lyrikerin auf sein Cover. Die Öffentlichkeit war erstaunt vom existentiellen Ernst der österreichischen Dichterin, die in großartiger Dunkelheit gegen die Zeit anschrieb: »Und was bezeugt schon dein Herz? / Zwischen gestern und morgen schwingt es, / lautlos und fremd, / und was es schlägt, / ist schon sein Fall aus der Zeit.« Und ebenso bewunderte man die »entflammte« Seite ihres Schreibens: »Es ist Feuer unter der Erde, / und das Feuer ist rein. / Es ist Feuer unter der Erde / und flüssiger Stein. / Es ist ein Strom unter der Erde, / der strömt in uns ein. / Es ist ein Strom unter der Erde, / der sengt das Gebein. / Es kommt ein großes Feuer, / es kommt ein Strom über die Erde. / Wir werden Zeugen sein.«

Dass Ingeborg Bachmann die Lyrik bald hinter sich ließ, verblüffte die Literaturkritik. Marcel Reich-Ranicki sprach nach dem Erfolg des Erzählungsbandes *Das dreißigste Jahr* sogar enttäuscht von einer »gefallenen Lyrikerin«. Leiden und Kränkung, die sich Menschen zufügen, blieben eine Konstante ihrer Dichtung. So heißt es in der titelgebenden Erzählung: »daß die Menschen sich an einem vergingen, daß man selbst sich auch an ihnen verging und daß es Augenblicke gibt, in denen man grau wird vor Kränkung – daß jeder gekränkt wird bis in den Tod von den anderen. Und daß sich alle vor dem Tod fürchten, in den allein sie sich retten können vor der ungeheuerlichen Kränkung, die das Leben ist.«

Bachmann entwickelte in der Folge das große Prosa-Projekt der *Todesarten*, das nur langsam fragmentarische Gestalt annahm: Ein erster Roman wurde nie vollendet; eine zweite Arbeit, *Der Fall Franza*, gedieh wesentlich weiter. Erst 1971 erschien nach langer Ankündigung der Roman *Malina*, gedacht als erster von mehreren Bänden der *Todesarten*. Aus der dialogisch-assoziativen Erzählform ergab sich ein polyphones Gebilde, das nur selten von Glück und Freude zeugt. Vielmehr imponieren gestückelte Passagen, die Trauer, Entsetzen und Angst als Befindlichkeiten des anonymen Ich kennzeichnen. Bewusst vage und vieldeutig schließt *Malina* mit dem Verschwinden des Ich in einer Wand, gefolgt von dem ominösen Satz: »Es war Mord.«

Als Bachmann zwei Jahre später, am 17. Oktober 1973, den Folgen schwerer Verbrennungen erlag, vermuteten einige Freunde sogar ein Mordgeschehen. Offensichtlich war, dass die schwere Abhängigkeit von Psychopharmaka und Alkohol Ingeborg Bachmann körperlich und seelisch angegriffen hatte. Hans Magnus Enzensberger schrieb als lebenslanger Freund: »Es war kein Selbstmord. Sie hätte den Brand im Bett überlebt, wenn sie in der Klinik unverzüglich behandelt worden wäre.« Auch substituierte man dort zu spät die Drogen, von denen Bachmann abhängig gewesen war. Wie sehr der Tod durch Verbrennung im Werk präsent war, zeigte besonders *Malina* auf den letzten Seiten: »Ich muß aufpassen, daß ich mit dem Gesicht nicht auf die Herdplatte falle, mich selber verstümmle, verbrenne, denn Malina müßte sonst die Polizei und die Rettung anrufen, er müßte die Fahrlässigkeit eingestehen, ihm sei da eine Frau halb verbrannt. Ich richte mich auf, glühend im Gesicht von der rotglühenden Platte, auf der ich nachts so oft Fetzen von Papier angezündet habe, nicht etwa um etwas Geschriebenes zu verbrennen, sondern um Feuer zu bekommen für eine letzte und allerletzte Zigarette.«

Auch die späte Erzählung *Ihr glücklichen Augen*, die zum Projekt der *Todesarten* gehört, schildert in Vorstufen selbstzerstörerisches Verhalten: »Miranda möchte nicht mehr leben, jedenfalls so nicht, sie ist die Selbstmörderin par excellence.« Den vernichtenden Flammen kommt im scheinbar zufälligen Geschehen eine fatale Bedeutung zu: »Sie könnte [...] dem hlg. Florian Kerzen stiften für jeden Tag, an dem ihre Wohnung nicht abgebrannt ist, wegen der angezündeten Zigaretten, die sie weglegt, sucht und dann gottlob findet, wenn auch schon ein Loch in den Tisch gebrannt ist.«

So umkreist das Werk der *Todesarten* in vielfachen Anläufen das Unglück, welches den Menschen treffen und zerstören kann, gerade wenn man mit wachen Sinnen die Wirklichkeit wahrnimmt. Diesen Anspruch vertritt Bachmann bereits 1959 mit großem Pathos in der Rede *Die Wahrheit ist dem Menschen zumutbar*: »Wir sagen sehr einfach und richtig, wenn wir in diesen Zustand kommen, den hellen, wehen, in dem der Schmerz fruchtbar wird: Mir sind die Augen aufgegangen. Wir sagen das nicht, weil wir eine Sache oder einen Vorfall äußerlich wahrgenommen haben, sondern weil wir begreifen, was wir doch nicht sehen können. Und das sollte die Kunst zuwege bringen: daß uns, in diesem Sinne, die Augen aufgehen.« Die Aufforderung gelte trotzdem oder gerade weil die Menschen wie kein anderes Lebewesen des »Trostes bedürftig« seien und der Schriftsteller »wenig Tröstliches« zu sagen habe.

Als Bachmann im Wintersemester 1959/60 in Frankfurt die erste Poetik-Vorlesung hält, knüpft sie an dieses illusionslose Sehen an, veranschaulicht an Hugo von Hofmannsthals *Brief des Lord Chandos*. Der fiktive Schreiber hat alle sprachliche und weltanschauliche Gewissheit verloren. Seine Suche nach einer umfassenden Wahrheit, die inmitten eines fragmentierten Lebens noch ein Ganzes erkennen ließe, ist vergeblich. Bei Hofmannsthal heißt es: »Mein Fall ist, in Kürze, dieser: Es ist mir völlig die Fähigkeit abhanden gekommen, über irgend etwas zusammenhängend zu denken und zu sprechen.« Bachmann sieht den Dichter, der stellvertretend für alle Menschen durch klares Sehen ausgezeichnet ist, zugleich als geschlagene Figur: »Er, der selbst erkenntnissüchtiger, deutungssüchtiger und sinnsüchtiger ist als die anderen, kann er mit irgend einer Bedeutung, einer Sinngebung, auch nur mit einer Beschreibung, und erschiene sie ihm noch so genau, bestehen?« Trost sei allein aus der Kunst zu schöpfen; diese könne neue Blickbahnen öffnen und ästhetisch über das Vorfindliche erheben: »Es gibt in der Kunst keinen Fortschritt in der Horizontale, sondern nur das immer neue Aufreißen einer Vertikale. [...] Und die verändernde Wirkung, die von neuen Werken ausgeht, erzieht uns zu neuer Wahrnehmung, neuem Gefühl, neuem Bewußtsein.«

II.

Die Faszination an höheren Wahrheiten, angesichts derer das niedere, vom Tode bedrohte Leben verständlich und erträglich werden könne, fand zuerst im Wiener Studium der Philosophie und Literatur ihren Ausdruck. Bachmann nutzte ihre Doktorarbeit, »dies[e] obligatorisch[e] Fleißübung«, um die Erkenntnishorizonte miteinander zu vergleichen, die Wissenschaft und Kunst jeweils entfalten können. Geschult am Denken des Wiener Positivismus untersuchte sie kritisch die Existentialphilosophie Martin Heideggers. Sie kam zu dem skeptischen Urteil, dass dessen Philosophie in metaphysischen Fragen nur sprachliche »Luftgebäude« liefere, die – wissenschaftlich betrachtet – von »Scheinfragen« geprägt seien. Deshalb könne man als Fachphilosoph in dieser Region nichts ausrichten. Allerdings behielten diese Fragen ihr besonderes Recht, auch wenn die Philosophie sie nicht beantworten könne, wenn man einen wissenschaftlichen

Anspruch hege. An dieser Stelle bringt Bachmann die Literatur und Kunst ins Spiel: »Dem Bedürfnis nach Ausdruck dieses anderen Wirklichkeitsbereiches, der sich der Fixierung durch eine systematisierende Existentialphilosophie entzieht, kommt jedoch die Kunst mit ihren vielfältigen Möglichkeiten in zugleich höherem Maß entgegen.« Besonders Goyas Bilder des Grauens stehen ihr exemplarisch für die »äußerst[e] Darstellungsmöglichkeit des ›Unsagbaren‹«, die Baudelaire im Sonett »Le gouffre« sucht. Es geht in der Kunst um die menschliche Auseinandersetzung mit dem, was zutiefst ängstigt, ohne dass man es zur Grundlage eines systematischen Denkens erheben könne.

Während Martin Heidegger mit *Sein und Zeit* für ihr Urteil die Grenze des philosophisch »Sagbaren« beständig durch seine metaphysisch geprägten Spekulationen überschritt, zeigte Ludwig Wittgenstein im *Tractatus logico-philosophicus* das klare Bewusstsein für dessen Grenze. Zugleich erkannte Bachmann bei Wittgenstein eine »verzweifelte Bemühung um das Unaussprechliche«, das aus ihrer Sicht in einem mystischen »Urerlebnis« gründete. Die wissenschaftlich gebotene Disziplin, sich trotzdem jedes Versuches einer Darlegung der »unsagbare[n] Gegenwart des Realen« zu enthalten, verdichtet der letzte Satz des *Tractatus*: »Wovon man nicht sprechen kann, darüber muß man schweigen.« Bachmann resümiert jene Denkbewegung, für die Wittgenstein in der Spannung von innerer Ergriffenheit und äußerem Schweigen exemplarisch stand: »Keine der Fragen, die wir an die Philosophie zu richten gewohnt sind, kann sie uns also beantworten. Mit der Frage nach dem ›Sinn von Sein‹ werden wir auf uns selbst verwiesen.«

Im Spannungsfeld von Literatur und Philosophie schien Bachmann auch Robert Musil fähig zu sein, mit ungewöhnlichen Klarheit die ungeheure Problematik des Lebens zu erkennen. Denn in seinem Roman *Der Mann ohne Eigenschaften* vertrete Musil als Schriftsteller, der zuerst als Ingenieur und Philosoph der strengen Ratio verpflichtet gewesen war, eine dichterische Wahrheit, die zugleich von den selbstkritischen Tugenden Wittgensteins zeuge: intellektueller Redlichkeit und Ehrfurcht vor der Wirklichkeit, die dem menschlichen Verstand entzogen sei. Im *Mann ohne Eigenschaften* ist Ulrich als Alter Ego des Autors demnach geprägt durch »disziplinierte[s] Denke[n]« wie auch »Sensibilität in den Dingen des Gefühls«. Bachmann war fasziniert von Musils Idee einer »taghellen Mystik«, die sich vor allem in der merkwürdigen Liebe des Geschwisterpaares Ulrich und Agathe zeige und die alle Lebensbereiche umfasse. Zugleich aber erkannte sie, dass diese utopische Vorstellung eines anderen Zustandes kaum je Realität annehme. Musil lasse deshalb das Bestreben, »die Leidenschaft mit dem Grund aller Leidenschaft eins werden zu lassen, der einmal Gottesleidenschaft genannt wurde«, grandios scheitern: »Liebe als Verneinung, als Ausnahmezustand, kann nicht dauern. Das Außersichsein, die Ekstase währen – wie der Glaube – nur eine Stunde. Zwar hat der ›andere Zustand‹ aus der Gesellschaft in die absolute Freiheit geführt, doch Ulrich weiß nun, daß die Utopie dieses anderen Lebens für die Praxis des Lebens keine Vorschriften gibt.«

Eine weitere Gestalt, in der Bachmann schon früh ihre mystische Affinität spiegelte, war die jüdische Religionsphilosophin Simone Weil, deren Denken von nüchternen soziologischen und mathematischen Analysen ausging. Werk und Lebenslauf der radikalen Denkerin, die 1943 im englischen Exil freiwillig starb, besitzen eine auratische Ausstrahlung. Simone Weil war wie Wittgenstein und Musil leidenschaftlich auf der Suche nach Wahrheit. Der platonische Eros führte die ursprünglich atheistische Sozialistin zum Befremden vieler Freunde in ein mystisches Erweckungserlebnis. Ihm folgte eine religiöse Vision, die Weil im eigenen Leiden den höchsten Ausdruck der Liebe finden ließ. Bei aller Faszination für diese außergewöhnliche Philosophin war sich Bachmann der Grenze bewusst, die ihre säkulare Annäherung vom christlich geprägten Erleben Weils trennte: »Von diesem mystischen Sich-in-Beziehung-Setzen können wir für uns nichts nehmen. Es wäre unsinnig zu behaupten, daß man daran teilhaben kann, es sich wie eine Erkenntnis zunutze machen kann.«

Nicht zufällig orientierte sich Bachmann für Wittgenstein und Weil am religiösen Begriff des »Heiligen«, dessen Lebenslegende auffordere, die eigene Mittelmäßigkeit zu überwinden. Auch die Weise, wie sie für Robert Musil den gesellschaftlichen Absturz unter die »Namenlosen« nach 1933 schilderte, evoziert das Bild eines solchen, allerdings ins Säkulare gewendeten Heiligen, der um der höheren Wahrheit willen auf den vergänglichen Erfolg unter den Menschen verzichtet. Die Begeisterung für solche Extremgestalten war während ihrer Wiener Studienjahre entstanden, als Bachmann zunächst überlegt hatte, ihre Dissertation über den »Typus des Heiligen« bei ihrem religionsphilosophischen Lehrer Alois Dempf, einem widerständigen Katholiken, zu schreiben, bevor dieser nach München berufen wurde. Bachmanns spätere Porträts von Wittgenstein, Musil und Simone Weil sind auf unterschiedliche Weise auch von dem Anliegen getragen, besondere Gestalten der ekstatischen Wahrheitssuche darzustellen. Diese erscheint so gut in der *unio mystica* des entbehrungsreichen Einsiedlerlebens Ludwig Wittgensteins als im Außer-sich-Sein der Liebe, wie es Ulrich im *Mann ohne Eigenschaften* erlebt. Und ebenso ist der Wille zur Wahrheit in der selbstverzehrenden Gottesliebe der Simone Weil zu finden: »Die Welt bedarf der genialen Heiligen, wie eine Stadt, in der die Pest wütet, der Ärzte bedarf.«

III.

Während all diese Figuren erhebende und bewegende Leseerlebnisse blieben, erfuhr Bachmann in ihrer großen, frühen Liebe zu Paul Celan auch im Leben eine Form der mystischen Vereinigung von Liebe und Leiden. Der jüdische Dichter aus Czernowitz, den es nach dem Ende des Zweiten Weltkrieges über einige Stationen nach Wien gezogen hatte, wurde dort 1948 zur intellektuellen und persönlichen Schlüsselfigur ihres Lebens. Auch wenn sie ganz andere Erfahrungsräume betreten und anderen Menschen begegnen wird, bleibt Paul Celan der Mensch, in dem die tiefste Sehnsucht Ingeborg Bachmanns ihre Entsprechung fand. In *Malina* deutet sich zuletzt an, wie diese Passion als einzige auserkoren ist, das tragische Zeichen zu sein, in deren Vorstellung sich das Leben gedanklich schließen lässt.

Aber am Anfang ihres intellektuellen Weges stand 1945 ein anderer jüdischer Mann, der britische Besatzungsoffizier Jack Hamesh, der 1938 aus Österreich nach England geflohen war. Bachmann hatte schon zuvor durch subversive Lektüren versucht, sich dem nationalsozialistischen Drill zu entziehen, den sie in der Klagenfurter Lehrerbildungsanstalt ausgesetzt gewesen war. Sie notierte in ihr *Kriegstagebuch*: »Die Erwachsenen, die Herren ›Erzieher‹, die uns umbringen lassen wollen. [...] Nein, mit den Erwachsenen kann man nicht mehr sprechen.« In dem sechs Jahre älteren Hamesh fand Bachmann endlich die Möglichkeit, über die Literatur den Weg der Befreiung anzutreten. Am 14. Juni 1945, nachdem sie mit Hamesh über Thomas Mann, Stefan Zweig, Arthur Schnitzler und Hugo von Hofmannsthal gesprochen hatte, heißt es begeistert in dem Tagebuch: »Ich war so glücklich, er kennt alles und er hat mir gesagt, er hätte nie gedacht, dass er ein junges Mädchen finden würde in Österreich, das trotz der Nazierziehung das gelesen hat. [...] Wir haben bis zum Abend geredet, und er hat mir die Hand geküsst, bevor er gegangen ist.« Die Mutter schätzte diesen Kontakt kaum, der Vater war nach sechsjähriger Kriegsteilnahme vorerst noch in amerikanischer Gefangenschaft. Bachmann schrieb bestürzt: »Alle reden über mich, und natürlich auch die ganze Verwandtschaft. ›Sie geht mit dem Juden.‹ Und die Mutti ist natürlich ganz nervös wegen dem Tratsch, und sie kanns ja gar nicht verstehen, was für mich alles bedeutet!« Bachmann war erstmals liebestrunken: »Das ist der schönste Sommer meines Lebens, und wenn ich hundert Jahre alt werde«.

Aber es bleibt die Liebe eines Sommers; ein Jahr später klagt Hamesh in einem Brief aus Neapel: »Was liegt jetzt nicht alles zwischen uns?« Er deutet an, um Bachmanns willen die Entscheidung, endgültig als Zionist ins britische Mandatsgebiet zu gehen, noch aufgeschoben zu haben: »Doch ich kann nichts ändern ich lebe nun einmal bei Dir und nur bei Dir.« Aber seine Worte verhallen ohne Antwort. Sechs Wochen später ist der entscheidende Schritt in die erste »Haltlosigkeit« und »Entwurzelung« getan: »Nur eines tut mir noch immer weh! Du sagtest kein einziges Wort vom Wiedersehen o vom dableiben oder vom wiedertreffen irgendwo irgend einmal.«

Für Ingeborg Bachmann blieb diese erste Liebe zu einem jüdischen Mann, der leidenschaftlich der modernen Literatur zugewandt ist, eine große Episode, die für die Öffnung ihres geistigen Horizontes über das heimische und familiäre Leben hinaus eine enorme Bedeutung besaß. Die weltanschauliche Enge Klagenfurts, die sich in der Reserve des Umfelds gegenüber Jack Hamesh zeigte, ließ Bachmann gerne hinter sich, als sie nach Innsbruck und später Wien zum Studium aufbrach. Dort begegnete sie bald erneut einem jüdischen, nun wesentlich älteren Exilanten. In seinem Dichter-Zirkel im Café Raimund wurde Hans Weigel rasch literarischer Mentor und Geliebter Bachmanns. Das Vorwort, das er Viktor Frankls Lagerbericht ... *trotzdem Ja zum Leben sagen* mitgab, zeigte Weigels eigene Betroffenheit von der Geschichte der Vernichtung der europäischen Juden. In dem autobiographischem Roman *Unvollendete Symphonie* lässt er später eine nach Bachmann geformte Figur sagen:»Ich habe so viel von deinen Toten gewußt – [...] Ich habe verstanden, was es für dich bedeutet, sie mir lebendig zu machen«.

Aber all diese Erfahrungen waren bald Geschichte; sie waren bereichernde, aber nicht bindende Stufen auf dem Lebensweg der jungen, literarisch ambitionierte Kärntnerin. Im Frühsommer 1948 traf Ingeborg Bachmann in Paul Celan ihre große Liebe, ohne die sie als Lyrikerin und Person kaum zu denken ist. In dem deutsch-jüdischen Poeten fand ihr Leben für Augenblicke den Ort seiner umfassenden Verdichtung. Celan war – anders als seine Familie – der Lagerwelt gerade noch entkommen. In Wien konnte sein erster, von den traumatischen Ereignissen geprägter Gedichtband *Der Sand aus den Urnen* erscheinen. In den Wiener Boheme-Kreisen, in denen Celan eine außergewöhnliche Erscheinung bildete, kam es rasch zur Verbindung der beiden, über die Bachmann auch der Familie salopp berichtete. Aber ihre Pas-

sion blieb im Kern ein geheimnisvolles Ereignis, das sich auch
in Celans Gedichten niederschlug: Schon das erste Gedicht »In
Ägypten«, das sie nach dem kurzen Frühling ihrer Liebe vor seiner
Abreise nach Paris Ende Juni 1948 erhielt, zeugt von der enormen
Aufladung ihrer Liebe. Celan stilisiert die Geliebte im biblischen
Ton als »Fremde« und zugleich als Mittlerin zu den jüdischen
Opfergestalten: »Du sollst zum Aug der Fremden sagen: Sei das
Wasser. / Du sollst, die du im Wasser weißt, im Aug der Frem-
den suchen. / Du sollst sie rufen aus dem Wasser: Ruth! Noëmi!
Mirjam! / Du sollst sie schmücken, wenn du bei der Fremden
liegst.«

Von Paris aus, wo Celan als Lektor für Deutsch vorerst in einem kleinen Hotelzimmer lebte, regte sich mit der Zeit der Zweifel, ob Bachmann diese Erwartungen wirklich erfüllte, ob sie
dem zugedachten Idealbild gerecht werden könne. Die Geliebte schien, nachdem er ihr zur Zeit ihres Pariser Wiedersehens
im Winter 1950/51 einen Ring aus dem Besitz seiner weiblichen
Familienmitglieder geschenkt hatte, im Jahr darauf des Schmu-
ckes nicht mehr würdig zu sein. Empört antwortete Bachmann
in einem nicht abgeschickten Schreiben: »[I]ch habe Dir nichts
zu sagen, als dass mein Gewissen vor den Toten, die diesen Ring
getragen haben, besteht. Ich habe ihn als Geschenk von Dir genommen und getragen oder verwahrt, immer in dem Wissen um
die Bedeutung.«

In der Folgezeit warb Bachmann heftig um Celans Zuneigung.
So heißt es Ende 1951 in einem Brief: »Ich weiss nicht, ob Du
spürst, dass ich niemand habe ausser Dir, der meinen Glauben
an das ›Andere‹ befestigt, dass meine Gedanken Dich immer suchen, nicht nur als den liebsten Menschen, den ich habe, sondern

auch als den, der, selbst verloren, die Stellung hält, in der wir uns verschanzt haben.« Aber Celan antwortet am Ende des Winters nüchtern: »Wir wissen genug voneinander, um uns bewusst zu machen, dass nur die Freundschaft zwischen uns moeglich bleibt. Das Andere ist unrettbar verloren.«

Als Bachmann 1952 dafür gesorgt hatte, dass Hans Werner Richter Celan zur Tagung der *Gruppe 47* in der Nähe von Lübeck einlud, spitzten sich die Dinge zu. Die dortige Lesung der »Todesfuge« führte zu vielfachen Irritationen, die sich besonders an der rhetorisch aufgeladenen Deklamation entzündeten. Es zeigte sich, wie sehr die »Stunde Null« ein oberflächliches Postulat einer Generation war, die erst Jahrzehnte später die eigenen Verstrickungen in die Zeit widerwillig anerkennen sollte. Auch persönlich wurde es dramatisch, da Celan gestand, er wolle in Paris bald heiraten. Bachmanns ernüchterter Brief vom Juli dieses Jahres ist beredt: »Ich weiss nicht, ob es Dir bis heute bewusst geworden ist, was Du mir gesagt hast, zu einem Zeitpunkt, wo ich ganz entschlossen war, zu Dir zu kommen, Dich wiederzugewinnen, mit Dir in den ›Urwald‹ zu gehen, in welcher Form immer, und ich verstehe nur nicht, warum Du ein paar Stunden oder Tage später, nachdem ich schon wusste, dass Du zu jemand anderem gehst, mir vorwerfen konntest, dass ich in diesem deutschen ›Urwald‹ nicht bei Dir gewesen sei.«

Der vorläufige Bruch war nicht mehr rückgängig zu machen. Bachmann hatte schon 1951 die innere Ambivalenz angesichts dieser großen Liebe zum Ausdruck gebracht: »Ich fange ja langsam zu verstehen an, warum ich mich so sehr gegen Dich gewehrt habe, warum ich vielleicht nie aufhören werde, es zu tun. Ich liebe Dich und ich will Dich nicht lieben, es ist zuviel und zu

schwer«. Celan hüllte sich weithin in Schweigen, auch als Bachmann ihm im Dezember 1953 ihren Gedichtband *Die gestundete
Zeit* zusandte.

Erst als beide im Herbst 1957 zufällig gemeinsam nach Wuppertal eingeladen wurden, wo man sich im kleinen Kreis mit Hans
Magnus Enzensberger, Peter Huchel, Walter Jens und Hans Mayer
austauschte, schmolzen bei Celan alle inneren Vorbehalte. Seine
beiden glühenden Liebesbriefe jener Zeit, die Bachmann über
Jahrzehnte in ihren Papieren versteckt halten sollte, sprechen für
sich. Celan warb nun erneut um ihre Liebe, bereit, seine Frau und
den 1955 geborenen Sohn Eric zu verlassen: »Ich habe Gisèle alles gesagt, alles. Sie weint.« Er fragte am 16. Oktober 1957: »Liebst
Du mich wirklich, Ingeborg, kannst Du mich wirklich noch lieben nach all dem? Sag's mir. Du bist überall in meinen Gedichten, auch da, wo Du nicht zu sein scheinst.« Am Tag darauf heißt
es drängend: »Willst Du, daß ich Ende November zu Dir komme? Oder früher? Oder später? Ich schicke Dir ein paar Gedichte, Ingeborg, lies.« Täglich gingen bei Bachmann nun Sendungen
ein, unter anderem jenes Gedicht, das den Ort ihrer nächtlichen
Liebe im Titel »Köln, Am Hof« trägt. Es verdichtet ihre Utopie im
Sinne Musils: »Herzzeit, es stehn / die Geträumten für / die Mit-
ternachtsziffer. / Einiges sprach in die Stille, einiges schwieg, / einiges ging seiner Wege. / Verbannt und Verloren / waren daheim.«

Bachmann reagierte auf die Flut der zugesandten Gedichte
am 28. Oktober zuerst mit einem nüchternen Telegramm: »ICH
WERDE HEUTE SCHREIBEN ES IST SCHWER VERZEIH /
INGEBORG«. Drei Tage später fasst Celan nochmals in Prosa,
was seine Poesie in vielen Klängen hatte hören lassen: »Ich weiß
ja nicht, was all das bedeutet, weiß nicht, wie ichs nennen soll,

Bestimmung, vielleicht, Schicksal und Auftrag. Namensuche hat keinen Sinn, ich weiß, daß es *so* ist, für immer. [...] Du weißt auch: Du warst, als ich Dir begegnete, beides für mich: das Sinnliche *und* das Geistige. Das kann nie auseinandertreten, Ingeborg.« Nun war Bachmann bedacht, die eigene Unabhängigkeit vor diesem großen Anspruch zu schützen. Diplomatisch klug spricht ihr Brief vor allem die menschliche Rücksichtnahme auf Celans Frau Gisèle an, eine junge Aristokratin, die sich für ihre Liebe zu dem Dichter mit der Familie überworfen hatte: »Wenn ich an sie und das Kind denken muß – und ich werde immer daran denken müssen – werde ich Dich nicht umarmen können. Weiter weiß ich nichts. Die Ergänzung, sagst Du, muß heißen ›Ins Leben‹. Das gilt für die Geträumten. Aber sind wir nur die Geträumten? Und hat eine Ergänzung nicht immer stattgehabt, und sind wir nicht schon verzweifelt im Leben, auch jetzt, wo wir meinen, es käme auf einen Schritt an, hinaus, hinüber, miteinander?«

Gleichwohl nutzten die neu für einander Entflammten bald zwei Reisen Celans, um sich in München zu sehen, wo Bachmann als Dramaturgin beim Bayerischen Fernsehen arbeitete. Nach dem ersten Treffen, das mit dem Englischen Garten auch Assoziationen an den Wiener Stadtpark, dem Ort ihrer ersten Liebe, weckte, bekannte Celan, während der folgenden Zugreise einer unbekannten Mitreisenden von ihrer geheimen Verbindung erzählt zu haben. Eine Antwort Bachmanns auf dieses mehrschichtige Geständnis ist nicht erhalten. Die zweite Begegnung lässt Ende Januar 1958 nach der Verleihung des Bremer Literaturpreises an Paul Celan ihre Liebe ein letztes Mal auflodern.

Bachmann zog sich zurück und schrieb im Abschied das später preisgekrönte Hörspiel *Der gute Gott von Manhattan*. Paul Ce-

lan zeigte sich begeistert. Im Telegramm heißt es: »WIE GEHT
ES DIR DAS HOERSPIEL IST SO SCHOEN SO WAHR UND
SCHOEN DU WEISST ES JA DAS HELLE UND HELLSTE IN-
GEBORG ICH DENK AN DICH IMMER / PAUL«. Sein Enthusiasmus fand zweifelsohne einen Anlass in dem versteckten
Bekenntnis zu ihrer tragischen Liebe, die Bachmann kunstvoll
in den Worten des »guten Gottes« gespiegelt hatte: »Ich glaube
an eine Ordnung für alle und für alle Tage, in der gelebt wird jeden Tag. Ich glaube an eine große Konvention und an ihre große
Macht, in der alle Gefühle und Gedanken Platz haben, und ich
glaube an den Tod ihrer Widersacher. Ich glaube, daß die Liebe
auf der Nachtseite der Welt ist, verderblicher als jedes Verbrechen, als alle Ketzereien. Ich glaube, daß, wo sie aufkommt, ein
Wirbel entsteht wie vor dem ersten Schöpfungstag. Ich glaube,
daß die Liebe unschuldig ist und zum Untergang führt; daß es nur
weitergeht mit Schuld und mit dem Kommen vor alle Instanzen.«

IV.

Bachmann nutzt nach der realen Entfernung von dem Geliebten
die Chance, die ihr im Winter 1959/60 die erste Frankfurter Poetik-Vorlesung bietet, um ihre poetische Nähe zu Celan auszu-
drücken und das größere Publikum auf den jüdischen Dichter
aufmerksam zu machen. Dabei hatte dieser nur zögerlich die Einladung begrüßt: »Vielleicht ists doch richtig, daß Du die Frankfurter Dozentur angenommen hast – wir sind schon alle tief im
Kompromiß.« Auf Bachmanns flehentliche Frage hin, ob er glaube, »daß man mit einem großen Zweifel und aus vielen Zweifeln
heraus doch etwas sagen« dürfe, hatte er sie gebeten, der Frankfurter Hörerschaft zu veranschaulichen, wie wahrhaftige Dich-

tung die Dunkelheit der Zeit erhellen könne: »Versuche trotzdem, ja. Etwas, das Dir vielleicht noch nicht ganz deutlich vor Augen steht, eine kleine Unsichtbarkeit, ein Augen-Stottern vor vermeintlich Überdeutlichem, hilft Dir wohl zu dieser und jener wirklichen *Mitteilung*.«

So schildert Bachmann entlang von Versen Celans das Leiden, das der Holocaust über die Gesellschaft gebracht habe. Die dichterischen Worte Celans, die Bachmann aufruft, begründen das gemeinsame Sehen dieser Geschichte: »Zähle die Mandeln, zähle was bitter war und dich wachhielt, zähl mich dazu: [...] Mache mich bitter. Zähle mich zu den Mandeln.« Celans Gedichte haben nach Bachmann die Kraft, die historische Wahrheit aufzurufen, und können die Leser herausfordern, vor ihrer Realität nicht die Augen zu verschließen: »Sie sind unbequem, abtastend, verläßlich, so verläßlich im Benennen, daß es heißen muß, bis hierher und nicht weiter.«

Kaum ein Jahr später sorgte die Verleihung des Georg-Büchner-Preises an Paul Celan dafür, dass dieser selbst Gelegenheit erhielt, eine poetologische Rede zu halten. Noch stärker als Bachmanns Vorlesung ist die »Meridian-Rede« geschichtlich an den »Neigungswinkel seines Daseins« geknüpft, den Celan mit dem Datum des »20. Jänner« umreißt. Es ist einmal der Tag, an dem 1942 auf der Berliner Wannsee-Konferenz die organisierte Vernichtung der europäischen Juden beschlossen wurde. Und literaturhistorisch steht der »20. Jänner«, denkt man an Georg Büchners Novelle *Lenz*, für die Gestalt des Dichters, dessen Seele an der Gesellschaft irre wird. Celan zitiert: »der Lenz, der ›den 20. Jänner durchs Gebirg ging‹, [...] ›nur war es ihm manchmal unangenehm, daß er nicht auf dem Kopf gehn konnte.‹«

Celans Darmstädter Rede aktualisiert Büchner im Schrecken des 20. Jahrhunderts: Dem Dunklen der Geschichte entspricht das »freigesetzt[e] befremdet[e] Ich«, für das historisch der Dichter Lenz stand. Diese existentielle Korrespondenz ist verbunden mit der utopischen Hoffnung: »vielleicht wird hier noch ein anderes frei?« In großer Vieldeutigkeit postuliert Celan, solch einschneidende Erfahrung könne das Gedicht in eine »kunst-lose, kunst-freie Weise« führen, die gerade darin wieder »Wege der Kunst« eröffnen möge. Unter dem »Neigungswinkel seines Daseins, dem Neigungswinkel seiner Kreatürlichkeit« betrachtet, wäre das vom Dichter Geschaffene »gestaltgewordene Sprache eines Einzelnen«. Und diese existentielle Poetik erlaubt und gibt nach Celan die Hoffnung, in solcher Einsamkeit unterwegs zu sein, auf andere Einzelne hin, die im Lesen auch am Leben des Dichters teilhaben können: »Wer es schreibt, bleibt ihm mitgegeben. Aber steht das Gedicht nicht gerade dadurch, also schon hier, in der Begegnung – *im Geheimnis der Begegnung?*«

Die Bachmann-Forschung hat nuanciert gezeigt, welche geheimen Begegnungen seit 1948 Paul Celan und Ingeborg Bachmann jeweils ihre Dichtungen ermöglichten. War es zuerst vor allem Celan, der die Akzente setzte, so erschloss sich Bachmann mit ihrem Werk vielfache Möglichkeiten der sublimen Mitteilung. Die »Meridian-Rede« erinnert solch dichterisch korrespondierendes Sprechen in der äußeren Entfernung.

Ein Grund für Bachmanns spätere Distanzierung scheint neben ihren eigenen Ambivalenzen und der familiären Situation auch Celans hochgradige Empfindlichkeit und sein tiefes Misstrauen gewesen zu sein, das ihn gerade auch angesichts der Geschichte prägte. Diese Züge steigerten sich nach ihrem letzten

Münchener Treffen. Anlass war Erhart Kästners Bremer Laudatio
auf Celan gewesen. Sie war mit dem Hinweis in der *Frankfurter
Allgemeine Zeitung* erschienen, dessen Dichtung stände unter dem
Einfluss der Lyrik von Yvan und Claire Goll. Bachmann versuchte,
den Geliebten über den indirekten Plagiatsvorwurf zu beruhigen;
sie verlangte ihm Gelassenheit ab: »Mir ist oft, als könnten die
Verfolgungen [uns] nur [etwas anhaben], solang wir bereit sind, uns
verfolgen zu lassen.« Aber der Ratschlag half wenig. Paul Celan litt
unter dem Vorwurf, der sich in den folgenden Jahren angesichts
seiner wahnhaften Vorsicht zur großen »Plagiatsaffäre« auswuchs
und den Dichter innerlich verfolgte. Ihm wurde vorgeworfen, dass
gerade die frühe Dichtung um die »Todesfuge« nicht aus dem eigenen dichterischen Vermögen geschöpft, sondern von Yvan Goll
abgeschaut sei. Eine absurde Behauptung der Witwe Golls, die die
tatsächlichen Verhältnisse umkehrte und doch ihre Wirkung tat.

Von allen Seiten witterte Celan – oft nicht zu Unrecht, aber
mit maßloser Sensibilität – ein starkes Ressentiment gegen ihn
und seine von der jüngsten Geschichte geprägten Dichtung. Exemplarisch steht dafür ein Ereignis, das sich Ende des Jahres 1958
nach einer Lesung des Gedichtes »Engführung« in Bonn zutrug.
Man karikierte ihn »in gebückter Haltung« als »ein[en] gefessel-
te[n] Sklave[n], der schnaubend gegen seine Ketten aufbegehrte«.
Erneut riet Bachmann zu einer stoischen Reaktion gegenüber jenen, die es böse mit ihm meinten, gepaart mit der Bereitschaft,
»trotzdem für die zu lesen, die zuhören wollen und sich der anderen schämen«. Wie wenig ihr guter Rat auszurichten vermochte,
zeigte sich, als Günter Blöcker 1959 in der *Frankfurter Allgemeinen* Celans neuen Gedichtband *Sprachgitter*, der auch »Engführung« enthielt, abschätzig besprach. Wieder empfahl die Freun-

din dringend, Celan solle seine Aufmerksamkeit auf jene richten, die seine Werke zu würdigen wüssten: »Paul, ich fürchte oft, daß Du überhaupt nicht wahrnimmst, wie sehr Deine Gedichte bewundert werden, wie groß ihre Wirkung ist, ja, daß nur Deines Ruhmes wegen (laß mich das Wort dies eine Mal verwenden und weis es nicht ab) immer wieder der Versuch gemacht werden wird, ihn zu schmälern, auf jede Weise«. Celans Antwort verweist allein auf die Ungeheuerlichkeit des Vorwurfs: »Du weisst – nein Du wusstest – und so muss ich Dich jetzt daran erinnern –, dass die Todesfuge auch dies für mich ist: eine Grabschrift und ein Grab. Wer über die Todesfuge *das* schreibt, was dieser Blöcker darüber geschrieben hat, der schändet die Gräber.«

In dieser Lage ergriff Bachmann in ihrer Frankfurter Poetik-Vorlesung öffentlich Partei. Ihre Apologie konzentrierte sich vor allem auf den verächtlichen Rat des Rezensenten, Celan solle für seine »weitere Entwicklung« die eigenen Worte besser berücksichtigen, »daß der Dichter ein Mann sei, der ›mit seinem Dasein zur Sprache gehe, wirklichkeitswund und Wirklichkeit suchend‹.« Bachmann schreibt dagegen voller Enthusiasmus: »Aber plötzlich, wegen der strengen Einschränkung, ist es wieder möglich, etwas zu sagen, sehr direkt, unverschlüsselt. Es ist dem möglich, der von sich sagt, daß er wirklichkeitswund und wirklichkeitsuchend mit seinem Dasein zur Sprache geht. Am Ende des großen Gedichtes *Engführung* tritt so ein Satz hervor, und mit ihm möchte ich schließen [...]: ›... Ein / Stern / hat wohl noch Licht. / Nichts, / nichts ist verloren.‹«

Zugleich zeigen Bachmanns Briefe, wie fragwürdig sie Celans Beharren auf dem Status des Opfers fand: »Das ist Dein Unglück, das ich für stärker halte als das Unglück, das Dir widerfährt. Du willst das Opfer sein, aber es liegt an Dir, es nicht zu sein. [...] Du willst der sein, der dran zuschanden wird, aber ich kann das nicht gutheissen, denn Du kannst es ändern.« Sie nahm Distanz: »Aber das ist dann Deine Geschichte und das wird nicht meine Geschichte sein, wenn Du Dich überwältigen lässt davon.« Ihr langes Schreiben, eines der letzten an den fernen Geliebten, sandte sie im Herbst 1961 nicht mehr ab.

V.

Schon im Sommer 1958 hatte Bachmann Max Frisch kennengelernt, der auf ganz andere Weise ihr Leben in Leid stürzen sollte. Als Ironie der Geschichte kann gelten, dass das eigentlich im Abschied Paul Celan zugedachte Stück *Der gute Gott von Manhattan* den Beginn der Jahre mit dem älteren, erfolgreichen Suhrkamp-Autor begründete. In *Montauk* erzählt Frisch ein Jahr nach Bachmanns Tod unter anderem, wie sie zusammengefunden hätten: »Ich hatte zu tun beim Sender in Hamburg und ließ mir das Hörspiel vorführen, dann schrieb ich einen Brief an die junge Dichterin, die ich persönlich nicht kannte: wie gut es sei, wie wichtig, daß die andere Seite, die Frau, sich ausdrückt. Sie hörte Lob genug und großes Lob, das wußte ich, trotzdem drängte es mich zu dem Brief. [...] Ihre briefliche Antwort verblüffte mich: sie fahre nach Paris und komme über Zürich, doch habe sie nur vier oder fünf Tage Zeit. Was war damit gemeint? Sie kam dann nicht. [...] Als ich später in Paris war, erfuhr sie es durch die Zeitung und fand heraus, wo ich wohnte, HOTEL DU LOUVRE. Sie kam, um sich die Aufführung meines Stückes anzuschauen. [...] ich fand die Aufführung sehr gut, mein Stück nicht schlecht, aber als es Zeit wurde, sagte ich ein zweites Mal: INGEBORG

BACHMANN, DAS BRAUCHEN SIE SICH WIRKLICH NICHT
ANZUSCHAUEN. Statt ins Theater gingen wir zu unserem ersten
Abendessen.«

An Celan schrieb Bachmann erst Monate später, im Oktober
1958, über die neue Liebe unruhig und ihren Anfang verhüllend:
»Vor wenigen Tagen kam ich aus Kärnten, wo ich zuletzt war, zurück ... ich muß doch anders beginnen, es rasch sagen. In diesen letzten Tagen hier, den ersten in München, ist Max Frisch
gekommen, um mich zu fragen, ob ich es könnte, mit ihm leben,
und nun ist es entschieden.« Gleichwohl ahnte sie bei allem Über-
schwang etwas von den Schwierigkeiten, die sich mit der Partnerschaft ergeben sollten: »Ich bin sehr froh, sehr aufgehoben in
Güte und Liebe und Verständnis, und ich bin nur manchmal traurig über mich selbst, weil eine Angst und ein Zweifel nicht ganz
weggehen, der mich selbst betrifft, nicht ihn.« In *Montauk* blickt
Frisch nüchtern auf die erste Zeit ihres Zusammenseins zurück:
»Eine Woche in Zürich als Liebespaar und aus klarer Erkenntnis
der Abschied. Das gibt es tatsächlich: daß Haare zu Berge stehen.
Ich habe es bei ihr gesehen. Die klare Erkenntnis, lebbar nicht
länger als vier Wochen.«

Tatsächlich wollte Ingeborg Bachmann das gemeinsame Leben mit Max Frisch nicht glücken, auch wenn Wohnungen in
Zürich und Rom günstige Voraussetzungen schufen, sich jeweils
wieder zurückzuziehen. Jedoch konnte Frisch, der fünfzehn Jahre
Ältere, seine ausgeprägte Eifersucht nicht besiegen, die ob der vielen Liebesverhältnisse, die Bachmann pflegte, einige Nahrung erhielt. »Ich bin ein Narr und weiß es. Ihre Freiheit gehört zu ihrem
Glanz. Die Eifersucht ist der Preis von meiner Seite; ich bezahle
ihn voll. Auf der sommernächtlichen Terrasse mit Blick über Rom

schlafe ich mit dem Gesicht in der eignen Kotze.« Frisch verließ Ingeborg Bachmann – für sie vollkommen überraschend – nach vier Jahren, provoziert von Briefen eines Geliebten, die er heimlich gelesen hatte. Auch war ihm ihre Klugheit nicht leicht erträglich. In *Montauk* spiegelt er diese Befangenheit im Zuge der Schilderung, die eigentlich einem alten Freund gilt: »Die Frau, die ich damals liebte, hatte Philosophie studiert und über Wittgenstein geschrieben, promoviert über Heidegger. Das konnte W., der sie an diesem Tag zum ersten Mal sah, nicht wissen. [...] Ich schwieg, um nicht als Halbkundiger zu stören. Philosophie-Kenntnis von einer Frau, die mit mir lebte, das ging ihm offensichtlich nicht ein«. Auch selbstkritisch ruft Max Frisch der ihm schwer fasslichen Bachmann nach: »Zuletzt gesprochen haben wir uns 1963 in einem römischen Café vormittags; ich höre, daß sie in jener Wohnung, HAUS ZUM LANGENBAUM, mein Tagebuch gefunden hat in einer verschlossenen Schublade; sie hat es gelesen und verbrannt. Das Ende haben wir nicht gut bestanden, beide nicht.«

Dass Marianne Oellers, die Frisch als wesentlich jüngere Freundin von Tankred Dorst 1962 in Rom in der Villa Massimo kennengelernt hatte, kurze Zeit später seine neue Gefährtin wurde, erleichterte wohl den Entschluss zur Trennung. Ingeborg Bachmann hatte diese Entschiedenheit bei Frisch nicht für möglich gehalten und war geschockt. Sie geriet in eine so tiefe Krise, dass sie einen Suizidversuch beging, dem klinische Behandlungen folgten. Sie vertraute sich Hans Werner Henze an, mit dem sie Mitte der 1950er Jahre in Süditalien in vertrauter Seelenfreundschaft gelebt hatte. Erschüttert berichtete sie dem homosexuellen Freund zu Anfang des Jahres 1963 von ihrem Ergehen und dem zerrütteten Gesundheitszustand: »Es ist jetzt endgültig für mich beschlossen, dass das Leben der letzten Jahre zuende ist. Ich weiss gar nicht, wo ich anfangen soll. Seit vier Monaten geht das schon, seither bin ich hier, so furchtbar allein und abgetrennt von allem [...] ich habe so tun müssen, als sei nichts, nur ein bisschen Krankheit. Aber das stimmte nicht, es war nicht ein bisschen Krankheit, sondern ich musste vor zwei Monaten in die Klinik, weil ich versucht habe, mich umzubringen, aber das werde ich nie wieder tun, es war eine Verrücktheit, und ich schwöre Dir, dass ich das nie wieder tun werde.« Sie konnte sich die tiefe Krise selbst nur so erklären, dass es »bisweilen gegen meine Lebensmöglichkeiten« gewesen sei, in der Partnerschaft »etwas Dauerhaftes, ›Normales‹« zu finden, da die »notwendige Transformation mein Gesetz verletzt« habe.

VI.

Zu Bachmanns Lebensgesetz gehörte die Freiheit, der Liebe in all ihren Bewegungen folgen zu dürfen. Auch ein souveräner Spieler wie Hans Magnus Enzensberger, der ihr freimütig bekannte, »mich hat der cherubinische wandersmann schon immer geärgert mit seiner aufforderung, ich möge wesentlich werden«, verfiel in jungen Jahren kurzzeitig ihrem erotischen Bann, bevor sich ihre Lebensfreundschaft entfaltete. Als beide während einer längeren Krankheit von Max Frisch, der seine Gelbsucht in Zürich auszuheilen hatte, im Sommer 1959 von dort nach Rom reisten, blieb dies nicht ohne Folgen. Der Betrogene erfuhr später davon und schrieb in *Montauk*: »Zum Glück ist jemand auf Durchreise hier, der sie nach Rom begleiten kann. Nicht irgend jemand: Hans Magnus. Ich habe sie weggeschickt, Sommer 1959, und kurz darauf werde ich gesund. [...] Ein Kranker hat sie weggeschickt, ich weiß;

der Arzt hat erlaubt, daß ich mich ankleide und einige Minuten auf die Straße gehe, um den beiden zu winken bei der Ausfahrt. Hat sie meine Briefe nicht bekommen? Ich bin nicht mehr gelb; ich will sie. ROMA NON RISPONDE, ROMA NON RISPONDE. [...] Was in Rom gewesen ist, sagt sie.«

Verzaubert schrieb Enzensberger anschließend Brief um Brief an »meineingeborg«. Dabei schwankte er zwischen nüchterner Aufklärung, die er als Dichter der deutschen Geschichte suchte, und trunkener Illusion, die ihm die römischen Tage beschert hatten: »ich kann nicht an das glauben wofür italien steht, an die voreilige versöhnung, an dieses dasein das vortäuscht es wäre im lot, an diese vergebliche unmittelbarkeit, mit der die schönheit auf ihr recht pocht, ohne historische scham. [...] und ich weise das zurück, was in deinen augen ein geschenk der götter ist. aber wo sind deine augen? sobald sie nicht mehr darauf ruhn, wird aus diesen schätzen das katzengold das es vordem für mich war.« Er quälte sich vor Liebeshunger, bedauerte, Frisch nicht grüßen zu können, und litt unter dem »doppelleben«, das er wohl erstmals gegenüber seiner Frau führen musste, auch wenn sich das Leben bald wieder normalisierte: »das haus hat sich aus der lähmung befreit, die du hinterlassen hast durch deine harsche abreise.«

Ein Jahr später hatte sich Enzensberger vom stillen Liebhaber zum treuen Freund gewandelt, bereit, das unruhige Leben, das Bachmann mit Max Frisch führte, verständnisvoll zu begleiten: »sag mir doch ein bißchen wie du lebst [...], damit ich teilnehmen kann an den bewegungen deiner seele, deines gemüts und deiner schuhe.« Der nie ganz zu fassende Ironiker erwies sich in der Lebenskrise als verlässlicher Mensch, dem Bachmann teilweise auch ihr eigenes Versagen enthüllen konnte, noch innerlich zermürbt von mehrmonatigen Krankenhausaufenthalten. Im April 1963 schrieb sie Enzensberger aus Berlin jenseits aller Utopie: »Ach Mang, es ist zwar ein wirklicher Schritt und ein heilsamer, wenn man sich entschliesst und weggeht, aber wenn man nicht freiwillig geht, ist Gehen eben doch nicht Gehen, man findet sich bloss ab und fragt sich, wo es neue Flügel zu kaufen gibt, und die hat es noch nie zu kaufen gegeben. Ob einmal noch welche nachwachsen – ich weiss es nicht, ich trau mich nicht mehr zu hoffen.« Ihr Brief zeichnete sich mit ihrem privaten Leiden ein in den Kreis jener, die während des Nationalsozialismus allzu Schlimmes erlebt hatten: »I am a displaced person, here too.« Ende des Jahres gab Bachmann ihrem Wunsch nach Heilung ironisch beredten Ausdruck: »Ich erhoffe alles von dem neuen Jahr, als könnte die Verwandlung von 63 auf 64 etwas bewirken. Ich bin immer noch zu sehr verwundet, und es gibt keine Wundärzte mehr und Zauberer, die Hölzer abbrennen und Kräuter und die einen besprechen. Die Einsamkeit ist so mörderisch, das Alleinsein, die Nächte, die Aengste, und rundherum sieht man alle und alle, wie sie sich zurechtfinden und abhelfen«.

Berlin, wo sie mit einem feudalen Stipendium der Ford Foundation leben konnte, wurde durch Freunde wie Hans Werner Richter, Walter Höllerer und Uwe Johnson zu einem bewohnbaren Ort, der zugleich mannigfache Möglichkeiten für ekstatische Begegnungen bot, die auch Witold Gombrowicz als polnischem Ford-Fellow zusagten. Im August 1964 gelang es Bachmann, ihre »Leidensgeschichte« dem fernen Freund Hans Magnus Enzensberger in neuem Licht darzustellen: »Jetzt kann ich schreiben, denn ich werde gesund, inwendig bin ich es schon zu einem grossen Teil, und was auswendig weitergeht, das soll auch vergehen, wird in einem halben Jahr wahrscheinlich verschwunden sein.« Und Bachmann lehnte es ab, die vergangene Krise mit einer tieferen Bedeutung zu versehen: »Ob ich bin, wie ich war, das weiss ich freilich nicht, es ist wohl zu viel passiert, aber, wenns auch keinen Sinn gehabt hat, weil ich nicht möchte, dass Elend einen Sinn hat, dass es diese Rechnung gibt, die mit unserem Unglück spekuliert, – ich bin mir, wie ich bin, jetzt recht«.

Die Verleihung des Georg-Büchner-Preises eröffnete Bachmann im Herbst 1964 die günstige Gelegenheit, mit frischen Kräften vom Leiden der Zeit und seinen tieferen Bedeutungen zu sprechen, von Tätern und Opfern. Ihre fulminante Rede *Ein Ort für Zufälle* betrachtete Berlin als exemplarisch für historische und soziologische Bedingungen, aus denen bei vulnerablen Menschen signifikante Krankheitszustände entstehen. Auch wenn Bachmann die direkte Rede vom persönlichen Unglück vermied, zeichnete sie ein entsprechendes Assoziationsbild der Stadt als Topos des historischen Unglücks: »Die Beschädigung von Berlin, deren geschichtliche Voraussetzungen ja bekannt sind, erlaubt keine Mystifizierung und keine Überhöhung zum Symbol. Was sie erzwingt, ist jedoch eine Einstellung auf Krankheit, auf eine Konsequenz von variablen Krankheitsbildern, die Krankheit hervorruft.«

Nicht fern von Celans Büchner-Preisrede macht auch ihre Rede auf das seelische Schicksal von Lenz aufmerksam, der gleichsam als Ikone des vom alltäglichen Leben und seinen falschen Befriedigungen gezeichneten Menschen erscheint: »Konsequenz, das Folgerichtige, im Verfolgen des Risses – eines Risses, der für Lenz durch die Welt ging und der ihn nur traurig den Kopf schütteln ließ auf alles, was man ihm sagte, in guter Absicht, wie wir auch wissen«. Deutlich markiert Bachmann, wie die »Zufälle«, die den Dichter von innen trafen und sein psychisches Leiden auslösten, ebenso geschichtlicher Natur sein können: »Der Wahnsinn kann auch von außen kommen, auf die einzelnen zu, ist also schon viel früher von den Innen der einzelnen nach außen gegangen, tritt den Rückweg an, in Situationen, die uns geläufig geworden sind, in den Erbschaften dieser Zeit.« Deutlich markiert Bachmann, dass sie über Berlin und Deutschland als Fremde spricht, eine prekäre Form der Distanzierung, die verhüllt, dass die belastenden historischen Zufälle bis in die eigene Familie reichten: »Denn ich vergesse nicht, daß ich in Ihrem Land bin mit seinen Zufällen, die sich der Diagnose nicht ganz, aber im Grunde entziehen, wie alle Zufälle«.

Das Gegengewicht zur Aufklärung über die deutsche Historie bildet ein utopischer Horizont ekstatischer Bilder, den Bachmann vor ihrer Hörer- und Leserschaft entfaltet. Phantastische Zirkuskamele bereiten den Leidenden einen Übergang aus der bevölkerten Gegend des Grauens in die menschenleere Landschaft des Glücks: »Die Kranken haben nur auf die Kamele gewartet, gehen auf die Kamele zu, stellen sich unter ihren Schutz. Die Felle riechen inbrünstig nach Wüste, Freiheit und Draußen.« In diesen Schilderungen spiegeln sich die ekstatischen Liebesabenteuer, die Bachmann zuvor auf einer Ägyptenreise mit dem jungen Regisseur Adolf Opel erlebt hatte und die im »Wüstenbuch« einen vorläufigen literarischen Niederschlag fanden. Bachmann stand bei aller Brüchigkeit ihres Lebens auch für die Fähigkeit zu erotischen Ausschweifungen, ohne je ganz ihre andere Seite vergessen zu können, von der der junge Enzensberger einmal hellsichtig sprach: »es muß da eine asketische ader in deiner geistigen natur sein, die sehr selten ist, wenn ich recht habe, kommt sie nicht nur beim schreiben zum vorschein. sie macht dir überhaupt das leben schwer.«

VII.

Die *Aufzeichnungen aus der Zeit der Krankheit,* die Ingeborg Bachmann über die Jahre ihrer klinischen Krisen und psychotherapeutischen Behandlungen gemacht hatte und die als Teil ihres Nachlasses erst 2017 unter dem Titel *Male oscuro* veröffentlicht wurden, sprechen auf ihre Weise eine deutliche Sprache. Bachmann setzt dem therapeutischen Anspruch der Medizin eine deutliche Grenze. Denn Krankheit ist für die klinisch Gezeichnete etwas Geheimnisvolles, ein psychosomatischer Zusammenhang, der mehr Rätsel aufgibt, als nüchterne Schulmedizin oder philosophisch armierte Psychotherapie lösen könnte. In der Fragment gebliebenen Rede für ihre Ärzte schreibt sie über das verborgene Übel: »Il male oscuro. Lassen Sie mich sagen, ein wenig. Glauben Sie niemals jemand, der theoretisch etwas darüber geschrieben hat. Niemand. Die Angst, die Sorgen ums Dasein, das Geworfensein – verzeihen Sie, ich habe nämlich meine Haut auch gelesen, nicht nur in einer Dissertation. Wie blöde erscheint das einem Menschen, alle diese Ausdrücke, Angst, etc. Bitte seien Sie, was Sie sein können, nämlich Ärzte. Es gibt die Angst nicht, aber der Kranke hat sie, dafür stehe ich ein, vor jeder Instanz. Und das ist nicht ein Wort unserer Philosophen, das ist etwas ungeheuer Animalisches – nein, verzeihen Sie, es ist etwas Menschliches. [...] Ich darf Ihnen versichern, daß wir keine Begriffe haben, wir haben die Krankheit. Und wir brauchen den Arzt. Wir haben den male oscuro, und wenn Sie auch nie ganz verstehen sollten, was das ist: mit ihrer Härte, in der das Mitleid aufgehoben ist, werden Sie dem begegnen müssen.«

Das in den Zeiten der klinischen Behandlungen unveröffentlichte Bild eines Arztes, der sich den gängigen Schemata einer aufgeklärten Psychotherapie entzieht, entwarf Bachmann 1967 für den *Spiegel*. Erst posthum wurde es Teil der ersten Werkausgabe. Der Essay beschreibt Georg Groddeck als einen virtuosen Kurarzt, der seit der Jahrhundertwende ungewöhnliche Heilmethoden bei den psychosomatischen Leiden seiner Patienten angewandt habe. Groddeck betrachtete demnach die optische Sehschwäche als kreative Leistung unseres Körpers, die dem Menschen helfen könne, zugunsten eines glücklicheren Lebens vieles nicht sehen zu müssen: »Das kurzsichtige Auge leistet nicht weniger als das sogenannte normale Auge; es leistet etwas andres. Es schränkt den Gesichtskreis ein, erleichtert damit die verdrängende Tätigkeit des Sehens.« Die von Groddeck gezogene Konsequenz ist so überraschend wie folgerichtig: »Wer die Brille dauernd trägt, zerstört damit die mühsame und aufopfernde Arbeit des Organismus, dessen Tiefstes nicht nur ein Sehinstrument, sondern vor allem ein Verdrängungsinstrument braucht.« Bachmann sieht in Groddeck einen ärztlichen Narr im höheren Sinne, der seinen Patienten weit entgegenkomme: »Immer ertappt, überführt er, liefert niemand aus, die Lüge ist für ihn ein Faktum wie Leben, und es ist auch gleichgültig, ob man einem Arzt die Wahrheit sagt oder nicht. Vielleicht haben die Heiligen in diesem Jahrhundert diese Sprache führen müssen, die eines Clowns und die eines Wissenschaftlers.« Deshalb ist nach Bachmann ein neues Arzt-Patient-Verhältnis notwendig, so wie sie es in den Nachlass-Texten von *Male oscuro* betont: »Es müsste heute auch Ärzte geben, die kongeniale Patienten haben, denn man kann ja niemand heilen, man kann nur gemeinsam weiterkommen. Miteinander jedenfalls, denn es gibt nur diese abstruse Symbiose.« Man kann sagen: Georg Groddeck ist eine Art Gegenfigur zu den heiligmäßigen Philosophen Wittgenstein, Musil und Weil. Während diese sich für die allgemeine Wahrheit opfern, die über ihr eigenes Leben hinausgeht, ist es sein Ansinnen, eine besondere Wahrheit für seine Patienten zu finden, die deren Gesundheit lebensklug zu fördern versteht.

An Georg Groddecks Ansichten orientierte Bachmann auch ihre späte Erzählung *Ihr glücklichen Augen*, die vielsagend dem »bedeutendsten Vorläufer der Psychosomatik« gewidmet ist. Die Protagonistin Miranda empfindet mitunter »ihre kranken optischen Systeme als ein ›Geschenk des Himmels‹«: »Denn es erstaunt sie, wie die anderen Menschen das jeden Tag aushalten, was sie sehen und mit ansehen müssen.« Sie fürchtet aus guten Gründen das schärfere Sehen, das ihr die Brille bietet. »Mit Hilfe einer winzigen Korrektion – der durch die Zerstreuungslinsen – mit einem auf die Nase gestülpten goldenen Brillengestell, kann Miranda in die Hölle sehen.« So zeichnet Bachmann ein ironisch gebrochenes Bild der jungen Frau, die möglichst häufig vergisst, ihre Sehhilfe aufzusetzen: »Wo alle sich Klarheit verschaffen wollen, tritt Miranda zurück, nein, diesen Ehrgeiz hat sie nicht, und wo andre Geheimnisse wittern, hintenherum und hinter allem und jedem, da gibt es für Miranda nur ein Geheimnis auf der ihr zugewandten Seite. Es genügen ihr zwei Meter Entfernung, und die Welt ist bereits undurchdringlich, ein Mensch undurchdringlich.«

Aber mit der Zeit zeigen sich auch die Nachteile der nicht korrigierten Kurzsichtigkeit. Denn Mirandas Freund findet auf

Dauer mehr Geschmack am realistischen »Scharfblick« einer anderen Frau. Schmerzhaft spürt Miranda, als ihre Brille für Tage zur Reparatur ist, dass sie Boden an die Konkurrentin verliert. Am Ende steht sie verlassen da und verletzt sich zu allem Unglück noch an einer Glastür, in die sie beim Rückzug ohne Brille hineinläuft. Sie gibt mit ihrem Vorhaben, »[i]mmer das Gute im Auge [zu] behalten«, ohne zu scharf sehen zu müssen, eine komische Figur ab, deren Tragik aber in Sätzen ihres treulosen Gefährten aufblitzt: »Wer tut uns das alles an? Was tun wir einander an? Warum muß ich das tun?« Bachmann ergänzt die durchaus selbstkritischen Überlegungen mit kriegerischen Bildern der heillosen Zerstörung: »[E]s wird noch immer hingerichtet, es ist eine Hinrichtung, weil alles, was ich tu, keine Untat ist, die Taten sind eben die Untaten.«

Die Beobachtungen entsprechen ihrer Büchner-Preisrede. Das besondere Unglück des privaten Lebens wird mit dem allgemeinen Grauen der größeren Welt verbunden. Es besteht zwischen damals und heute eine tiefe Kohärenz im Negativen, die die persönliche Passionsgeschichte im größeren Leiden der Welt aufhebt. Die Gestalt des weiblichen Opfers repräsentiert in einer von Männern dominierten Welt den fürchterlichen Sinn des Leidens. Uwe Johnson hat einmal sehr fein im Brief an ihren gemeinsamen Verleger Siegfried Unseld Ingeborg Bachmanns prekäres Verhältnis zu Männern beschrieben. Sie habe einen »persönlichen Ruhm erworben [...] mit der Frage, ob man denn noch nicht gewusst habe, dass alle Männer krank seien.«

VIII.

Schaut man zurück auf die philosophischen Essays, die Bachmann im ersten Jahrzehnt ihres Schaffens schrieb, so eröffnen diese – mit Aby Warburg gesprochen – einen »Denkraum der Besonnenheit«. In diesem ist es möglich, im Zeichen der rationalen Klarheit jenen irrationalen Dunkelheiten Herr zu werden, die unser Leben bedrängen und die seit Jahrtausenden auch magische, okkulte und sonstige kulturelle und religiöse Praktiken der Lebensbewältigung hervorgerufen haben. Aber Bachmann ist sich bei aller Faszination, die von den großen »Besonnenen« Simone Weil, Ludwig Wittgenstein und Robert Musil ausgeht, auch bewusst, dass ihr Schicksal von deren geschieden ist, dass sie sich nicht allein in solcher Rationalität oder Idealität verzehren will. Die Liebe zu Paul Celan war das biographische Ereignis, das die mögliche Verbindung der Gegensätze kurz aufblitzen ließ, auch wenn oder gerade weil das Erträumte weithin unerreichbares Bild blieb.

Vielleicht kam diese Polarität, die sich in Bachmanns Leben so zerstörerisch auswirkte, nirgends stärker zum Ausdruck als in ihrem Roman *Malina*, der sich gleichsam als fiktionaler Schlüssel ihrer intellektuellen Biographie lesen lässt. Diese Polarität zwischen rationaler Luzidität und irrationaler Ekstase verkörpern in dem Roman die beiden männlichen Instanzen Ivan und Malina, zwischen denen das weibliche »Ich« sich bewegt. Ivan ist der ersehnte Glücksbringer, der sich häufig abfällig über die vielfachen Spuren gedanklicher Traurigkeit äußert, die dem Geist der geschichtlichen Aufklärung gehorchen: »[I]ch habe ein paar Blätter auf dem Sessel liegengelassen. Er nimmt noch eines in die Hand und liest belustigt: TODESARTEN. Und von einem anderen Zettel liest er ab: Die ägyptische Finsternis. [...] Was ist denn das für eine Obsession, mit dieser Finsternis, alles ist immer traurig und die machen es noch trauriger in diesen Folianten.« Ivans Forderung, den Blick abzuwenden, hat Erfolg: »Ich lasse das Unglück anderswo geschehen, weil hier kein Unglück ist, wo Ivan sich mit mir zum Essen niedersetzt.« Die gemeinsamen Stunden bilden eine Oase in der Wüste des Lebens. Die Metapher des Sehens veranschaulicht hier die erlösende Kraft des Geliebten: »[M]it seinen Blicken muß Ivan erst die Bilder aus meinen Augen waschen, die vor seinem Kommen auf die Netzhaut gefallen sind.«

So hilft die Liebe besser als alles andere, um das Leben immer wieder über das Unglück zu erheben: »[W]eil Ivan mich zu heilen anfängt, kann es nicht mehr ganz schlimm sein auf Erden.« Aber die Liebe ist, so deutet es Bachmann metaphorisch an, gleich einem gefährlichen Rauschmittel, das rasch nach Steigerung verlangt, ohne dass die kleinen Dosen des Glücks auf Dauer ausreichen würden: »Ich denke an Ivan. / Ich denke an die Liebe. / An die Injektionen von Wirklichkeit. / An ihr Vorhalten, so wenige Stunden nur. / An die nächste, die stärkere Injektion. / [...] Ich lebe in Ivan. / Ich überlebe nicht Ivan.« Die Abhängigkeit von Ivan nimmt ergebungsvolle Züge an, die dem religiösen Bedürfnis nach Erlösung gleichen. Vielleicht spiegelt sich darin auch in sublimer Ironie die ekstatische Erfahrung, die Bachmann in den Berliner Jahren mit dem jüdischen Religionsphilosophen Jacob Taubes teilte. Der tat mit einigem Stolz später kund, mit ihr erotische Abenteuer gerade in sakralem Raum erlebt zu haben. Wahrscheinlich auch aufgrund solch realer Erlebnisse heißt es in *Malina* metaphorisch: »Ich knie auf dem Boden vor dem Telefon und hoffe, daß auch Malina mich nie überrascht in dieser Stellung, auch er soll nie sehen, wie ich niederfalle vor dem Telefon, wie ein Moslem

auf seinen Teppich, die Stirn auf den Parkettboden gedrückt. [...]
Mein Mekka und mein Jerusalem!« Und an einer anderen Stelle des ersten Kapitels von *Malina*, der *Glücklich mit Ivan* überschrieben ist, schreibt Bachmann:»Ivan fragt mich in der Nacht:
Warum gibt es nur eine Klagemauer, warum hat noch nie jemand
eine Freudenmauer gebaut? Glücklich. Ich bin glücklich.«

Das ordnende Leben mit Malina verläuft ganz anders. Schon
sein Beruf als Militärhistoriker macht ihm das exakte Erinnern zur
Aufgabe und steht für rationale Klarheit. Die gedankliche Transparenz soll nicht durch leidenschaftliche Emotionen getrübt werden. Im Gegenteil. Malinas Nüchternheit führt weg vom »konvul-
sivischen Leben« hin zur möglichen Erkenntnis der Wirklichkeit:
»Mir scheint es, [...] als wäre ich nur aus seiner Rippe gemacht und
ihm seit jeher entbehrlich, aber auch eine unvermeidlich dunkle
Geschichte, die seine Geschichte begleitet, ergänzen will, die er
aber von seiner klaren Geschichte absondert und abgrenzt. Deswegen habe auch nur ich etwas zu klären mit ihm, und mich selbst
vor allem muß und kann ich nur vor ihm klären.« Allerdings deutet das Ich an, dass es gute Gründe gebe, die eigene Geschichte
nicht gänzlich zu enthüllen. Denn jenseits der »gewöhnlichen Erinnerungen« liege eine »verschwiegene«, an die zu rühren gefährlich sei. Auch darüber besitzt Malina Klarheit, wie sein Dialog mit
dem fiktionalen »Ich« zeigt: »Ich will nicht erzählen, es stört mich
alles in meiner Erinnerung. [...] Noch stört es dich. Noch. Es stört
dich aber eine andere Erinnerung.«

Es sind tatsächlich grausame Träume, die das Ich in krypti-
schen wie fragmentarischen Assoziationen kundtut. Diese erinnern in manchen Zügen an die Traumprotokolle, die Ingeborg
Bachmann während und nach ihren psychotherapeutischen Be-

handlungen aufzeichnete, auch wenn diese wesentlich eindeutiger ausfielen und Max Frisch und der Vater nicht selten in deren Zentrum standen. Eine übermächtige Vatergestalt dominiert die vielfältigen Phantasien im zweiten Kapitel des Buches, das *Der dritte Mann* überschrieben ist. So bietet die literarische Fiktion *Malina* persönliche Traumata vermischt mit Assoziationen an historische Verbrechen, vor allem den millionenfachen Mord in den Vernichtungslagern.

Als ob es eine Adaption der *Dialektik der Aufklärung* von Adorno und Horkheimer wäre, die Enzensberger ihr einmal zur Lektüre empfohlen hatte, erscheint das männliche Prinzip der Ratio gerade in seiner destruktiven Dunkelheit. Im peinigenden Traum schickt der Vater das eigene Kind in die Gaskammer: »Die Kammer ist groß und dunkel [...]. Mein Vater hat mich eingeschlossen, und ich will ihn fragen, was er vorhat mit mir, aber es fehlt mir wieder der Mut, ihn zu fragen [...]. Mein Vater ist verschwunden, er hat gewußt, wo die Türe ist und hat sie mir nicht gezeigt. Und während ich sterbe, stirbt mein Wunsch, ihn noch einmal zu sehen und ihm das Eine zu sagen: Mein Vater, sage ich ihm, der nicht mehr da ist, ich hätte dich nicht verraten, ich hätte es niemand gesagt.« Das erst seit 1999 biographisch zugängliche Wissen, dass ihr Vater schon seit 1932 Mitglied der in Österreich noch verbotenen NSDAP gewesen war, lässt bei aller Vieldeutigkeit der fiktiven Vater-Figur ahnen, welche Spannung zwischen familiärer und historischer Loyalität bei Ingeborg Bachmann bestanden haben muss. Ihr Schreiben ist auch Ausdruck dieses tiefen Pietätskonfliktes, der sie zeitlebens davor zurückschrecken ließ, jenseits fiktiver Assoziationen den Vater für die geschichtlichen Ereignisse mit verantwortlich zu machen.

Auf Malinas Frage, wer der tödlich grausame Vater sei, verweigert das Ich, wie es dem Vater geschworen hatte, jede Antwort. Als Siegfried Unseld einmal Bachmanns »Vaterträume« in
einer Anthologie gesondert herausgeben wollte, wies Uwe Johnson energisch die Idee einer von ihm zu leistenden »Einleitung«
ab: »Den heiligen Wittgenstein rufe ich an, wenn ich beschwöre:
wenn man von einer Sache nichts weiss, soll man von ihr auch
nicht schreiben. [...] Zum anderen, es sind Träume der Angst vor
einem Angehörigen der Feindesmacht Mann, wie sie passen mögen zu dem ›Ich‹, das sich auf Seite 8 eher vernebelnd als genau
vorstellt, nicht aber zu Frau Bachmann, die sich zuverlässig ge-
hütet hat, eine Identifikation mit diesem ›Ich‹ zu erstreben oder
zuzugeben.«

Bachmann reiht nun eine lange Kette von grausamen Phantasien auf. Sie zeugen von dem schier grenzenlosen Willen zur
Bemächtigung, mit welchem der Vater ins Leben des »Ich« ein-
zubrechen sucht. Die Welten der Kindheit, der Jugend, der Universität und der Literatur erweisen sich ohnmächtig gegenüber
der drängenden Gewalt. Allein die jüdische Passion Paul Celans,
der 1948 seinen ersten Gedichtband *Der Sand aus den Urnen* dem
Gedächtnis an die Verstorbenen gewidmet hatte, besitzt die innere Autorität, der väterlichen Macht Einhalt zu gebieten: »Und mit
einer Handvoll Sand, die mein Wissen ist, gehe ich über das Wasser, und mein Vater kann mir nicht folgen.« Zuletzt findet sich das
Ich in einer »Baracke« mit seinem »Du«, das als legendäre Gestalt
des jüdischen Menschen auftritt. Intertextuelle Bezüge zu seinen
frühen Gedichten machen erkennbar, dass es sich bei der Figur
um ein Alter Ego Paul Celans handelt. So heißt es: »[E]s steht ein
Strauß Türkenbund in dem leeren Zimmer, neben ihm, der auf

dem Boden liegt, in seinem schwärzer als schwarzen siderischen Mantel, in dem ich ihn vor einigen tausend Jahren gesehen habe.« Die Präsenz des geheimnisvollen Mannes und die Erinnerung an die gemeinsame Zeit sind wie Heilmittel, die den traumatischen Träumen ihre zerstörerische Wirkung nehmen: »Nur ich habe immer noch Todesangst, weil es wieder anfängt, weil ich wahnsinnig werde, er sagt: Sei ganz ruhig, denk an den Stadtpark, denk an das Blatt, denk an den Garten in Wien, an unseren Baum, die Paulownia blüht. Sofort bin ich ruhig, denn uns beiden ist es gleich ergangen«.

Das Märchen um die »Prinzessin von Kagran«, das Bachmann erst nach dem Freitod Celans in *Malina* einfügte, lädt entsprechend die Figur des »Fremden« mit auratischer Kraft auf. Es erzählt auch vom geheimnisvollen Sterben, indem ein Bote auftritt und sagt: »[E]s ist im Fluß, im tiefen Fluß geschehen.« Die Geliebte erkennt erschrocken: »Mein Leben ist zu Ende, denn er ist auf dem Transport im Fluß ertrunken, er war mein Leben. Ich habe ihn mehr geliebt als mein Leben.« Ihre Leserschaft konnte aus den Andeutungen sofort erahnen, dass Paul Celan gemeint sein musste, der sich im April 1970 in der Seine ertränkt hatte, und auch, dass für Bachmann der Grund seines Todes in der Geschichte lag. In dieser die sonstige Bewusstseinsproblematik übersteigenden Erinnerung der Autorin findet für das »Ich« die Leichtigkeit der Liebe und die Schwere der Geschichte auf einmalige Weise in der tragischen Gestalt des Geliebten zusammen. Nur deshalb vermag die Erinnerung an dessen Tod auf kurze Zeit vom Verderben der Zeit zu erretten.

IX.

Das dritte Kapitel des Romans, vielsagend *Von letzten Dingen* überschrieben, entfaltet bis ins tödliche Finale den zentralen Gedanken, dass die beiden Prinzipien, kritische Wahrheitssuche und erotische Passion, unvereinbar sind. Nun treten die beiden Instanzen, die im »Fremden«, der Figur Paul Celans, eine Einheit gebildet hatten, wieder auseinander und in einen tödlichen Kampf ein. Das Ich gesteht sich die innere Zerrissenheit zu: »[I]ch kann nicht sein, wo Ivan nicht ist, aber ebenso wenig kann ich heimkommen, wenn Malina nicht da ist.« Malina deutet die tragische Entwicklung an, die nach einer langen Zeit des simultanen Lebens auf eine Entscheidung zwischen den Lebensprinzipien drängt: »Einmal wirst du ja wissen, ob es gut war, mich zu vergessen, oder ob es nicht besser ist, mich wieder wahrzunehmen.« Hellsichtig schließt er angesichts der vergehenden Zeit, die dem älter werdenden Ich nicht ewig beide Wege offen halten wird: »Nur wirst du wahrscheinlich keine Wahl haben, du hast schon jetzt keine mehr.« Entsprechend lakonisch antwortet das Ich: »Ich dich vergessen, wie könnt ich dich je vergessen! Ich habe es bloß versucht, habe mir diesen Anschein gegeben, um dir zu beweisen, daß es auch ohne dich geht.« Das Ende des Romans bildet tatsächlich ein Sterben der Liebe – und damit des Lebens – auf Raten. Das Ich leitet den langsamen Abschied ein, indem es Ivan vorschlägt, nur noch »gelegentlich« anzurufen. Die »dünne Glücksschicht«, die es noch bedeckte, nimmt ab. Sein Widerstand ist gering: »Aber jetzt will ich dieses Glück verlängern, ich will es wie jeder, dem es widerfahren ist, dieses sich verabschiedende Glück, das seine Zeit gehabt hat.«

Allerdings ist die Utopie der transparenten Nüchternheit nicht verlockend, verglichen mit den Zeiten der erfüllten Leidenschaft: »Ein Tag wird kommen, und es wird nur die trockene heitere gute Stimme von Malina geben, aber kein schönes Wort mehr von mir, in großer Erregung gesagt.« Das Ich, das sich nun der konsequenten Ratio ergibt, erwartet ein schlimmes Ende. So bäumt es sich ein letztes Mal gegen sein Schicksal auf und schleudert Malina seinen Hass entgegen, nur um ihm im nächsten Augenblick des Gegenteils zu versichern: »Ich hasse dich! [...] Bitte, behalt mich doch. Ich habe dich nie gehasst.« Gänzlich ernüchterte Erinnerungen an das verlorene Leben der Liebe tauchen auf: »Ich knie auf dem Boden, es sind nicht Mekka und Jerusalem, in deren Richtung ich mich verbeuge, ich verbeuge mich vor nichts mehr.«

Zuletzt neigt sich das Ich seinem Ende zu: »Ich habe in Ivan gelebt und ich sterbe in Malina.« Wie das Sterben sich vollzieht, wer den »Mord« begeht, von dem das Ich spricht, bleibt rätselhaft. In einem der letzten Dialoge mit Malina richtet sich die Aufmerksamkeit auf einen »Sprung in der Wand«. Er erinnert das erschrockene Ich an die späten Bilder Goyas, die als seine »Schwarze Malerei« bekannt wurden und die Bachmann während einer Spanienreise mit Max Frisch im Prado gesehen haben muss: »Denk an den Hundekopf aus der Tiefe, all die finsteren Umtriebe auf der Wand, aus seiner letzten Zeit. Nie hättest du mir in Madrid diesen Raum zeigen dürfen.« Assoziativ schließt sich der Kreis, zurück zu den Befindlichkeiten von Grauen und Angst, um die gedanklich schon ihre Dissertation kreiste, als Bachmann Goyas schrecklichen *Schlaf der Vernunft* bedachte. Damals hatte sie die Einsicht, dass die Philosophie für das »Unsagbare« dieses Grauens keine Sprache besitzt. Nun spiegeln ihre Worte das Bewusstsein, das sich in Erinnerung an die »Schwarze Malerei« Goyas bildet.

Das Verschwinden des Ich in der Wand, die zuvor mit Goyas Grauen assoziiert wurde, kann als autodestruktive Form der Entgrenzung verstanden werden. Es ist ein Schicksal, das auf andere Weise Simone Weil als mystisch Liebende erfuhr. Die Liebe zur göttlichen Wahrheit, welche die Religionsphilosophin in Solidarität mit dem menschlichen Unglück einen Weg der rigorosen Askese bis in den Tod wählen ließ, entspricht in säkularer Gestalt der radikalen Transparenz, die das Ich am Ende des Romans Malina zugesteht, der mit seinem Beruf von Anfang an für die historische Wahrheit stand. Der »wenigen vorbehaltene« Weg der strengen Mystik wird vom Ich des Romans im suizidalen Denken bis zur Selbstauflösung beschritten. Ivans Anrufe erreichen es nicht mehr, Malinas Schritte verhallen immer leiser. Das Sterben befreit das Ich von der quälenden Ambivalenz des Lebens. Es besitzt nicht mehr die frühere Spannkraft und spürt, wie die ekstatischen Anziehungskräfte der eigenen Person endgültig abnehmen. Die nüchterne Helle bleibt. Das Verschwinden in der Wand bringt dem »Ich«, das dem natürlichen Tod schon näher gerückt ist, eine negative Form der Erlösung, vielleicht ein rauschhaftes Erleben der Auflösung, die der letzte Satz des Buches vieldeutig benennt: »Es war Mord.«

X.

Ein tiefgreifendes Problem in Bachmanns Versuch, der jüngsten Geschichte literarisch zu begegnen, bildete die Tatsache, dass der Vater als frühes Parteimitglied tief in den Nationalsozialismus verstrickt gewesen war. Sie hat diese peinliche Wahrheit wahrscheinlich vor sich selbst und – ganz eindeutig – vor ihrer Leserschaft gut verhüllt. Besonders die Büchner-Preisrede zeugt von

dem Versuch, diese Bedrohung demonstrativ nach außen zu pro-
jizieren. Berlin und Deutschland sind gemäß der Rede allein Ort
und Land des geschichtlichen Übels, während Klagenfurt und
Österreich an anderer Stelle als Opfer geschildert werden. Die
starke Pietät gegenüber dem Vater, den Bachmann lebenslang als
weltklugen Menschen verehrte, macht es unmöglich, die Selbst-
aufklärung bis ins Letzte zu treiben. Nicht jede Wahrheit ist dem
Menschen zumutbar. Er benötigt Refugien, die unantastbar sind.
Ein solches war für Ingeborg Bachmann bis zuletzt das Klagenfurter Elternhaus in Österreich. Der Vater starb im März 1973. Ingeborg Bachmann war im Sommer des Jahres entschlossen, von
Rom nach Wien zu ziehen. Sie fühlte sich noch zu schwach; dann
ereignete sich das Unglück der nächtlichen Verbrennungen.

Uwe Johnson, der Ingeborg Bachmann seit den frühen 1960er
Jahren eng verbunden war, hatte einen wachen Sinn für solch biographische Widersprüche, die jeden Menschen prägen. Bald nach
dem Tod der Freundin besuchte er ihre Heimat und stellte subli-
me biographische Erkundungen an. *Eine Reise nach Klagenfurt*
wurde zum literarischen wie historischen Porträt. Nicht zufällig
zitierte Johnson auch Kindheitserinnerungen aus dem Jahr 1971,
welche dramatisch das traumatische Ereignis des deutschen Ein-
zugs in Klagenfurt schildern: »Es hat einen bestimmten Moment
gegeben, der hat meine Kindheit zertrümmert. Der Einmarsch
von Hitlers Truppen in Klagenfurt. Es war etwas so Entsetzli-
ches, daß mit diesem Tag meine Erinnerung anfängt: durch einen
zu frühen Schmerz, wie ich ihn in dieser Stärke vielleicht später
überhaupt nie mehr hatte. Natürlich habe ich das alles nicht verstanden in dem Sinne, in dem es ein Erwachsener verstehen würde. Aber diese ungeheure Brutalität, die spürbar war, dieses Brül-

len, Singen und Marschieren – das Aufkommen meiner ersten Todesangst.« Die bekenntnishaften Sätze aus dem Interview mit der *Brigitte* stehen in deutlichem Kontrast zu den Verlautbarungen der Zeit, die Johnson der *Klagenfurter Zeitung* vom 15. März 1938 entnahm. An diesem Tag wurde die deutsche Wehrmacht erwartet, nachdem fast 100 Prozent der Stimmberechtigten für die »Heimkehr Österreichs ins Mutterland« gestimmt hatten: »Was sich in Klagenfurt seit Samstag an Begeisterung abspielte, läßt sich nur mit dem Freudentaumel nach der Volksabstimmung vergleichen. Am Nachmittag des Samstags schon standen die Leute dichtgedrängt auf dem Neuen Platz, der übrigens in der Zwischenzeit zum Adolf=Hitler=Platz umgetauft wurde, um auf den Einmarsch der deutschen Truppen zu warten.«

Zehn Jahre zuvor hatte Bachmann in der Erzählung *Jugend in einer österreichischen Stadt* diese Geschehnisse so beschrieben, als sei ihre Familie 1938 eine Trutzburg gegen den Ungeist der Zeit gewesen, der ganz Österreich und auch Klagenfurt ergriffen hatte. Johnson zitierte: »Es ist kein Geld im Haus. Keine Münze fällt mehr ins Sparschwein. Vor Kindern spricht man nur in Andeutungen. Sie können nicht erraten, daß das Land im Begriff ist, sich zu verkaufen und den Himmel dazu, an dem alle ziehen, bis er zerreißt und ein schwarzes Loch freigibt.« Der Text vermittelt den Eindruck, als habe die Familie in Distanz zum Nationalsozialismus gestanden. Dabei wird der Vater als überzeugtes Parteimitglied diesen Tag sicherlich zum Anlass genommen haben, auch seine Familie auf das große Ereignis des Einmarsches der deutschen Truppen einzuschwören.

In aller Vagheit der vieldeutigen Vaterfigur von *Malina* sind auch die inneren Konfliktlinien ahnbar, die Ingeborg Bachmann in ihrer prekären Erinnerung der Geschichte bewegten. Sie blieb zuletzt eine heimatlose Dichterin, die mit ihrem Leben und Schreiben bis in den Tod hinein die unsagbare Stimmung der inneren Verzweiflung dichterisch bewahrheitete. Schon früh hatte Ingeborg Bachmann der »Entfremdung« in aller philosophischen Abstraktheit, die ihre konkrete Wirklichkeit verhüllte, einen beredten Ausdruck gegeben: »Was soll nur werden? / [...] Ich kann in keinem Weg mehr einen Weg sehen.«

Hans Magnus Enzensberger schließt seine einfühlsame »Vignette«, die in seiner Sammlung *Überlebenskünstler* einen besonderen Kontrastpunkt bietet, mit dem Blick auf die späte Lyrikerin: »Einmal hat sie mir nach langem Zögern ein neues Gedicht anvertraut. Geschrieben hatte sie es 1964, gedruckt wurde es vier Jahre später. ›Böhmen liegt am Meer‹ war ihr letztes veröffentlichtes Poem.

Ich will nichts mehr für mich. Ich will zugrunde gehen.
[...] Und irrt euch hundertmal,
wie ich mich irrte und Proben nie bestand,
doch hab ich sie bestanden, ein um das andre Mal.«

»Herr Hinterhand in seiner Leiderei«
Uwe Johnson

I.

Uwe Johnson ist berühmt für seine *Jahrestage*. Sein Verleger Siegfried Unseld beschreibt den erzählerischen Bund, den der Autor mit seiner Hauptfigur eingeht, um das zeitlich und örtlich weit gespannte Epos schreiben zu können: »Mit Gesine, die in einer New Yorker Bank arbeitete und die beabsichtigt, im Auftrag dieser Bank nach Prag zu reisen, um denen Kredit zu vermitteln, die einen Sozialismus mit menschlichem Antlitz versuchen wollen, schließt er einen Vertrag: Er, der Genosse Schriftsteller, beschreibt, beginnend mit dem 21. August 1967 und endend am 20. August 1968, Tag für Tag. Um Jahrestage handelt es sich also, in der zweifachen Bedeutung des Wortes: um die einzelnen Tage eines Jahres, aber auch um Tage, die der Erinnerung dienen – an jene Vorgänge in Güstrow während der Weimarer Republik, während des Nationalsozialismus und während der Gründung der DDR und der Bundesrepublik, des Lebens also in vier verschiedenen Gesellschaftssystemen.«

Sein Thema hatte Johnson gefunden, nachdem er seit 1966 für zwei Jahre in New York gelebt hatte. Dort gewann er auch Hannah Arendt zur vertrauten Gesprächspartnerin. Beide lebten auf der Upper West Side Manhattans am Riverside Drive. Als Johnson im Herbst 1971 nach Erscheinen des zweiten Bandes erneut bei der politischen Philosophin zu Besuch gewesen war, schrieb diese ihm voll Bewunderung: »Ferner möchte ich melden, dass ich eigentlich gleich nach Ihrem Auszug angefangen habe, die *Jahrestage* ernsthaft und hintereinander zu lesen. Als Sie da waren, konnte ich das schlecht. [...] Denken Sie doch bitte wie unwahrscheinlich es ist, den Autor eines Meisterwerkes im Gästezimmer zu haben!« Arendt umreißt das geschichtliche Tiefenbewusstsein des Epos: »Dies ist ein Dokument, und zwar ein gültiges für diese ganze Nach-Hitler-Zeit. Diese Vergangenheit haben Sie in der Tat haltbar gemacht, und was vielleicht viel unwahrscheinlicher ist, Sie haben sie überzeugend gemacht. Wie es da bei Euch war und ist, das weiss ich jetzt gleichsam bis in die Spitze des kleinen Zehs. [...] Nur so – von Urahn, Grossmutter, Mutter und Kind – im Zusammenspiel der Generationen und in zwei Kontinenten kann man scheint's angemessen sprechen und denken.«

Bis 1973 erschienen rasch die ersten drei Bände der *Jahrestage*, deren letzter sich so auswuchs, dass Johnson Ende des Jahres seinem Verleger Siegfried Unseld verzweifelt vorschlug, ob man diesen Band nicht nochmals teilen könnte: »Er bekäme einen tragbaren Umfang. Den kannst du gleich drucken. Später gäbe es dann einen ›vierten‹«. So geschah es. Allerdings war es schwer, einen Schluss der *Jahrestage* zu finden, der für Gesine Cresspahl privat und politisch einen Ausblick bot. Ursprünglich hatte sie heiraten sollen. Und als Johnson die Idee des Epos gefasst hatte, war der Prager Frühling gerade am Aufblühen. Sprechend ist ein Brief von Juni 1974, in dem Johnson seinem Verleger – gewunden und gequält – die Schwierigkeiten eingesteht, das große Epos abzuschließen: »Tatsächlich danke ich dir dafür, dass du mich in der letzten Zeit nur noch ganz am Rande nach einem Termin für die Fertigstellung des IV. Bandes gefragt hast. Der Druck, den die Notwendigkeiten des Verlages und die Papierkrise ausüben, ist mir ja ohnehin gegenwärtig, aber wenn auch du ihn noch formulierst, verstärkt er sich bis zu fast lähmenden Effekten, so als ob du mir Sabotage vorwürfest, Vertrauen entzögest ... damit kann ich schlecht bloss an das Weiterschreiben denken. Also: danke.«

In dieser prekären Lage flüchtete sich Johnson so gut es ging in andere Schreibarbeit. Nach dem Tod von Ingeborg Bachmann im Oktober 1973 verfolgte er in *Eine Reise nach Klagenfurt* nach dem Besuch der Stadt und genauen Quellenstudien ihren Werdegang. Auch begann er, sich in zwei größeren Prosastücken die Geschichte von Gesines Vater vorzustellen. Der folgende Umzug an die Südküste Englands fand auch in der Hoffnung statt, im Abstand vom Berliner Literaturbetrieb in dem kleinen Ort Sheerness-on-Sea konzentrierter an den *Jahrestagen* schreiben zu können. Aber schon zu Anfang des Jahres 1975 suchte der Autor eine neue Ablenkung, indem er sich als Lektor von Max Frischs gerade abgeschlossener Erzählung *Montauk* anbot. Wenige Monate später entsprach Johnson zudem dankbar Siegfried Unselds unverhoffter Bitte, wichtige Werkpassagen Max Frischs zum 25. Jubiläum des Verlags unter dem Titel *Stich-Worte* zu sammeln. All diese Arbeiten dienten als Rechtfertigungen vor sich und dem Verlag, warum die *Jahrestage* seit 1973 zu keinem Ende kamen.

II.

Max Frisch war in den letzten Berliner Jahren zum Freund geworden. Nach dessen Umzug in die Stadt empfahl sich Uwe Johnson zuerst als dessen literarischer und topographischer Stadtführer.

Dies blieb nicht ohne Folgen. In Frischs *Berliner Journal* heißt es:
»Uwe Johnson (mit Elisabeth und Katharina) zeigt uns die Enkla-
ve Steinstücken. [...] Wir bleiben beim Sie, es erlaubt und sichert
eine besondere Art von Zuneigung, Vertrauen ohne Zutraulich-
keiten.« Max Frisch war auch der erste Autor, der die Johnsons
schon zu Anfang 1975 in ihrem neuen Domizil besuchte, selbst
vor dem absehbaren Ende seiner Ehe flüchtend. In *Montauk* waren das schwierige Leben mit Marianne Frisch wie auch Frischs
Jahre mit Ingeborg Bachmann in Rückblenden geschildert, beides vor dem Hintergrund eines Wochenendes, das der Autor mit
seiner amerikanischen Lektorin auf Long Island verbracht hatte. So betrafen die Gespräche, die Frisch und Johnson in Sheerness-on-Sea über die autobiographische Erzählung führten, auch
Enttäuschung und Verrat in der Liebe. Das Thema arbeitete nach
der Abreise in Johnson weiter, so dass bald ein längeres Prosa-
stück entstand, das er ursprünglich den stockenden *Jahrestagen*
hinzufügen sollte. Der Autor war gepackt vom Leiden seiner Figur
Dr. Joe Hinterhand: »Ihn quält der Mangel an Vertrauen, mit dem
sie sein Vertrauen vergolten hat.« Er fügte den novellistischen
Text im September 1975 einem Brief an Frisch bei, der von dessen
Entstehung erzählte: »Sie werden sich des Morgens erinnern, als
wir beide in der Küche saßen und uns unterhielten über Ehebruch,
Eifersucht und Verwandtes. Mitten im Gespräch ging die Tür auf,
da war Elisabeth aus London nach Hause gekommen, da brachten
Sie uns sofort auf ein anderes Thema. Es ist mir aber Ihre Ansicht
von jenen Handlungen und Gefühlen nicht aus dem Kopf gegangen, und so habe ich das, was ich Ihnen damals nicht mehr habe
antworten können, einer Person in dem Buch angehängt, einem
Menschen, der sich nicht erholen kann von der Tatsache, daß ein

über alle Maßen geliebtes Mädchen ihm heimlich einen Liebhaber mitbringt in die Ehe und neben der Ehe über dreizehn Jahre
lang dies Verhältnis fortführt. Für den Ehemann ist aber das Zusammenleben mit ihr ohne jeden Zweifel und simples Glück gewesen bis zu dem Moment nach so viel Jahren, da er die Wahrheit
erfährt. Da fängt das Stück an«.

Damals, im Januar 1975, war es auch zu Gesprächen über die
Frage gekommen, ob Johnson nicht »Die Geschichte der Elisabeth Schmidt« schreiben solle. Seine Frau lehnte, folgt man den
Erinnerungen von Max Frisch, die Idee ihrer Biographie vehement ab: »Over my dead body.« Der Satz blieb haften. Er tauch-
te Jahre später in der veröffentlichten *Skizze eines Verunglückten* auf. Darin lehnt die Gattin des betrogenen Joe Hinterhand
biographische Erkundungen ebenso rigoros ab. Johnson war mit
dem Besuch von Max Frisch auf ein nicht nur für diesen brisan-
tes Thema gestoßen, das Peter von Matt in seinem literaturhistorischen Überblick einmal *Liebesverrat* nennen sollte und dessen
fatale Auswirkungen auf sein Leben und Schreiben der Autor damals kaum ahnte.

Eingesetzt hatte die grundsätzliche Faszination an Max Frischs
Art eines autobiographischen Schreibens knapp zwei Jahrzehnte
zuvor. 1957 war Uwe Johnson als junger Leipziger Philologe aus
dem Umfeld von Hans Mayer begeistert von dem Roman ›Stiller‹,
den Grund erinnerte er später neidvoll: »daß ein Mann der westlichen deutschsprachigen Literatur sich beschäftigen darf mit
den Schwierigkeiten subjektiver Identität.« Zu diesen gehörte in
Stiller vor allem auch der Umgang mit der Liebe, die kaum im
ehelichen Leben einzufangen war, sondern deren Rahmen oft
sprengte. In den *Stich-Worten* von 1975 wählte Johnson in der

Rubrik »Versuche mit Liebe« gezielt eine solche Passagen aus
Stiller aus: »Zu den Voraussetzungen rechnet er unter anderem:
das beidseitige Bewußtsein davon, daß wir kein Anrecht haben
auf die Liebe unseres Partners; die lebenslängliche Bereitschaft
für das Lebendige, selbst wenn es die Ehe gefährdet, und also
eine immer offene Tür für das Unerwartete [...]; in dem Augenblick, wo zwei Partner glauben, einander sicher zu sein, haben sie
sich meistens schon verloren.« Diese Ansicht entsprach keineswegs den strengeren Vorstellungen Uwe Johnsons. Deshalb empfahl er der Leserschaft seiner *Stich-Worte* auch: »daß jeweils Sie
den hier versammelten Worten, die Sie lesen, entgegentreten mit
denen, die Sie darauf, dagegen, dafür denken«.

Der Entwurf der Geschichte des Dr. Joe Hinterhand vom Früh-
herbst 1975 kann als ein solches Entgegentreten verstanden werden. Gleichwohl verhüllte Johnson seine persönliche Opposition,
indem er das Eheideal im Brief an den Freund allein die Sache
der literarischen Figur sein ließ und rhetorisch sogar mit seiner
Frau auf Distanz ging: »Elisabeth und ich finden diesen Dr. Hinterhand eher komisch in seinen Theorien und in seinen Tiraden
gegen die Ansichten des Schriftstellers Max Frisch, aber mir ist
es ernst als Fortsetzung des damals abgebrochenen Gesprächs
mit Ihnen.« Er schrieb deshalb auch – die eigene Betroffenheit
versteckend – von der »Komik des Herrn Hinterhand in seiner
Leiderei«.

Man lud den gemeinsamen Freund zum Jahreswechsel erneut
zu sich ein: »Sheerness is our home. Kommen Sie doch und bege-
hen Sie mit uns das Neue Jahr.« Als Frisch Anfang 1976 die Johnsons besuchte, kamen ihm dort Zweifel am Zustand seines Freundes: »Ich habe Sheerness nicht sorglos verlassen.« Offensichtlich

war ihm allerdings nur das Problem der unabgeschlossenen *Jah-restage*, denen Frisch ein Happy End wünschte. Johnson solle er-neut – frech und übermütig – ans Werk gehen: »Anders bringt man fingierte Figuren nicht zum Reden, kaum zum Handeln, d. h. für Gesine zum Heiraten.« Aber untergründig war Johnson vom Thema der ehelichen Untreue gebannt, das Frisch in ihm ange-stoßen hatte. So meldete er im Mai 1976 nach Zürich die Fortset-zung des Schreibversuchs aus dem Herbst 1975: »Jener Versuch über falsche Ehe ist umgearbeitet; ich bedanke mich nochmals für Ihre Beratung.«

Tatsächlich hatte man schon im späteren Frühjahr 1975 im Hause Johnson leidenschaftlich über Treue und Verrat in der Ehe diskutiert; der an Frisch übersandte Text war ein Resultat dessen. Vor der Niederschrift hatte Johnson einen leichteren Herzinfarkt erlitten, von dem er Frisch und dem gemeinsamen Verleger be-richtete. Allerdings wurde Siegfried Unseld ob der allzu knappen Andeutungen über die gesundheitliche Krise ungeduldig, so dass Johnson ihm deren wirkliches Ausmaß im September 1975 offen-barte: »Du wirfst mir ›Geheimnistuerei‹ um meine Krankheit vor. Siegfried, besinne dich doch, ihr wart die einzigen, denen ich es gesagt habe, [...]. Die Diagnose lautet nunmehr auf Infarkt, mit Schäden in den Herzkranzgefässen. Es ist heute auf den Tag drei Monate her, dass mir das passierte, und in den letzten Wochen habe ich einige Male schon mehr als eine Seite pro Tag geschrie-ben. Nur vor den Passagen, die für einen lustigen, oder komischen, Verlauf anstehen, graut es mir. Denn übrig geblieben ist eine wüs-te Depression. Ich kann ohne Scham, weil wahrheitsgemäss, sol-che Plattheit versichern wie: dass ich keine Lust mehr habe zu le-ben, und mir jede Handlung abquälen muss als Pflicht. Es ist dein

Vertrauen, das mich hält. Bitte, glaube nie, dass ich wissentlich etwas täte gegen unsere Freundschaft.«

Unklar ist, ob und wann Johnson den Verleger-Freund über die biographischen Hintergründe der schweren Niedergeschlagenheit aufklärte. Die schriftlichen Spuren ihres andauernden Gespräches geben keinen Hinweis. Einen Monat später setzten die Johnsons vor einer längeren Reise ein gemeinsames Testament auf, um das familiäre Band zu stärken. Acht Jahre später erstellte Uwe Johnson ein separates Testament, dem noch ein »Statement to my Executors« vorausgegangen war. Dieses Testament umreißt knapp den Grund der schweren Ehekrise, den seine Frau zu verantworten habe: »Im Juni 1975 gab sie – ungewollt, es rutschte ihr so heraus – zu, seit November 1961 ein festes Verhältnis mit einem Mann gehabt zu haben, der in Prag, der Hauptstadt der C. S. S. R. wohnte«.

Zu dieser Zeit, einige Monate nach dem Bau der Berliner Mauer, lebte Uwe Johnson schon im Westen der geteilten Stadt. Seine langjährige Freundin Elisabeth Schmidt war damals von der DDR aus mit einem gemeinsamen Leipziger Freund, dem Musikwissenschaftler Eberhard Klemm, und dessen Freundin Erika zu einem achtwöchigen Gastaufenthalt an der Prager Karls-Universität eingeladen. Dort verliebte sich die Studentin der Indologie in den Mozart-Forscher Tomislav Volek, den Klemm zu ihrem Cicerone bestellt hatte. Volek war verheiratet, aber erwiderte ihre Neigung. Nach der Rückkehr floh Elisabeth Schmidt über Dänemark in den Westen und heiratete Ende Februar 1962 Uwe Johnson in Frankfurt am Main. Allerdings gab sie den Briefkontakt zu Volek nicht auf und traf diesen feinsinnigen Wissenschaftler, der in seiner aufrechten, politisch kritischen Haltung auch ein

Vertreter des Leipziger Freundeskreises hätte gewesen sein können, in den nächsten Jahren noch zweimal, als er kurz zu Tagun-
gen nach Salzburg und München eingeladen war. Auf Dauer blieb
nach der leidenschaftlichen Zuneigung die Freude am brieflichen
Austausch. Von all dem erfuhr Uwe Johnson allerdings nichts. Seine Frau hatte sich diesen kleinen Privatraum am Rande ihres gemeinsamen Lebens vorbehalten. Dies alles nahm später über das
Projekt der *Jahrestage* eine besondere Dimension an, indem persönliche Details aus Elisabeth Johnsons Leben in dem Epos ver-
ändert und liebevoll verdichtet auftauchten. Da Prag zum erzählerischen Fluchtpunkt der *Jahrestage* wurde, war ihr sachliches
und sprachliches Wissen in dieser Hinsicht besonders gefragt und
ihr Schweigen besonders brisant.

Folgt man weiter der historischen Erkundung, die Bernd Seiler im Jahr 2006 im *Uwe-Johnson-Forum* vorlegte, blieb ihr brief-
liches Verhältnis zu Tomislav Volek über die Jahre in Amerika
hinweg bestehen. Als Uwe Johnson im Frühjahr 1975 von der Liebesgeschichte und dem verheimlichten Briefwechsel erfuhr, tat
seine Frau alles, um den Prager Freund zu bewegen, ihre Briefe
zum Beweis ihrer Harmlosigkeit zu übersenden. Seiler berichtet
in dem Aufsatz ausführlich, welche merkwürdigen Ränke sich um
die Briefe entspannen, die nie den Weg zu den Johnsons fanden.
Jedoch verständigten sich die Eheleute darauf, dass Elisabeth
Johnson sich und ihm eine präzise tagebuchartige Rechenschaft
über die Geschichte geben solle, wahrscheinlich, um das verlorene
Vertrauen zwischen ihnen wiederherzustellen. Ein heikles Unter-
fangen, das anzeigt, wie verheerend sich diese Sache in Johnsons
Bewusstsein auswirkte, ging es doch auch um die Zusammenarbeit am großen Werk, dessen Werden er in der Hermetik des

ehelichen Gespräches geschützt fühlte. Die Frage, wie wenig oder
wie viel an diesem intimen Wissen in den Dialog mit Volek ein-
geflossen war, musste Uwe Johnson umtreiben. Siegfried Unseld
sowie Tilman Jens, der sich nach Johnsons Tod verbotenerweise
Zugang zu dessen Reihenhaus verschafft hatte, bezeugen – knap-
per und ausführlicher – die Existenz dieses Tagebuchs.

Johnson war auch von den Leipziger Freunden enttäuscht.
Nachdem er im Herbst 1975 von deren Mitwisserschaft erfahren
hatte, ließ er dies Erika Klemm indirekt spüren, indem er die Sendung von *Montauk* vielsagend mit den Worten verband, es »gehe
um die Geschichte eines jahrelang verschwiegenen Ehebruchs«.
Seiler zufolge haben die beiden Klemms, aber auch Anna Grass,
noch bis Ende 1977 versucht, ihre Verbindungen nach Prag zu
nutzen, um die Übersendung der Briefe an Elisabeth Johnson zu
erreichen.

In dieser kritischen Zeit ergab sich auch jenseits der eigenen Ehe die Herausforderung, die biographische Vergewisserung
über eine problematische Vergangenheit zur gemeinsamen Sache zu machen. Denn im Sommer 1975 war plötzlich die Journalistin Margret Bovari verstorben und Johnson testamentarisch
mit der Fertigstellung ihrer Autobiographie betraut worden. Seit
1969 hatte Johnson gemeinsam mit seiner Frau immer wieder
kontroverse Gespräche mit der weit gereisten Frau geführt. Bovari hatte sich in jungen Jahren nach einigen Auslandsaufent-
halten entschieden, erneut im nationalsozialistischen Berlin für
die *Frankfurter Zeitung* tätig zu sein. So bot diese gemeinsame
Arbeit Johnson unverhofft die Chance, sein Eheleben zumindest
im Horizont der politischen Moral zu retten. Denn Elisabeth und
ihn verband eine strenge Auffassung öffentlicher Integrität, die

sie sehr genau nach Boveris Verhalten im nationalsozialistischen
Deutschland fragen ließ. Der Brief, der im Juli 1977 an Johnsons
amerikanische Verlegerin Helen Wolff ging, bekennt selbstironisch das politisch strikte Urteil der Johnsons: »Wir sitzen an den
Memoiren Frau Boveris. [D]as ist eine knifflige Sache, denn der
zweite Teil besteht aus unseren Tonbandgesprächen mit ihr, da
sind wir nicht gerade glimpflich umgegangen bei der Frage, warum sie nicht emigriert ist und hatte doch als zweite Heimat die
U.S.A. Im Sprechen geht sowas an, aber im Druck sehen wir aus
wie eine Inquisition.« So bewirkte diese Arbeit, die im Modus
der rigiden Befragung dem entsprach, was Elisabeth Johnson in
eigener Sache parallel leistete, eine gewisse Verbundenheit zwischen den Eheleuten. Man vergewisserte sich neu im gemeinsamen Moralismus. Von der relativen Überwindung des Zerwürf-
nisses zeugt auch die Antrittsrede »Ich über mich«, die Johnson
Ende 1977 vor der Deutschen Akademie für Sprache und Dichtung hielt. Darin heißt es voller nostalgischer Inbrunst: »In Leipzig traf ich ein Mädchen, das war aus Mecklenburg, aus Mecklen-
burg-Schwerin, aus der Residenzstadt Schwerin geradezu, auf die
hatte ich lange gewartet, und kann von Leipzig sprechen als ›der
Stadt, die unsere Jugend war‹.«

III.

Aber die Hoffnung auf einen neuen Anfang sollte sich nicht erfüllen. Denn im Jahr 1978 – Boveris *Verzweigungen* waren ein Jahr
zuvor erschienen – wurde bekannt, dass das geheime Liebesver-
hältnis der Prager Zeit auch eine politische Seite gehabt habe,
folgt man Johnsons notarieller Darstellung aus dem Jahr 1983:
»Erst im Frühjahr 1978 erfuhr ich – nicht von meiner Frau, son-

dern zufällig –, daß ihr Liebhaber neben seinem bürgerlichen Beruf noch für den Staatssicherheitsdienst der Tschechoslowakei tätig war. Als das herausgekommen war, im April 1978, verließ mich meine Frau.« Die testamentarische Erklärung, das »Statement to my Executors«, hatte Johnson »im Vertrauen darauf, daß sie nicht publik gemacht wird«, abgegeben.

Tatsächlich stand es um Tomislav Volek nicht so, wie Johnson behauptete. Auf welche Quellen sich seine Vermutung stützte, ist unklar. War es vielleicht der briefliche Gruß aus New York gewesen, den der Musikwissenschaftler Anfang 1978 an Elisabeth Johnson in Erinnerung an ihre Briefe von dort gesandt hatte, der Anlass zu solchen Gedanken gegeben hatte? Sicherlich lag es nicht fern, bei einem solchen Privileg auch daran zu denken, dass die sozialistischen Staaten für die gewährte Reisefreiheit oft gezielte Berichte erwarteten. Aber Bernd Seiler konnte die nach 1989 zunehmend einsehbar gemachten Quellen durchforschen, die keinerlei geheimdienstliche Verpflichtung für Volek dokumentieren. Im Gegenteil zeigt das historisch gesättigte Porträt den Musikwissenschaftler als einen politisch aufrechten Menschen, der 1976 Prestige und Position an der Prager Akademie der Wissenschaften verlor, erst Jahre nach dem Fall des Eisernen Vorhangs rehabilitiert wurde und heute noch als vielfach geehrter Mozartforscher weltweites Ansehen genießt. Allerdings kam Tomislav Volek als Beschatteter mit der Staatssicherheit über Jahre in Berührung. Dies geschah nicht zuletzt, wie die Dokumente enthüllen, da eine in Deutschland stationierte Mitarbeiterin der amerikanischen Armee ebenfalls Elisabeth Johnson hieß und so der Briefwechsel das Interesse der Staatssicherheit erregt hatte. 1972 konnte Volek dies Versehen aufdecken.

Mit anderen Worten: Uwe Johnson war einem schlimmen Irrtum erlegen. Als er zentrale Elemente seiner Vermutungen 1980 der Allgemeinheit mit der Frankfurter Poetik-Vorlesungen bekannt machte, datierte er die vermeintliche Erkenntnis in die geheimdienstlichen Zusammenhänge allerdings zurück auf das Jahr 1975. Zum anderen verschob er den Zeitpunkt, zu dem die Verzögerung der *Jahrestage* einsetzte, von 1973 ebenfalls auf das Jahr 1975. Die zeitlichen Veränderungen erlaubten es, den persönlichen und politischen Verrat zur Ursache des »writer's block« zu machen. Der Autor, der demnach nicht selbst für das Ausbleiben des vierten Bandes der *Jahrestage* verantwortlich ist, kann deshalb am Ende der *Begleitumstände* – so der Titel, unter dem die Frankfurter Vorlesungen erschienen – gegen die finsteren Mächte, die sein Werk zu untergraben versucht hätten, postulieren: »Denn ihr habt etwas unterschätzt, Genossen, nämlich das Bedürfnis, die Verständigung mit Mrs. Cresspahl von neuem herzustellen, ohne Mithörer, Mitleser, Mitsprecher diesmal.«

Die paranoide Überzeichnung des ehelichen Verrats – so muss man den Sachverhalt aus klinischer Perspektive nennen – war seit Erscheinen der *Begleitumstände* im literarischen Raum ein Thema. Peter Rühmkorf sprach rückblickend pars pro toto auch als Laie von »Verfolgungswahn« und einem »Paranoiafall«. Max Frisch hatte schon in den gemeinsamen Berliner Jahren 1973/74 oft die eigenwillige Art erleben können, wie Uwe Johnson mit großer Schärfe die Wirklichkeit beobachtete und sie in seinen Erzählungen dramatisch zuspitzte. Dass Johnsons moralistischer Zug und sein exzessiver Alkoholkonsum diesen Hang zum maßlosen Übertreiben befeuerten, konnte er zum Beispiel während eines gemeinsamen Besuchs bei Christa und Gerhard Wolf in Ost-Berlin beobachten: »Kreuzworträtselei mit scharfem Ernst und Verhör-Charakter trotz Humor (was er dann dafür hält) mit richterlichem Rigorismus, sobald es um die DDR geht [...]. Als ich dazu komme (um 20.30, am 26.2.), hat Uwe schon ziemlich getrunken; Rötung des Kopfes, dann unterbricht er jeden oder hält, wenn der andere spricht, sofort die Hand auf: Wortmeldung [...]. Er kommt nicht darüber hinweg, dass er und Elisabeth die DDR verlassen haben, dass andere es nicht tun und nicht zu tun gedenken. [...] Sein Trend zum Apodiktischen, sein Trend zum moralischen Rigorismus. Elisabeth, obschon lächelnd, sekundiert; ihr verschärfendes Lächeln.«

Die Folgen, die Johnsons besondere Wirklichkeitswahrnehmung – und sein Alkoholkonsum – für sein Schreiben hatte, notierte Frisch, der früher schon dessen »homerisches Gedächtnis« bewundert hatte, nach seinen Berliner Beobachtungen: »Er weiss Fakten, Fakten, Fakten und fingiert unversehens: Dazwischen die Schübe von moralischem Rigorismus über Eheleute, über Arbeit und Einkommen. Er richtet: ohne Zorn, was ihn noch unerbittlicher macht, nicht selbstgerecht. Ein Puritaner, alles andere als kleinkariert. [...] Er braucht Alkohol, ein Mensch unter dem Überdruck seiner Gewissenhaftigkeit. Was bei Alkohol (drei oder vier Flaschen Weisswein im Lauf des Abends) zum Vorschein kommt, entlarvt ihn nicht; er erscheint als Verwundeter, aber nicht kleiner. Seine Erscheinung, die Robustheit seines Körpers, seine Denk-Disziplin, seine enorme Sensibilität.« Unter diesen Voraussetzungen könnten die Tugenden des Autors plötzlich fatale Auswirkungen haben: »Was gefährlich werden kann: er schaltet wahnhaft, nimmt seine Assoziationen für die Aussage des andern. [...] Man kommt sich vor wie eine Gestalt unter den Händen eines starken Autors, eines Dichters, der hartnäckig so tut, als rapportiere er bloss.«

Johnson hatte selbst Überlegungen über den Zusammenhang von Fakten und Fiktionen angestellt, als er brieflich gegenüber Marianne Frisch rechtfertigte, warum Max Frisch in *Montauk* unter anderem ihr Eheleben zum Gegenstand der Literatur hatte werden lassen. Angesichts eines solch passionierten Tagebuchautors wie Max Frisch, der sich explizit die Offenheit der *Essais* von Montaigne zum Vorbild genommen habe, belehrt der Freund die Ehefrau: »Man wird sorgenvoll umherkauen an dem Begriff der Indiskretion. Das heisst falsch lesen, nämlich die Vorrede Montaignes überschlagen. Das heisst falsch zu Gericht sitzen, nämlich Montaigne und jedem anderen das Recht auf die Konfession absprechen.« So komme eine »fingierende Erzählung« zustande, deren »Material [...] unfingiert, autobiographisch« sei, dargeboten in unterschiedlichen literarischen Formen: »Das Bild, das so entsteht, entspricht aber seinem Bewusstsein, seiner Realität. Das nenne ich Erzählen auf seine Natur zurückgeführt, garantiert durch Wirklichkeit.« Johnson bewundert gegenüber der verletzten Ehefrau Frischs Novelle als eine »Leistung, aus dem eigenen Leben mit Mitteln der Literatur, ein Kunstwerk herzustellen«.

Die poetologische Erläuterung kann auch als Selbstorientierung Johnsons in der Sache verstanden werden, die 1979 bei der Niederschrift der Frankfurter Poetik-Vorlesung zum Tragen kam. Denn »unser aller Siegfried« hatte ihm, wie es ironisch zu Anfang des Jahres im Brief an Frisch heißt, zur Behebung der Schreibblockade »fünf ›Vorlesungen zur Poetik‹ verordnet«. Im Erinnerungstext *Uwe Johnson: ›Für wenn ich tot bin‹* schildert Siegfried Unseld später seine damalige Intention: »Ich bedrängte ihn ständig, über das zu schreiben, was ihm das Schreiben verwehrte. Wir hatten in diesem Punkt Auseinandersetzungen, die manchmal an die Grenze unserer Freundschaft rührten. Nach langen Gesprächen konnte ich Uwe Johnson bewegen, die Gastdozentur für Poetik [...] zu eröffnen.«

Im Vorfeld der Vorlesungen fragt Johnson den erfahrenen Autobiographen Max Frisch, der inzwischen von Johnsons privatem Zerwürfnis erfahren hatte, mit einiger Sorge, gerade auch im Blick auf dieses Detail seines Lebens als Schriftsteller: »Hielten auch Sie es für zweifelhaft, wenn ich da schlicht meine eigenen Erfahrungen (meinen ›Fall‹) in diesem Fache zum Anlass nähme?« Frischs Antwort fördert das Anliegen: »Ich hoffe, Sie handeln von Ihrem Fall, Uwe.« Er ermutigte den scheueren und grüblerischen Autor, »Fragen des Geschmacks und des Taktes« nicht zu meiden, »dazu haben Sie selber 1974 auf der Promenade an der Themse hilfreich gesprochen, nicht nur der Verleger, auch kein andrer Freund kann hier die Grenze bestimmen. [...] Möglicherweise ist Ihnen viel mehr erlaubt, als Sie sich bisher erlaubt haben, und das irritiert Sie, nicht den Leser.«

Den *Begleitumständen* sieht man nach der Veröffentlichung nicht mehr an, dass der Autor die wahnhafte Darstellung des ehelichen Verrats erst zuletzt in die Schilderung seines Autorenlebens aufgenommen hatte. Bis zu diesem persönlich prekären Punkt beflügelte Johnson in der Niederschrift vor allem die Erinnerung an seine ungewöhnliche Karriere, die mit den *Mutmassungen über Jakob* 1959 als früh international geschätzter Autor des Suhrkamp Verlags begonnen und in den *Jahrestagen* ihre weithin bewunderte Bestätigung gefunden hatte. So schrieb Johnson nach den Frankfurter Tagen im Juli 1979 an Max Frisch: »Es ist mir endlich, nach fast vier Jahren, gelungen, was ich für unmöglich hielt: mich an den eigenen Haaren emporzuziehen aus dem schwarzen Loch, in das ich hineinfiel im Sommer 1975.« Dabei kam Johnson nicht umhin, das Ausbleiben des letzten Bandes der *Jahrestage* seinem Publikum begründen zu müssen. Er vermied zu erwähnen, dass deren »Verzögerung« schon Ende 1973 eingetreten war. Und nur ironisch erläutert er das drängende Problem, auf welches Ende das persönliche Schicksal der Gesine Cresspahl zulaufen könnte, ob es eine Form der persönlich oder politisch sich erfüllenden Utopie für sie gäbe. Vielsagend heißt es: »Wegen der Verzögerung bitte ich weiter unten nachzusehen.«

Die letzten Seiten wollten aber nicht gelingen. So kam es im Herbst 1979 beim Abschluss der Poetik-Vorlesung zu einer kurzzeitigen Blockade. Resigniert gesteht Johnson dem vertrauten Max Frisch: »Zurückgefallen in jenes Loch, fehlt mir schlicht von neuem der Mut, der zu jedem Schreiben gehört«. Erst mit der Druckfahne, die keine Verzögerung mehr zuließ, überwand Johnson seine Hemmung und offenbarte auf den drei letzten Seiten die Hintergründe des »writer's block«, der seines Erachtens alleine die Vollendung der *Jahrestage* verhindert hatte.

Die Schlüsselstelle in den *Begleitumständen* lautet: »Dem Verfasser wird im Juni 1975, als er nach einem Umzug seine Arbeit wieder ausgepackt hat und ein Abschluss ernstlich in Aussicht steht, endlich eröffnet: sein Umgang mit den tschechoslowakischen Elementen des Buches sei durchaus weniger unabhängig und freihändig gewesen, als er zwar habe annehmen dürfen. Es gebe in der Tat eine Möglichkeit, seine berufliche Integrität in Frage zu stellen. Denn er habe bei den ›Jahrestagen‹ sich helfen lassen von der Absolventin eines prager Semesters, die er für seine Frau bloss gehalten, für seine Mitarbeiterin bloss angesehen habe. [...] In Wahrheit sei sie seit dem Herbst 1961 in inniger Verbindung mit einem Vertrauten des S.T.B., des tschechoslowakischen Staatssicherheitsdienstes. [...] Eine Beschädigung der Herzkranzgefässe war begleitet von einer Beschädigung des Subjekts, das ich in der I. Vorlesung eingeführt habe als das Medium der schriftstellerischen Arbeit, als das Mittel einer Produktion. [...] Jemand in der Lage der Depression wird sich zur gewohnten Zeit an die Schreibmaschine setzen, sobald die Ärzte ihm das erlauben; erleben wird er eine umfassende Unfähigkeit, etwas zu Papier zu bringen.«

Die angeprangerte Elisabeth Johnson stellte über zehn Jahre später ihre Ansicht der Dinge in großer Knappheit dar, als sie im Nachwort einer literaturwissenschaftlichen Schilderung der Zusammenhänge schrieb: »Einmal bin ich ihm untreu gewesen; ich habe es ihm 1975 gesagt. Drei Jahre später sah ich, wir konnten miteinander nicht leben. Ich verließ das Haus. Ich glaubte, er müsse sich ändern; er hoffte, ich käme zurück. So haben wir einander aus den Augen verloren. Alles andere ist Erfindung.« Nachdem Elisabeth Johnson seine publizierte Darstellung ihrer Geschichte juristisch angefochten hatte, fand sich der Verlag im Zuge eines Vergleiches bereit, den *Begleitumständen* folgende Einlage beizufügen: »Da ein Teil der Leserschaft den Text auf Seite 451 als eine Aussage über sie auffasst, hält Elisabeth Johnson es für unumgänglich, darauf hinzuweisen, daß sie weder Uwe Johnson an einen Geheimdienst verraten noch je mit einem Geheimdienst zusammengearbeitet hat.«

Johnson selbst fühlte sich nach Abschluss der Poetik-Vorlesungen nicht mehr wohl in seiner Haut. Nachträglich machte er Max Frisch sogar indirekt dafür verantwortlich, dass er ihn nur zögerlich gewarnt habe, seine Frau öffentlich so scharf anzugreifen. Im Juli 1980 warf Johnson Frisch vor, bei seinem Besuch in Zürich nicht nochmals um Einsicht in die fatalen letzten Seiten gebeten zu haben: »Nun sind sie gedruckt, wie Ihnen aufgesagt, auf den letzten drei Seiten jener ›Begleitumstände‹.« Sichtlich erschrocken berichtete er von der empörten »Reaktion« von Günter Grass, die er sich nur dadurch erklären konnte, dass er »sich als einen ›Geheimnisträger‹ von gewiss einer anderen Seite als der meinen her empfindet.« In der angespannten Situation hielt sich Max Frisch nun vollends zurück; seine verzögerte Antwort vom September vermeidet ein klares Wort: »Ihr Frankfurt-Buch, dessen Schlusssatz, wie ich von Ihnen vernehme, Günter Grass zum Schiedsrichtertum ermuntert, habe ich noch nicht erhalten; ich bin gespannt.« Und in einer Nachricht aus New York, im Oktober, setzte er die defensive Strategie fort: »Die BEGLEIT-UMSTAENDE erwarten mich also in Zürich und Berzona, ich bin sehr gespannt auf das Ganze.«

Ganz anders Siegfried Unseld: Der zeigt sich dauerhaft begeistert und meldet im Frühsommer 1980 per Telegramm: »AUCH BEIM ZWEITEN MAL LEKTUERE BEGLEITUMSTAENDE FASZINIEREND«. Bei Erscheinen des Buchs sandte er entsprechend – gleichsam kopfschüttelnd – die Kritik von Günter Blöcker nach England, der in der *Frankfurter Allgemeinen* die »Agentengeschichte« angegriffen hatte; »So endet das Ganze in trüber Privatheit. Wir werden zu Zeugen des (um Johnsons Vokabular zu benutzen) ›zuwideren‹ Schauspiels der unfreiwilligen Selbstdemontage eines Schriftstellers, der Wichtigeres zu tun hätte, als sich in überflüssigen Rechenschaftsberichten und törichten Privatkriegen zu verbrauchen.« Dagegen fand der Verleger »gerade den

Schluß sehr überzeugend«. Auch die Rezension aus der *Zeit*, in der Fritz J. Raddatz gefordert hatte, man müsse Beweise für die »Anschuldigungen« vorlegen, schickte Unseld nach Sheerness-on-Sea und versah sie mit einem ironischem Kommentar: »Dein Freundchen Fritz hat sich wieder einmal etwas in Szene gesetzt. Nicht ärgern, nur wundern. Und zu Belegen bist Du nicht verpflichtet.«

IV.

Die Festschrift für Max Frisch, die unter dem Titel *Begegnungen* zum 70. Geburtstag im Mai 1981 erschien, bot einen willkommenen Anlass, die Gründe für die Schreibhemmung als Novelle verhüllt genauer zu beleuchten. Den Anstoß hatte wiederum Siegfried Unseld gegeben, als er Johnson zu einem Beitrag einlud. Ihr Briefwechsel lässt nicht erkennen, ob er sich ausdrücklich eine Ausgestaltung der Vorform der *Skizze eines Verunglückten* wünschte. Sein Autor dankte für den erneuten therapeutischen Impuls: »Es sind deine Anteilnahme, deine Arbeitsvorschläge gewesen, die mir allmählich wieder verholfen haben zu dem Mut, die Sache mit Mrs. Cresspahl zu einem Ende zu bringen. [...] Wie deine Heilversuche angeschlagen haben, du wirst es demnächst sehen an dem Beitrag zur Festschrift für Max Frisch, sowohl an dessen Gegenstand, als auch an der Unverfrorenheit, die ich mir angesichts seiner wieder zutraue.« Als im Januar 1981 endlich das Manuskript der *Skizze* in Frankfurt eintraf, machte sich der Verleger seine »eigenen Hintergedanken über Herrn Hinterhand«: »Vielleicht hat dieser Text auch eine solche Wirkung wie die Vorlesungen der ›Begleitumstände‹.«

Die kaum vierzig Seiten sind mit einer ungeheuren Bedeutungsdichte aufgeladen. Dies liegt nicht zuletzt daran, dass der

Held Dr. Joe Hinterhand manche Züge von Hannah Arendt auf-
weist: Er teilt mit ihr die Lebensdaten und die Exil-Biographie,
sowohl die deutsch-jüdische Herkunft wie auch die politische
Einstellung. Man spürt, wie sehr sich Johnson mit der von ihm
verehrten Arendt identifizierte. Als diese im Dezember 1975 einem Herzschlag erlegen war, verfasste er für die *Frankfurter Allgemeine Zeitung* unter dem Titel »Mir bleibt nur, ihr zu danken«
einen huldigenden Nachruf. Emphatisch heißt es: »Es machte
Hannah Arendt-Blücher Spaß, die Dame zu spielen; wenn der Begriff überhaupt noch Wert hat, sie war eine.« Johnson stellte in
dem Porträt besonders das »Jüdische« an ihr heraus, das an ältere
Traditionen wie an die jüngste Historie gebunden war, und auch
ihre außergewöhnliche moralische Integrität: »Sie konnte bar jeden Zweifels von Leuten sagen, sie seien ohne Fehl und Tadel; sie
riskierte ihre eigene Person mit dem Urteil, sie hat mich den Ausdruck noch einmal neu sehen gemacht.« Und Erkenntnisse gewann Johnson auch durch die vielen Gespräche, die er mit Arendt
führen konnte: »Ich bekam Seminare in Philosophiegeschichte,
zeitgenössischer Politik, Zeitgeschichte, je nach Wunsch.« Zugleich betonte Johnson das Selbstverständliche von Arendts ehe-
licher Fürsorge für den erkrankten Heinrich Blücher. So berichtete ihm Helen Wolff bald auch über das letzte Gespräch, das sie mit
ihrer Freundin wenige Tage vor deren Tod geführt habe: Arendt
habe »ganz verblüffend [...] mit besonderer Eindringlichkeit in
Stimme und Ausdruck« gesprochen: »Helene, wenn du und ich
einmal tot sind, weiss dann überhaupt noch jemand was Liebe
ist?« Die Verlegerin schrieb das auch ausdrücklich mit Blick auf
Elisabeth Johnson, nichts von dem kaum geheilten Bruch der Ehe
ahnend.

Und genau im Sinne des idealisierten Arendt-Bildes situiert Johnson den jüdischen Schriftsteller Joe Hinterhand. So ist auch Platon, dessen Büste Arendts New Yorker Schreibtisch zierte, sein wichtigster »Eideshelfer« für die Schilderung der Ehe, die kunstvoll entlang des »Androgyn-Mythos vom ursprünglich einigen Menschen« erzählt wird. Johnson eröffnet mit dem platonischen Dialog die Vorstellung von den »hälftigen Menschen«, die sich schicksalshaft wiederfinden können, nachdem Zeus sie aus Angst vor der Bedrohung, die den Göttern durch selbstbewusste Menschen erwachsen könne, zerschnitten habe. Die enthusiastische Darstellung der Suche nach der »counterpart soul« mündet in dem Satz, der nicht nur im Andenken an Arendt geschrieben sein könnte: »Manchmal, heiße es da, gelinge einem die Suche.«

Aber Joe Hinterhand ist auch mit Johnson selbst verbunden, etwa über sein Pseudonym Joachim de Catt, sollten die *Mutmassungen über Jakob* 1959 doch zuerst unter diesem Namen erscheinen, um Johnson das Weiterleben in der DDR zu ermöglichen. Wenn die *Skizze* die mythische Möglichkeit der großen Liebe nur leicht konjunktivisch gebrochen auf den Helden Joe Hinterhand überträgt, darf man angesichts der namentlichen Nähe zu ihrem Autor annehmen, dass in den folgenden Zeilen auch dessen Überzeugung und Erfahrung gespiegelt werden: »Wer auch nur den Schatten eines solchen Märchens übriglasse in seinem Bewußtsein, der falle aus eigenem Verschulden in die Einbildung und Eitelkeit, mit zwanzig Jahren schon zu finden, was nur ›manchmal‹, demnach wenigen verstattet ist [...]. Der werde sich einbilden, er überprüfe einen antiken Philosophen, wenn er von Anfang an sie ausfrage nach ihrer Kindheit, ihrer Jugend, ihren Lehrern (den ersten Liebhaber ausgenommen).« Johnson beschreibt einen aus der Zeit fallenden »Bündnisvertrag«, der ein »Zusammenleben gegen die bürgerlichen Normen« absichere: »Die Qualität des Erfinderischen, Neuerungen, Änderungen aber sehe ich nicht als gefährlich für die Ehe. Schon die unausweichliche Gelegenheit, daß einer auf den anderen reagiert, verlangt Erfindungen und sollte Stillstand wie Starre ausschließen.«

Dieses platonische Ideal der großen Liebe derer, die zwei sind und sich als Einheit fühlen, veranschaulicht die *Skizze* zudem mit einer Assoziation der Upper West Side, dem von Arendt und Johnson geliebten Teil Manhattans, in dem viele europäische Gelehrte und Künstler nach 1933 ihre neue Heimstatt fanden. Dort lebt auch der fiktive Joe Hinterhand, vollkommen aus der Bahn geworfen durch den Verrat seiner Frau. Voller Schmerz denkt er an das Ginkgo-Gedicht, das Goethe 1815 an die Geliebte Marianne von Willemer sandte: »Im Riverside Park gehe er auf Umwegen um die Nacktsamer, die Ginkgo-Bäume, [...] denn dieser Baum sei früher eines seiner Wappen gewesen, und das Zurückdenken an die Zeilen 5 bis 12 des dazugehörenden Gedichts be ... lästige ihn.«

> Ist es ein lebendig Wesen,
> Das sich in sich selbst getrennt?
> Sind es zwei, die sich erlesen,
> Dass man sie als eines kennt?
>
> Solche Frage zu erwidern
> Fand ich wohl den rechten Sinn.
> Fühlst du nicht an meinen Liedern,
> Dass ich eins und doppelt bin?

Zudem bietet die *Skizze* noch einen ganzen Zettelkasten an literarischen Referenzen für das fiktive Idealbild der Ehe eines Schriftstellers. Aber besonders der geheimnisvolle Liebesbund, den Johnson für seinen Helden besonders mit Platon und Goethe – auch im Zeichen Arendts – sanktioniert, lädt der geliebten Person eine ungeheure Verantwortung auf: »Mit der Summe seines Lebenslaufes [...] habe er ihr ausgeliefert, was in seiner Person die Mitte zusammengesetzt habe, jenen Ort im Bewußtsein, von dem aus und in dem der einzelne Mensch das Wort Ich zu denken wagt, das Geheimnis des Individuums, die einzig unersetzliche und unheilbare Stelle in ihm, wofür man früher das Wort Seele gebraucht habe«. Umso schlimmer, wenn diese Verantwortung leichtfertig verraten wird. Die Folgen sind desaströs: »Sie sei ihm verwandelt erschienen in ein Prinzip, eine Verkörperung aller Kräfte, die seinem Leben entgegen seien, als die Drohung, die Gültigkeit der Worte abzuschaffen. In diesem Augenblick habe er nur noch wünschen können, dies möge aus der Welt sein.«

Kennt man die biographischen Hintergründe, so spiegelt die *Skizze* in der katastrophalen Enttäuschung Hinterhands implizit auch die Bewusstseinsdynamik, wie sie Johnson für sich nach den Enthüllungen von 1975 und 1978 erlebt hatte. Eine weitere Enttäuschung des Bundesgedankens, wenn auch auf rein freundschaftlicher Ebene, wird Johnson ebenfalls literarisch ausgestalten. Es ist der Bruch mit dem engsten Freund der Leipziger Studienjahre, dem Linguisten Manfred Bierwisch, der in die *Jahrestage* eingehen wird. Auch hier war der Ausgangspunkt ein platonischer Bund, geschlossen in dieser besonderen Freundschaft, der Johnson in einer internationalen Festschrift ein großartiges Denkmal setzen wollte. Holländische Kollegen Bierwischs hatten Johnson um eine biographische Einführung des Bandes gebeten. So vergegenwärtigte Johnson sich im Jahr 1979, also in der Zeit der Trennung von seiner Frau, die persönliche Besonderheit der Leipziger Freundschaft. Sein Text »Fünfundzwanzig Jahre mit Jake, auch unter dem Namen Bierwisch bekannt« ist ein »Carmen«, ein »Lied« auf den Freund. Sprechend für die bewusst aus der Zeit fallende Kultur ihrer Freundschaft ist ein Satz, der ihr Fortleben nach dem Bau der Mauer zelebriert. Er lautet in Eberhard Fahlkes deutscher Übersetzung des ursprünglich Englisch verfassten Textes: »Wir waren so verwöhnt worden und abhängig zugleich von der produktiven Gewöhnung an eine ›Atmosphäre des wechselseitigen Austausches und des Gins und des Gesprächs‹, daß wir uns selbst erst beibringen mußten, wieder nur mit Briefen in Verbindung zu bleiben.« Nachdem Bierwisch die Freundeshymne vor Drucklegung gelesen hatte, bat er, sie nicht abzudrucken, um seine ohnehin heikle Position an der Ost-Berliner Akademie der Wissenschaften nicht zu gefährden. Uwe Johnson war zutiefst getroffen und gab seinen bitteren Gefühlen zuerst in den *Begleitumständen* Ausdruck, zuletzt auch im Abschlussband der *Jahrestage*.

Manfred Bierwisch beschrieb lange nach Johnsons Tod in souveräner Klarheit die Reaktionsweise Johnsons, die sich nach dem dramatisch erlebten Eheverrat ähnlich auf die Poetik-Vorlesung und die *Skizze* auswirkte: »Die eigentümliche Verwobenheit von Biographie und Werk, von Realität und Fiktion gehört zu den begründeten Topoi der Johnson-Exegese. Er hat seine Personen nicht nur aus Realitäten und Erfahrungen erfindend zusammengefügt, er hat sie auch am Leben erhalten, für sie eine Art Realität prätendiert. Die Vexierspiele, die dabei entstehen, muß ich nicht erläutern. Sie weisen Sprünge auf, stören den literarischen Kosmos, wenn sie aus Vexierspielen unversehens zur Stellvertretung der Realität werden.«

V.

Die *Skizze eines Verunglückten* erkundet die von Johnson als traumatisch erlebten Folgen des ehelichen Verrats aus einer psychosomatischen und psychoanalytischen Perspektive, die Alexander Mitscherlich im Suhrkamp Verlag prominent vertrat. Während Siegfried Unseld nach dem Tod des Psychoanalytikers begeistert vom »Seelenarzt der Nation« sprechen sollte, war Johnsons Sympathie keineswegs ungebrochen. Nachdem er in der Ehekrise kurzzeitig einen Psychoanalytiker in London konsultiert hatte, gab er die Vorstellung einer längeren Behandlung rasch wieder auf. Und ebenso skeptisch sieht Gesine Cresspahl in den *Jahrestagen* die Idee, die deutsche und persönliche Vergangenheit mit Hilfe der Psychoanalyse zu ergründen. Genussvoll inszeniert Johnson ein Gespräch mit dem deutschen Psychoanalytiker »A. M.«, in dem Gesine ihr Misstrauen gegenüber den New Yorker »Schädelschrumpfern« schildert. Alexander Mitscherlich reagiert dreihundert Seiten später aus einem »Forschungsinstitut für Psychoanalyse zu Frankfurt am Main« und empfiehlt gelassen, die Polemik gegen die »amerikanischen Kollegen« fallen zu lassen und besser »auf Sicherungen [zu] verzichten«, um »sich eines ärztlichen Dienstes zu bedienen, der Ihnen zu mehr zeitgemäßer innerer Sicherheit verhelfen könnte. Ein solcher Versuch wäre harmlos; Sie dürften ihn jederzeit abbrechen.«

Johnson bekundete sein Interesse an der Psychoanalyse und Alexander Mitscherlich auch gegenüber Annette Simon, der Tochter Christa Wolfs, die er 1974 bei ihren Eltern in Kleinmachnow kennengelernt hatte. Er teilte der jungen Psychologin stolz mit, »in Westberlin zwei Zimmer voll von psychoanalytischer Literatur« zu besitzen, wie sich Simon erinnerte. Man sprach besonders über Alexander Mitscherlich. Im Januar 1975 folgte sogar die Einladung an die spätere Psychoanalytikerin, die Bibliothek in Sheerness-on-Sea in Augenschein zu nehmen, ein damals für eine DDR-Bürgerin verqueres Angebot, kunstvoll vorgetragen: »Liebe Frau Simon, jenes Zimmer, in dem Ihnen viele Stunden bevorstehen, ist inzwischen umgezogen an die Mündung der Themse, an die frischere Luft. Das erzeugt keinen Unterschied, Sie mögen es nun auf einem behördlich denkbaren Wege etwas näher haben dahin.«

In seiner Bibliothek konnte Johnson sich die »Lehrmeinungen« vergegenwärtigen, die im elften Abschnitt der *Skizze* auftauchen, auch wenn Joe Hinterhand Gesine Cresspahls Skepsis gegenüber der Psychoanalyse teilte: »Denn er habe versagt bei dem Versuch, den Gedankengängen dieser Schule anders zu folgen denn auf einem abstrakten Strich, der nie sich habe verwandeln wollen in das Erlebnis, das zum Begreifen erforderlich ist.« Gleichwohl entwickelt Johnson zwei filigrane Ansichten, um die psychosomatischen und psychodynamischen Gründe für den Herzinfarkt und die schweren Beeinträchtigungen zu erklären, die Hinterhand das alltägliche Sprechen und Schreiben zur mühevollen Tortur werden ließen und die ihm mit der Schreibblockade seine Identität als Schriftsteller nahmen.

Einmal ist da die »physiologische« Variante einer »ärztlichen Lehrmeinung«, die seine psychischen Ausfälle als »organische« Folgen des Infarkts erscheinen lassen. Johnson entwickelt einen historisch vertrackten Assoziationsraum psychosomatischen Denkens.

So erfährt man, dass Hinterhand, der als Exilant im südenglischen Folkestone gelebt hatte, gefragt worden sei, ob er Sympathien mit Amerika habe. Er bejaht die Frage und schließt zugleich Colonel Lindbergh, den mit den Nationalsozialisten sympathisierenden Atlantikflieger, aus, da dieser Folkestone habe »zerbombt und zerschossen« sehen wollen. Dass gerade dort das Denkmal von William Harvey steht, der 1628 die physiologisch zentrale Rolle des Herzens entdeckt und in *Exercitatio Anatomica De Motu Cordis et Sanguinis in Animalibus* beschrieben hatte, lässt aufhorchen. Mit dem folgenden Satz schlägt Johnson psychosomatisch den Bogen zum menschlichen Herzen, das des Schutzes bedürftig sei, gerade wenn man jenseits des Atlantik Kritik an Sympathisanten des Nationalsozialismus übe: »Eine Ansicht, mit der man in den USA jenes Jahres habe recht allein stehen können, außer man wisse die eigene motio cordis et sanguinis beschützt und wohl bewahrt, etwa à la KANDINSKY: Meine Frau weiß jetzt alles, was ich denke, alles, was ich sage, alles, was ich glaube, alles, was ich tun kann, und alles, was ich nicht tun und nicht sein kann.«

Zum genaueren Verständnis der seelischen Dynamik erteilt Johnson nun ausdrücklich »einer anderen Lehrmeinung, der psychoanalytischen« das Wort. Er schildert das Theorem der symbiotischen Verlustangst, die ein elternlos aufgewachsener Mann empfinde, wenn die Ehefrau ihm verlorengehe. Es wird ergänzt um den Gedanken an eine erfüllende Ehe, die erlaube, die Versagungen an elterlicher Geborgenheit auszugleichen: »Denn er sei mit einer Art von Entsetzen gefragt worden, wie denn er sich habe einlassen können auf einen anderen Menschen so ganz und gar, ohne einen Teil der eigenen Person in einem Versteck zu halten!, worauf er schon aus Verständigkeit zugestanden habe, er sei in der Tat auf der Strecke geblieben mit seinem Entwurf von einer Liebe sonder Vorbehalt – dies, ohne daß er sich überwinden könne, seine Eideshelfer, von Plato bis Bloch, im Ernst zu verklagen«.

Die fiktive Kindheit Hinterhands, der in einem »Kinderheim« aufwächst, korrespondiert in groben Zügen mit den Erfahrungen, die Uwe Johnson machen musste, als er 1944 von den Eltern in eine nationalsozialistische Kadereinrichtung gegeben worden war. Uwe und Elisabeth Johnson sprachen in der Berliner Zeit mit Frisch über die Frage, »wie es bei der NAPOLA gewesen« sei. Im *Berliner Journal* notiert dieser die Geschichte: »Er erzählt davon (zum ersten Mal). 1944, als Neunjähriger, aus der gewöhnlichen Schule geholt: erkoren zur Auslese, was der Vater (Staatsangesteller in der Landwirtschaft) zwar ablehnen könnte, aber nicht tut; das Risiko, dass er, der Partei widerstrebend, die ganze Familie belastet, zum Kriegsdienst eingezogen wird. U. selber hat keine Wahl. Erkoren als starker blonder Bub, ›Jungmann‹, Erziehung unter der Devise: Sterben für Deutschland. Ziel: durch strengste Dressur programmiert zum höheren Kader (Gauleiter etc.).«

Umso verletzender muss es sein, wenn das Bedürfnis, diesen frühen, politisch motivierten Verrat der Eltern durch eine große »Symbiose« in der Ehe auszugleichen, enttäuscht wird. Johnson zeigt die traumatische Wirkung des Moments an, wenn das Ideal in sein Gegenteil umschlägt: »Denn im Moment der Erkenntnis, dass man ihm ein richtiges Leben vorgespielt habe inmitten eines falschen, sei sein Bewusstsein angehalten worden, arrestiert, versiegelt, bloß noch ein Behältnis, in dem starr Vergangenheit verwaltet werde.« Die Folgen sind fatal: »Wie in die Fotografien sei

in die Vorräte der Erinnerung eine Sperre eingestanzt: *Unwahr.*
Falsch. Vergiftet. Entwertet. Ungültig.« Die Therapie besteht in der
rigiden Eliminierung aller vergifteten Erinnerungen, »schon um
einer Nekrose vorzubeugen«. Allerdings findet Joe Hinterhand
keine Ruhe. Die Bilder des Vergangenen, die sich im Bewusstsein
an kleinste Erinnerungsmomente heften, entfalten eine zerstörerische Aktivität: »Krank, demnach; vornehmlich an einer Funk-
tion des Gedächtnisses.« Es gibt kein Entrinnen aus dem Teufelskreis, auch wenn Hinterhand sich hütet, »den Erinnerungen
Vorschub zu leisten, oder gar sie einzuladen«.

Der Erzähler entwirft ein Panoptikum aus Erinnerungsbil-
dern, deren unheimlicher Schrecken auf der zerstörerischen Kraft
des neuen Wissens beruht. So erweist sich im Gedächtnis ein Bild,
das Hinterhands Frau – im Anklang an Hannah Arendt und deren New Yorker Salon – scheinbar verehrungsvoll und friedlich
einem Gespräch lauschend zeigt, als oberflächliche Täuschung:
»Hier haben Sie sie im Jahre 1937, zu Füßen einer Great Old Lady
der Emigration; beachten Sie, wie gehorsam sie ihr das Gesicht
entgegenhält, den gespannten Hals, das Kinn gehoben in der Art
einer bevorzugten Schülerin, ganz aufgegangen in der Rolle der
Ehefrau eines Dr. Hinterhand, berühmt für die entschlossene
Treue, mit der sie ihm folgte aus dem Deutschland der Nazis.«
Weiß man, dass Elisabeth Johnson aus New York an den fernen
Freund schrieb, so ist bei Kenntnis von Johnsons Sehnsucht und
Anspruch nach ausschließlicher Verbundenheit ahnbar, wie sehr
die fatale Dynamik der Erinnerung, die Hinterhand zerstört, im
Kern eine Verdichtung seiner eigenen Erfahrung darstellt.

Während die autobiographisch akzentuierten *Begleitumstän-*
de den Vorwurf erheben, die Ehefrau habe mit einem tschechi-

schen Geheimdienstmann sich persönlich und politisch verbündet, transponiert die *Skizze* die Anklage entlang der fiktiven Biographie des Schriftstellers Hinterhand um rund dreißig Jahre. So ist der Agent, mit dem sich Hinterhands Ehefrau über Jahre verbündet, ein Entsandter der italienischen Achsenmacht. Das einstmals mit liebevoller Besorgnis betrachtete »Kräuseln auf ihrer Stirn«, als habe man die Ehefrau »fast zu dringend gebeten um ihre Gesellschaft auf der Reise«, ist demnach in neuer Abgründigkeit lesbar: »Heute muß er es übersetzen in ihren Verdruß über den Abschied von den Grand Hotels des europäischen Festlandes, von ihren Wochenenden in jenen Hotels, dirty weekends ... [...] Aber deine Frau schläft mit einem Faschisten ...«

Auch wenn diese Überlegungen im Detail nur Vermutungen darstellen, lässt der traumatisierte Erinnerungsraum des jüdischen Schriftstellers vor den in der Forschung bekannt gewordenen Zusammenhängen sich grundsätzlich auch als biographische Bewusstseinsspiegelung des Autors verstehen, ausgelöst durch die politische Dimension des Verrates, die 1978 für Johnson vermeintlich kenntlich geworden war. Die Folgen waren desaströs. Elisabeth Johnson zog mit ihrer gemeinsamen Tochter aus. Zudem verzerrten und verlängerten sich Johnsons moralische Urteile ins Wahnhafte. Auch war ihm der Gedanke furchtbar, dass die Verbindung mit dem scheinbar inoffiziellen Mitarbeiter des Geheimdienstes auch das Werden der *Jahrestage* beeinflusst habe, zumal die Tschechoslowakei und der Prager Frühling eine wichtige Rolle für das Epos spielten. Die Befürchtung gewann eine psychopathologische Eigendynamik.

Unter anderem erzählte Johnson 1979 Günter Kunert während seines letzten Besuchs in dessen neuem Domizil Itzehoe seine Version der Ereignisse. Der Freund, der bis dahin in Ost-Berlin gelebt hatte, erinnert sich: »In unserem vorübergehend gemieteten Haus hub er, kaum daß er Platz genommen hatte, mit der Erzählung seines Dilemmas an. Von der Geschichte sprach die ganze ›Literatur-Szene‹ in Variationen und mit den unterschiedlichsten Kommentaren: Uns jedenfalls erschien dieser Fall von Spionage innerhalb seiner Ehe nahezu unglaubwürdig, ja undenkbar; wir hielten die Story für ein Produkt seiner Phantasie, einer Psychose, rückführbar auf seine Hartnäckigkeit, einmal als Faktum Betrachtetes unerschütterlich für wahr zu halten. In verschlüsselter Form lag die Angelegenheit in der *Skizze eines Verunglückten* ja vor, und er selber in persona lieferte die Dekodierung, ohne extra aufgefordert zu sein.«

Allerdings verselbständigte sich die wahnhafte Entwicklung unter diesen komplexen Entstehungsbedingungen keineswegs vollends. Eine deutliche Spur selbstkritischer Reflexion zeigt sich in Johnsons Bibliothek, da unter Mitscherlichs zahlreichen Werken gerade die 1975 erschienene Schrift *Der Kampf um die Erinnerung. Psychoanalyse für fortgeschrittene Anfänger* einige signifikante Anstreichungen enthält. Ein Passus weist auf Menschen mit »pathologischer Charakterstruktur« hin, die ihren krankhaften Zug nicht einzusehen vermögen, sondern als »ich-synton (ich-gerecht)« erlebten. Die Folgen sind verheerend, wie der markierte Abschnitt zeigt: »Das Individuum empfindet dann gar keine Veranlassung, sein Verhalten zu reflektieren und zu korrigieren.«

Dass Johnson in aller misstrauischen Verstiegenheit seines Denkens, das durch das lange Schweigen seiner Frau sich bestätigt fühlen konnte, durchaus versuchte, Abstand von seinen grassierenden Wahngebilden zu nehmen, zeigte sich besonders

nach einem Besuch von Thomas Brasch 1982 in Sheerness-on-Sea.
Der Dichter, der 1976 in den Westen gegangen war und Johnson
im Hause Suhrkamp kennengelernt hatte, versuchte vergeblich,
dem Freund das »Hirngespinst« zu nehmen, »der Liebhaber seiner Frau sei ein tschechischer Agent und habe sie darauf ange-
setzt, die Arbeit am vierten Band zu schädigen«. Nach der Lektüre der *Skizze* schrieb Brasch das Gedicht *Halb Schlaf*, das sich
Johnson nach Erscheinen in der *Frankfurter Allgemeinen Zeitung*
ausschnitt und eingerahmt im Arbeitszimmer aufhängte, als wollte er sich mit den fremden, ihm gewidmeten Worten immer wieder von außen betrachten.

Halb Schlaf

Und wie in dunkle Gänge
mich in mich selbst verrannt,
verhängt in eigne Stränge
mit meiner eignen Hand:

So lief ich durch das Finster
in meinem Schädelhaus:
Da weint er und da grinst er
und kann nicht mehr heraus.

Das sind die letzten Stufen,
das ist der letzte Schritt,
der Wächter hört mein Rufen
und ruft mein Rufen mit

aus meinem Augenfenster
in eine stille Nacht;
zwei rufende Gespenster:
eins zittert und eins lacht.

Dann schließt mit dunklen Decken
er meine Augen zu:
jetzt schlafen und verstecken
und endlich Ruh.

VI.

Bis zum Sommer 1978 war Johnson peinlich darum bemüht gewesen, nichts von der fürchterlichen »Wahrheit« preiszugeben, zu der seines Erachtens nun auch das politische Moment des Verrats gehörte. Allein Siegfried Unseld, nicht nur sein Verleger, sondern auch sein engster Freund, teilte Johnson sich mit. Erst in der Folge suchte er ein größeres Publikum. Was löste diesen grundsätzlichen Wandel aus, so dass Johnson auf Unselds Drängen endlich einging und seine Not öffentlich machte?

Die *Skizze* beschreibt für Joe Hinterhand das auslösende Moment: »Es blieb die Aussage des Angeklagten über sein Bemühen, das Zusammenleben mit Mrs. Hinterhand fortzuführen, über eine beträchtliche Zeit, bis sie darin gestört worden seien durch die Machenschaften eines Skandalschreibers.« Spiegelt man dies zurück auf den Autor, so findet man im Briefwechsel mit Siegfried Unseld den entscheidenden Augenblick, in dem Johnson telefonisch von solchen »Machenschaften« in seiner Biographie erfährt. In der Aktennotiz des Verlegers, die am 18. August 1978 nach einem Gespräch mit Johnson angelegt worden war, heißt es:

»Hans MAYER hat mich gestern gefragt, ob es zutrifft, dass ihr getrennt lebt. Die Sache kommt aus Hamburg, alle berufen sich auf RADDATZ, der will es von ENZENSBERGER haben, muss es von ihm haben. / MAYER fragt Unseld / Jemand von der ZEIT fragt Frau Zeeh / Enzensberger fragt Unseld.«

Fritz J. Raddatz eilte der zweifelhafte Ruf eines wenig verlässlichen Feuilleton-Mannes voraus, der das gesellschaftliche Leben und dessen Gerüchteküche allzu sehr liebte, als dass der Verdacht gegen ihn nicht denkbar gewesen wäre. Johnson kam dieses Vorurteil zupass, so dass er nach dem Telefonat mit Unseld zum radikalen Schnitt ansetzte und in zorniger Ironie an Raddatz schrieb: »Wundersames Fritzchen [...]. Für Ihr Verhalten gibt es nur einen Namen: Illoyalität, westdeutscher Spielart. Sie haben durch Veröffentlichung einer Frage, die in jedem Betracht hätte verbleiben müssen im Privaten, unsere Lebensumstände wie die anderer Menschen unverantwortlich belastet, lediglich Ihrem kindlichen Spieltrieb, Ihrer unmanierlichen Klatschsucht zuliebe.« Es nutzte nichts, dass Raddatz auf »verschiedene Freunde oder Kollegen, so Enzensberger, so Grass« hinwies, die ihm die Nachricht von der Trennung mitgeteilt hätten. Johnson antwortete nicht mehr. Für ihn war in dem beschuldigten Raddatz der »Macher von Meinungen, Schicksalsstifter« gefunden, wie er am 7. September an Siegfried Unseld meldete.

Auf seinen Verleger und Freund fiel keinerlei Verdacht, obwohl es gut vorstellbar wäre, dass Unseld selbst mit Hans Mayer oder Hans Magnus Enzensberger über die heikle Causa Johnson gesprochen haben mochte. Im Rückblick stellt Unseld die Zusammenhänge dar, als habe Johnson selbst nicht nur ihn, sondern auch andere Freunde eingeweiht: »Als er mir sein Hauptgeheimnis anvertraute, verband er das mit der Versicherung, daß er sich umbringen würde, wenn ich zu irgendjemandem davon spräche, doch kurz danach meldeten sich bei mir zwei Freunde, die sich von der Mitwisserschaft und Mitverantwortung vor diesem Geheimnis, vor diesem Leiden, vor dieser Beschädigung überfordert fühlten.«

Johnson sah sich nun genötigt, Max Frisch zu unterrichten, der dem Paar in der entscheidenden Zeit so nahe gewesen war, ohne von dem Zerwürfnis erfahren zu haben. Er klagte Siegfried Unseld gegenüber: »Das Ärgste an der kaltschnäuzigen Geschwätzigkeit dieses Menschen [Raddatz] ist die Folge, dass ich nunmehr zumindest Max Frisch den Sachverhalt zugeben muss, damit er ihn nicht erfährt in der Form eines Gerüchts. Und der Gebrauch der vorgedruckten divorce/seperation cards, wie sie hier im Handel sind, ist mir ja verwehrt.« Nur in verrätselten Worten vermag Johnson nach tagelangen Anläufen in Richtung Zürich von einem Zuträger zu berichten, der zu verurteilen sei für seine »Entscheidung, eine Fragen-Kampagne in Gang zu setzen«: »Aber er ist nun einmal süchtig nach Gerüchten, und gar nach solchen intimen Charakters«. Erst nach diesen weitschweifigen Vorwürfen legt er den bitteren Kern der Nachricht frei und enthüllt, dass er die Trennung von seiner Frau nicht gewollt habe: »Elisabeth und ihre Tochter leben seit einigen Monaten von mir getrennt, unter einer mir unbekannten Adresse.« Im Zustand solcher Ohnmacht fällt es Uwe Johnson schwer, genauere Worte zu finden: »Eine Erklärung für diese Lage, kommt sie nun von einem der Betroffenen, wird sich selbst der Parteilichkeit verdächtigen, und, obendrein, ich bin immer noch ausser Stande, sie in ein Schriftbild zu bringen. Vorläufig bitte ich Sie, bei der schlichten Tatsache bleiben zu dürfen.« Verständnisvoll reagiert Frisch auf diese »schlimme Nachricht«, die er auch als »Unglück zwischen Elisabeth und Uwe« beschreibt: »Ich meine, es gibt auch in einer Freundschaft kein Anrecht auf Preisgabe eines Geheimnisses«.

Kennt man diese biographischen Umstände, fällt auf, dass Johnson in der Fiktion den Akzent der Darstellung gravierend verschiebt. In der *Skizze eines Verunglückten* wird Theodor Fontanes Vorlage aufgerufen, um die Geschichte Hinterhands zu erzählen: »[D]ie Machenschaften eines Skandalschreibers [...] hätten ihm das Innstetten-Syndrom hervorgerufen ... Erklärung des so benannten Syndroms; Buchstabieren des Namens Wüllersdorf. Woraus sich ergab, daß der Angeklagte zu vernünftiger Überlegung fähig gewesen sei, zu der Ausarbeitung eines Vorsatzes für die Tat.« Aber der Baron von Innstetten aus *Effi Briest* ist keineswegs so passiv, wie es Johnson und sein Protagonist waren. Denn dieser benötigte keinen »Skandalschreiber«, um die Dynamik des verletzten Ehrgefühls freizusetzen. Als Innstetten zufällig erfährt, dass seine Frau Effi ihn sechs Jahre zuvor mit einem Freund des Hauses betrogen hatte, weiht er sofort den Freund Wüllersdorf ein. Dieser bilanziert rasch die Lage und schätzt nüchtern die möglichen Reaktionen ab: »Ihr Lebensglück ist hin. Aber wenn Sie den Liebhaber totschießen, ist Ihr Lebensglück sozusagen doppelt hin, und zu dem Schmerz über empfangenes Leid kommt noch der Schmerz über getanes Leid. Alles dreht sich um die Frage, müssen Sie's durchaus tun? Fühlen Sie sich so verletzt, beleidigt, empört, daß einer weg muß, er oder Sie?« Nach einem Moment der Ratlosigkeit folgt eine klare Antwort. Denn nachdem Innstetten den Freund eingeweiht hatte, waren für ihn die Würfel gefallen. Würde er nun den ehelichen Verrat nicht todernst nehmen, könnte man ihm fehlende Konsequenz vorwerfen. Innstetten spielt die Situation gedanklich durch und legt Wüllersdorf den Satz in den Mund: »Der gute Innstetten, er hat doch eine wahre Passion, alle Beleidigungen auf ihren Beleidigungsgehalt chemisch zu untersuchen, und das richtige Quantum Stickstoff findet er *nie*. Er ist noch nie an einer Sache erstickt.« Wüllersdorf kann in aller Ambivalenz diese Sicht der Dinge nur bestätigen: »[U]nser Ehrenkultus ist ein Götzendienst, aber wir müssen uns ihm unterwerfen, solange der Götze gilt.«

VII.

Auch wenn die *Skizze eines Verunglückten* keinen weiteren Bezug zu *Effi Briest* besitzt, gleicht das Schicksal des Joe Hinterhand doch der Einsicht, die Fontane den Freund Wüllersdorf aussprechen lässt: dass »dem Schmerz über empfangenes Leid noch der Schmerz über getanes Leid« folge. Denn des Mordes angeklagt, wird Johnsons Protagonist lediglich wegen »Totschlag[s] [...] bei verminderter geistiger Zurechnungsfähigkeit« verurteilt, so dass ihm ein kurzer, tödlicher Schmerz nicht vergönnt ist, sondern ein langes »Ableben« bevorsteht: »1949, vor Gericht, habe er recht inständig gehofft auf ein Urteil, nach dem man ihn ums Leben bringen werde durch Stromstöße oder durch den Strang, wobei es ihm nicht um die Strafe gegangen sei, sondern um einen Notausgang, einen Ausweg. In der Folge habe er eine eigene Todesstrafe gefunden, abzuleisten durch Ableben.« Auf diesem Weg treten bei Hinterhand klinische und suizidale Krisen auf, die Johnson knapp darstellt: »Ein halbes Jahr Aufenthalt in jenem Festen Hause am Hudson, flußaufwärts, das die amtliche Bezeichnung Verbesserungsanstalt führe. Nach einem zweiten Herzanfall Überführung in ein bewachtes Krankenhaus. Wegen fortgesetzter Versuche zum Selbstmord Beobachtung in einem Institut für die geistig Kranken. Wegen übermäßiger Fügsamkeit Rückkehr nach Ossining. 1957 Entlassung wegen der erwünschten Art der Führung.«

Das resignative, von suizidalen Anwandlungen durchzogene Lebensgefühl eines Menschen, der in der Liebe eine schwere Enttäuschung hat hinnehmen müssen, schildert Johnson ein Jahr nach Niederschrift der *Skizze* im Brief auch einer platonischen Jugendliebe. Es ist Christine Jansen, die Gattin des Barlach-Forschers Elmar Jansen, dessen Randposition in der DDR Johnson immer imponiert hatte. Er selbst hatte früh in seiner Diplomarbeit über Ernst Barlach gearbeitet, nicht zuletzt weil dieser im Nationalsozialismus sich als widerständige Figur bewährt hatte. 1980 war es in Ost-Berlin wie schon in früheren Jahren zu einem Treffen mit den beiden Jansens gekommen, das die alte Verbundenheit belebt hatte. Zwei Jahre später sandte Christine Jansen eine Schallplatte mit weihnachtlicher Musik an die südenglische Küste. Das Geschenk ermöglicht es, im Dankesbrief dem Zustand suizidalen Verlassenseins in der Skizze einer jungen Unglücklichen kunstvoll Ausdruck zu geben: »Zwar habe ich versucht, ihr Geschenk, jene Schallplatte mit Tönen zur winterlichen Jahreszeit, schicklich unterzubringen. Denn jene Dame, die bei mir nach dem Staubsauger sieht und den Spinnweben (die ihrem sanften Blick jedoch entgehen) trat einmal auf in bedrückter Verfassung und erklärte auf Betragen: Oh Charles, ich bin eine zermalmte Frau! Es kam dann heraus, dass sie vielmehr ihre Enkelin meinte, ein neunzehnjähriges Kind mit einem, wie sagt man, Zusammenbruch der Nerven, gründlicher Apathie und der Weigerung, Nahrung aufzunehmen oder sonst einem Anteil am hiesigen Dasein. Das fand ich, wie von mir erwartet werden durfte, schade; war aber neugierig genug auf die Ursache. Die war, ein junger Mann hatte sich überlegt, ob er das Kind, seinem Versprechen gemäss, am Ende tatsächlich heiraten werde, und ein anderes vorgezogen. Jetzt wusste ich von jemand, der sitzt in einem abgedunkelten Zimmer, scheut sich vor der Strasse und den Leuten darauf, ist unempfindlich gegen Medikamente und weiss nur noch das eine, mit neunzehn Jahren: Mein Leben ist zu Ende, nie wieder werde ich einen Menschen finden, auf ewig bin ich allein, auch sonst allerlei Einzigartiges.«

Biographisch ist der suizidale Zug in seinem Denken auch an einem Gedicht Fontanes festgemacht worden, das Johnson bei einer Sendung für den Norddeutschen Rundfunk als ihm wertvoll bezeichnet hatte:

Leben
Leben; wohl dem, dem es spendet
Freude, Kinder, täglich Brot,
Doch das Beste, was es sendet,
Ist das Wissen, daß es endet,
Ist der Ausgang, ist der Tod.

Klinisch lässt sich bei Johnson mit Blick auf seinen extremen Alkoholkonsum von einem »protrahierten [verzögerten] Suizid« sprechen. Dieser kann in Verbindung mit starkem Nikotinabusus eine solch frühe »Beschädigung der Herzkranzgefäße« auslösen und eben auch das endgültige Herzversagen, wie es sich im Februar 1984 bei Johnson einstellte. Fiktional gesehen tat Johnson gut daran, diese biographisch relevante Perspektive für sein fiktives Alter Ego abzublenden, um den dramatischen Plot der *Skizze* zu retten. Auch für die *Begleitumstände* besteht in ihrem fiktionalen Charakter nicht die Pflicht, dass Johnson wahrheitsgetreu den Alkoholismus als grundlegendes Problem der eigenen Existenz als Schriftsteller ausbreitet. Sonst wäre selbst für psychiatrische Laien der Gedanke nahe gerückt, die politische Verstiegenheit der Geschichte könnte auch dem Alkoholismus geschuldet sein.

Dabei ist Johnsons erstaunlicher und beängstigender Umgang mit dem Alkohol legendär. Max Frisch beschrieb im *Berliner Journal* das exzessive Trinken; und im Freundeskreis war Johnsons extremer, seit der Studienzeit bestehender Alkoholmissbrauch bekannt. Helen Wolff berichtete betroffen: »Einmal wagte ich es – er nahm eine dritte Flasche aus dem Schrank –, an ein Hauptproblem, seine zunehmende Abhängigkeit vom Alkohol, zu rühren, und sagte mit leiser, vorsichtiger Stimme: ›Uwe, du trinkst zuviel!‹« Johnson erwiderte mit dem offenen Hinweis auf die untergründige Dynamik des historischen Bewusstseins, welche den Alkoholismus unterhalte: »»Wenn du wüsstest, was ich weiss ...‹« Fritz J. Raddatz schildert in seiner Autobiographie, dass Hannah Arendt ihn einmal telefonisch gebeten habe, »ob ich nicht an einem Abend bei mir Uwe Johnson diskret einem Facharzt vorstellen könne, der Alkohol zerstöre ihn«. Uwe Johnson erlag vermutlich am 22. oder 23. Februar 1984 einem Herzschlag, wohl während des Versuchs, sich eine dritte Flasche Rotwein zu öffnen. Seine Putzfrau und ein Miteigentümer des Pubs, in den Johnson allabendlich gegangen war, fanden den Toten erst am 12. März, als ihnen die lange Abwesenheit des »private man« unheimlich wurde.

Peter Rühmkorf schätzte Uwe Johnson. Ihre »Trinkerfreundschaft« habe »gewisse Regressionen ins Plattdeutsche« ermöglicht. Jedoch war der Hamburger Autor entsetzt, dass Johnson in den *Begleitumständen* mit den Vorwürfen an seine Ehefrau sich so öffentlich in seiner Not entblößt hatte. Im Gedicht *Dichterleben* hat Rühmkorf den Tod des »gute[n] Saufbruder[s]« als suizidale Handlung beschrieben. Sein Gedicht stellt Johnson in seiner pathologischen Verzweiflung in eine Reihe mit Kleist und Lord Byron:

> Dies nochmal in Prosa, also: praktisch
> Haut er seine Seele auf den Packtisch
> Und umwindet sie mit buntem Glanzpapier –
> Aber hütet euch (ich sprech von Irren, Liebeskranken,
>   Säufern)
> ihnen allen Ernstes nachzueifern,
> denn das Ende ist oft kein papiernes:
> Wannsee – Missolunghi – Sheerness –
> Wandle hin – und überleg es dir!

VIII.

Vom Tod seines Autors erfuhr Siegfried Unseld auf Reisen. Am 12. März 1984 war abends ein Anruf Elisabeth Johnsons eingegangen: »Uwe ist tot.« So berichtet der Verleger selbst in seinen 1991 erstmals erschienenen Erinnerungen *Uwe Johnson: ›Für wenn ich tot bin‹*. Diese Erzählung ist zwischen den beiden Polen ausgespannt, die aus Unselds Perspektive der zerstörerische Verrat Elisabeth Johnsons und seine verlegerisch rettende Freundschaft bilden. Noch im Todesjahr nutzte Unseld eine Gedenkveranstaltung in London, um seine Version der Wahrheit zu verkünden. Günter Grass war anwesend und resümiert kritisch als Freund beider Johnsons: »Uwe Johnson sei nicht etwa an Alkoholismus gestorben, sondern an den Verletzungen, die man ihm zugefügt habe. Diese abermalige Schuldzuweisung in Richtung Elisabeth hat mich empört«. In diesem Brief an Helen Wolff drückt Grass außerdem den Zorn darüber aus, dass der Suhrkamp Verlag als »Erbe des Johnsonschen Nachlasses« nicht geklagt habe, als Tilman Jens unerlaubt in die Wohnung des Verstorbenen eingebrochen sei und »indiskrete Passagen« in seiner Reportage *Unterwegs an den Ort, wo die Toten sind. Auf der Suche nach Uwe Johnson in Sheerness* veröffentlicht habe: »Schließlich wird in dem Buch von Jens deutlich, daß der Dieb auch Einblick genommen hat in ein Buch, das als brauneingebundener Blindband bezeichnet wird und in dem, auf Verlangen von Uwe, Elisabeth ihr Geständnis abgelegt hat. (Übrigens soll Elisabeth erst jetzt in diesen Tagen dieses persönliche Dokument zurückerhalten.)«

In der *Zeit* griff Siegfried Unseld Ende 1984 den aufgebrachten Günter Grass an: »Er kennt nicht die Differenz der Texte von Tilman Jens im *stern* und später im Buch. Er nimmt nicht zur Kenntnis, daß im Buch von Tilman Jens nur solche Texte von Uwe Johnson zitiert sind, die dieser selbst schon veröffentlicht hat. Im Buch sind keine bisher unpublizierten Texte aus dem Nachlaß von Uwe Johnson wiedergegeben. Auch der Suhrkamp Verlag mißbilligt die Umstände der Recherche. Wie auch immer das Buch beurteilt werden muß: der Suhrkamp Verlag hatte insofern weder das Recht noch die Möglichkeit, das Erscheinen dieses Buches zu verhindern.«

Ein gewisses Einvernehmen zwischen Unseld und Jens lässt in *Unterwegs an den Ort, wo die Toten* eine der »Vier Bemerkungen zum Schluß« ahnen: »Der ursprünglich angekündigte Titel ›Für wenn ich tot bin‹ wurde, einem Wunsche des Suhrkamp Verlages entsprechend, zurückgezogen.« Der »hellbraune Blindband«, den Jens in den Mittelpunkt seiner fraglos peinlichen Recherche stellte, erwähnt Unseld auch, als er in seinen Erinnerungen an Uwe Johnson, dem Band eins der »Schriften des Uwe Johnson-Archivs«, die erste Begehung des Hauses 26 Marine Parade Mitte März 1984 schildert: »[U]nd dann stießen wir auf einen hellbraunen Blindband mit Eintragungen von Elisabeth Johnson. Ich wußte, was das war. Ich legte das Buch sofort zurück.« Im Rückblick akzentuiert Unseld die von Johnson literarisch inszenierte Sicht des ehelichen Verrates und dessen traumatische Wirkung auf den Schriftsteller: »Wer so mit seinen Figuren als lebendigen Personen verbunden ist, [...] muß der nicht eine tödliche Gefahr, eine ›Beschädigung der Herzkranzgefäße‹ erleiden, wenn sich für ihn herausstellt, daß eine Person seiner privaten Welt Beziehungen zu den realen Feinden seiner Person hat? Ich kann Uwe Johnsons Leiden verstehen.« Im Resümee bedient sich Unseld des tiefenpsychologisch-psychosomatischen Denkens von Alexander Mitscherlich, das sich hervorragend für eine spekulative Schuldzuweisung eignet: »Seine Verbindung mit seiner Frau wurde zerstört, nicht nur physisch und psychisch, sondern gewissermaßen sprachmetaphysisch.«

Nach der Publikation von Unselds Erinnerungsband kam es im Folgejahr 1992 zum Prozess, der über drei Instanzen ging. In ihrer öffentlichen Stellungnahme ließ Elisabeth Johnson 1996 ahnen, wie kränkend die Lektüre von Unselds Erinnerungen an ihren Mann auf sie gewirkt haben muss: »Vor fünf Jahren, als ich einen Prozeß anfing, dessen ersten Teil ich nun verloren habe, wußte ich vieles nicht. Noch weniger wußte ich vor zwölf Jahren.

Da war noch nicht das Werklein erschienen, das den anspruchs-
vollen Titel trägt ›Für wenn ich tot bin‹. Sein Verfasser hätte allerdings schon damals, gerade damals, alles aufklären können. Statt
dessen empfahl er mir Trauerarbeit«.

Nach dem Prozess, 1997, wurde der Neuauflage von *Uwe Johnson: ›Für wenn ich tot bin‹* eine vielsagende »Nachbemerkung« an-
gefügt. Darin wird von der juristischen Klärung des Sachverhaltes
berichtet; und zugleich wundert sich Siegfried Unseld in demons-
trativer Zufriedenheit, warum Frau Johnson nach langem Schweigen doch den Prozess angestrengt habe: »Uwe Johnson starb im
Februar 1984. Sein Testament aus dem Jahre 1983, das nach ihn
verletzenden Umständen nicht Frau und Tochter, sondern den
Suhrkamp Verlag zum Erben eingesetzt hatte, wurde von Elisabeth Johnson und Tochter Katharina nach Abwicklung der mit
ihnen befreundeten Testamentsvollstrecker akzeptiert. [...] Zehn
Jahre später widersprach Elisabeth Johnson dem Testament: es sei
nicht gültig. Es folgte ein Erbscheinverfahren über drei Gerichts-
instanzen. Schließlich bestätigte das Kammergericht Berlin am
17. Oktober 1995 letztinstanzlich die Gültigkeit von Uwe Johnsons
letztem Willen aus dem Jahre 1984 und stellte einen Erbschein
aus, der den Suhrkamp Verlag als Alleinerben auswies.«

IX.

Aber die Dinge lagen nicht so einfach. Die Wahrheit des Unglücks,
das Uwe und Elisabeth Johnson gemeinsam betraf, war viel-
schichtiger, als das pragmatische Urteil des Gerichtes ausdrücken
kann. Mit anderen Worten: Da der Verleger die Vorwürfe förder-
te und vertiefte, die sein Autor in den *Begleitumständen* und der
Skizze gegenüber seiner Frau erhoben hatte, ist es geboten, die

postulierten Zusammenhänge so gut als möglich auf ihre historische Triftigkeit hin zu prüfen. Dies entspricht auch Uwe Johnsons Anspruch auf geschichtliche Genauigkeit, den Siegfried Unseld in seinen Erinnerungen mit einem Zitat aus den *Begleitumständen* unterstrich: »Zum anderen ist für mich bei einem Studium der Germanistik (mit Abschluss) eine Vorliebe für das Konkrete herausgekommen, eine geradezu parteiische Aufmerksamkeit für das, was man vorzeigen, nachweisen, erzählen kann.« Uwe Johnsons Passion für das Faktische veranschaulichte Unseld zudem mit einer Anekdote: Auf die Frage, warum er sich trotz des offiziellen Protokolls eigene Notizen zu Sitzungen der Berliner Akademie der Künste mache, habe Johnson geantwortet: »Ich kontrolliere die Abweichungen.«

Tatsächlich zeigen sich in Unselds Version der Geschichte deutliche »Abweichungen« gerade im Vergleich mit dem 1999 edierten Briefwechsel zwischen beiden. Der Blick in die Quellen erlaubt keinesfalls, Elisabeth Johnson rückblickend als böse Witwe zu brandmarken und sich selbst als guten Freund des zerstörten Autors gekonnt ins Bild zu setzen. Dabei steht außer Frage, wie viel Unseld für seinen Autor getan hatte und wie sehr Uwe Johnson seinen Verleger als Freund die längste Zeit idealisiert hatte. Unseld ließ es sich deshalb auch nicht nehmen, in den Erinnerungen jenen Brief in Gänze abzudrucken, in dem Johnson am 1. April 1979 im Nachklang des 20. Todestages von Peter Suhrkamp unter anderem schreibt: »Obwohl ich keiner Probe darauf bedurft hätte, hast du mir geholfen im schlimmsten Unglück meines Lebens, als ich mich jenseits von Hilfe glaubte. Damit ist erwiesen, warum von allen Freundschaften, die ich seit 1959 gefunden habe, die mit dir als einzige sich erwiesen hat als in allen

Stücken zuverlässig und haltbar, und wenn es nach mir geht, soll das so bleiben«.

Aber ihr Verhältnis blieb nicht so, wie Johnsons Hymne es will. Briefe aus den letzten Lebensjahren zeigen recht deutlich, wie sehr die immensen Schulden, die Johnson im Verlag angehäuft hatte, das Verhältnis zum Verleger grundlegend belasteten. In seinem Buch verschleiert Unseld diesen geschäftlichen Zusammenhang bis zur Unkenntlichkeit: »Seine Honorareinnahmen waren in diesen Jahren [seitdem Johnson in England lebte] gering, so wuchs sein Soll-Konto beim Verlag beträchtlich an, was ihn bedrückte und immer wieder zu Vorschlägen veranlaßte, wie dies geändert werden könnte. Von mir erfuhr er stets die Zuversicht, daß der Ausweis seines Kontos für mich keine Rolle spiele, ja, daß ich sicher sei, sein Konto würde ausgeglichen, wenn einmal der vierte Band endlich vorläge und wir dann auch Bestellungen auf das Gesamtwerk der Bände 1–4 der *Jahrestage* ausführen könnten.« Doch die Wahrheit ist eine andere, die »Abweichung« gravierend. Dabei erscheint es von außen nur gerechtfertigt, dass eine Summe von einer Viertelmillionen DM deutliche Worte nötig macht. Aber es geht um die innere Wahrnehmung des Verhältnisses zwischen Autor und Verleger, die – von beiden Seiten stilisiert – über zwei Jahrzehnte Geld und Geschäft großzügig und dankbar als zweitrangige Dinge betrachten ließ.

Zum entscheidenden Wendepunkt in der zuletzt prekären Freundschaft kam es im Mai 1982, als der Verleger vorschlug, die *Skizze* als »Einzelausgabe in der Bibliothek Suhrkamp« aufzunehmen, damit die Novelle im Corpus des Werkes und als Klassiker des Verlagsprogramms mehr Geltung hätte. Freundlich schrieb Unseld: »Vom Umfang her ginge das und von Gehalt und Gestalt her ja nicht weniger. Ich hoffe also sehr, Du bist damit einverstanden.« Allerdings ließ er seinem Autor kaum Raum, selbst zu entscheiden: »Wenn wir Glück haben, könnten wir hier ja auch eine schöne Anzahl von Exemplaren verkaufen, das ergäbe endlich wieder einmal Honorar für Dich, das Dein Konto dringlichst brauchen kann, von Dir zu schweigen.« Johnson reagierte zögerlich ob des schmalen »Umfangs«: »Es sind ja nur 39 Seiten.« Vor allem aber weckte der Brief finanzielle Sorgen: »Der Hinweis auf den schlimmen Stand meines Kontos wird hierorts verstanden in geradezu schmerzhafter Spiegelbildlichkeit.« Zaghaft verwies der verunsicherte Autor auf eine Stelle seines Werkes: »›Begleitumstände‹, Seite 166 unten, Seite 167 oben«. Dort findet sich sein großes Bekenntnis zur Freundschaft, nicht fern von jenem, das er im Brief vom April 1979 abgelegt hatte, konzentriert auf die finanzielle Großzügigkeit des Verlegers: »Es kamen schließlich ganze Jahre, in denen für die Einkünfte des Autors nur die rote Farbe taugte; kein einziges Mal musste er eine Störung seiner Arbeit durch Ungeduld des Verlages auch nur befürchten; es ist möglich, dass er noch heute auf den Ausgleich seines Kontos dringlicher wartet, als der Verlag das tut. Es war ein Jahr mit sehr schwarzen Zahlen, als er seinem Verleger anbot, ihn auf ein Fixum zu setzen, das gelten sollte selbst für den Fall höherer Einnahmen. Der Verleger versprach, darüber nachzudenken. Zwanzig Jahre Vertrauen stellen unweigerlich eine Freundschaft her, und die runde Zahl bietet den Anlass für einen öffentlichen Dank an Siegfried Unseld.«

Auf Johnsons verschüchterten Versuch, mit den *Begleitumständen* an ihren freundschaftlichen Bund zu erinnern, antwortete Unseld nicht mehr. Nun war ins rein Geschäftliche umgeschla-

gen, was Johnson 1959 als ununterscheidbare Einheit von Freund
und Verleger gepriesen hatte: »Es soll Herrn Unseld nicht verbit-
tern dass er der Verlag ist und Herr Unseld und beides in einem
für mich, denn auf den Wegen zwischen Klettenbergstrasse und
Untermainkai habe ich keine Metamorphosen bemerkt«. Es war
eingetreten, was das briefliche Bekenntnis vom April 1979 als un-
nötige Schreckensvision des jungen Johnson belustigt erinnert
hatte: »Denn ich sah, wie konnte ich anders, in dir vorläufig den
Geschäftsmann, der sein Geld einklagen würde mit fürchterlicher
Gewalt.«

Bevor im Spätherbst 1982 bei Johnson der finanzielle Schrecken aufkam, verwehrte Unseld seinem Autor den Wunsch, in der
Einzelpublikation der *Skizze* deren Verbindung zu Max Frisch
prominent anzuzeigen. An die zuständige Verlagsmitarbeiterin
hatte Johnson geschrieben: »Denn ich habe die Ehre, mit jenem
Herrn de Catt/J. Hinterhand ausführlich bekannt zu sein, und
wollte ich einmal seinethalben von ihm erzählen, ich hätte es gewiss mit einem anderen Ansatz angefangen und vollständiger. In
einer Festschrift aber soll man vermeiden, sich breit zu machen,
und auf für den Jubilar Beziehentliches auswählen, weswegen
also andere Beleuchtungen und Gewichte jenes Lebenslaufes zur
Seite gedrängt wurden. Aus diesem Grunde wünsche ich mir einen Vorspruch, in der Art einer Widmung: ZU MAX FRISCHS
SIEBZIGSTEM (1981). Bitte könnten Sie das einrichten?« Der
Verleger wies die Bitte ab und schnitt so den Deutungsrahmen
der Novelle gegen den Willen des Autors neu zu: »Ich kann unmöglich in der Bibliothek Suhrkamp erwähnen, daß das als Gabe
zum 70. Geburtstag gedacht ist. Wir können das im Klappentext
erwähnen, keinesfalls auf Umschlag oder Titelei, das hat damit

nichts zu tun. Wir müssen dem Text einen selbständigen Charakter geben.«

Als die *Skizze* im Oktober 1982 in der neuen Ausgabe erschien, urteilte Unseld zuversichtlich: »Es war richtig, daß wir das gemacht haben. Diese Variante ist eine von den geglückten.« Johnson konnte das vier Tage später so nicht bestätigen. Denn gerade weil der »Ausspruch von der Zeit, die alles heile«, zumindest »eingeschränkt« für seinen »Fall« zu bestätigen sei – das heißt, dies »das erste Jahr nach der Herzgeschichte« sei, da wieder »Einfälle und Entwürfe« regelmäßig auftraten –, war es ein wenig glücklicher Zeitpunkt, die alte Wunde durch die Neuauflage im Klassikergewand öffentlich erneut aufzureißen. So gab Johnson Unseld nur sehr verhalten recht: »Von seiten der Besprechergilde sehe ich den Einwand voraus, die Menge des Textes rechtfertige kaum seine Unterbringung zwischen zwei Deckeln. Aber hier hast du entschieden, und auch wenn meine Zustimmung vor einem bekannt schmerzlichen Hintergrund sich abhob, ich will nun darauf vertrauen: ›Es war richtig, dass wir das gemacht haben.‹« Dass vor allem die finanzielle Lage Johnson bewogen hatte, Unselds Vorschlag zu folgen, wurde indirekt nochmals kenntlich, als Johnson in diesem Brief etwas später schrieb: »Ich habe versäumt, euch die Nummern meiner Lebensversicherungen bei der Allianz A. G. Stuttgart zu nennen, und trage sie nach: es sind die 148270300 und 189609671.«

Es folgte am 19. Oktober 1982 die Nachricht aus Frankfurt, dass das »Echo« auf den Band gut sei, man den Abschluss der *Jahrestage* für Ende des Jahres erhoffe und die »Nummern der Lebensversicherung bei der Allianz in Stuttgart« notiert seien. Der Druck der lastenden Schulden schien genommen – doch nur für wenige Wo-

chen. Am 7. Dezember zog der Verleger die finanzielle Daumen-
schraube in freundlicher Unerbittlichkeit endgültig an: »Lieber
Uwe, wir müssen über Deine Finanzen sprechen. Der Soll-Saldo
war am 30.11.1982 DM 230.094,89. Auf dieser Basis kann ich
die monatlichen Zahlungen nicht mehr ad infinitum leisten. Ich
möchte gerne mit Dir darüber sprechen. Die Zahlungen laufen
jetzt noch bis zum 31. März 1983. Wie gesagt, ich möchte gerne
mit Dir darüber reden, irgend etwas sollte nun doch geschehen.«
Mit dem Brief zeigte sich der Verleger als jener, ehemals grundlos
gefürchtete »Geschäftsmann, der sein Geld einklagen würde mit
fürchterlicher Gewalt«. Sein Autor rapportierte am 23. Dezember,
ihm sei es »inzwischen schlecht ergangen (am Auge [...] Sympto-
me bilden sich wiederholentlich ab im Blick)«. Verzweifelt und
vorsichtig fragte er, ob der »Verkauf des Geschenkartikels für Max
Frisch in der Verpackung der B. S. der Maßen enttäuschend« sei.
Dabei hatte Unseld schon vorsorglich am 7. Dezember die sich
»nun sehr stark ändernden ökonomisch[en] Voraussetzungen« angeführt, um die neuerliche Pression zu begründen, die ihre vorma-
lige, rein freundschaftliche Verabredung außer Kraft setzte. Selbst
der vom Suhrkamp Verlag beauftragte Biograph Bernd Neumann,
der trotz der damals exklusiven Kenntnis des Briefwechsels den
massiven Einfluss Unselds auf das Publikationsverhalten Johnsons nicht wirklich herausgearbeitet hat, fand klare Worte, die
Unseld nicht gefallen konnten: »Uwe Johnson stand mittellos da,
sah sich von seinem eigenen Verleger um seine Schriftstellerexis-
tenz gebracht.« Sein Buch erschien auch nicht bei Suhrkamp, wie
es bis zur Fahnenkorrektur vorgesehen gewesen war.

So bleibt Uwe Johnson in der desolaten Lage nichts anderes
übrig, als am Vorweihnachtsabend fieberhaft eine Liste von Maß-

nahmen vorzuschlagen, die seinen sozialen Ruin im kommenden Frühjahr würden abwenden können. Er erinnert an die Lebensversicherung, bietet das noch verschuldete Haus in Sheerness-on-Sea an und überlegt, ob er als Lektor oder Journalist den Schuldenberg etwas abtragen könnte. Auch erwägt Johnson den Verkauf aller großen Manuskripte, um durch den Erlös einen gewissen Freiraum zum Schreiben zu schaffen. In seiner Not macht der Autor den höchst ungewöhnlichen Vorschlag, auf den Erlös aus den »Urheberrechten« zu verzichten, bis alle Schulden getilgt seien.

Die Antwort, die Unseld Mitte Januar 1983 nach England gehen lässt, bleibt vieldeutig: »Wir brauchen uns keine Sorgen zu machen, wenn ›Jahrestage 4‹ nach dem Abschluß hinzukäme. Wann wird der Abschluß sein? Bitte schreibe, telegraphiere, telefoniere mir dies. Du erhältst dann sofort und umgehend eine Dich befriedigende Antwort.« Tatsächlich erfolgen nun die raschen Lieferungen der einzelnen Kapitel der *Jahrestage*, deren »letzt[e] sechs Kapitel« bis zum 17. April 1983 nach Frankfurt abgeschickt werden sollen, wie Johnson am 23. März schreibt. Unseld bestätigt Ende des Monats glücklich, »daß wir soweit alles beisammen haben«, und wünscht für den »Abschluß [...] gutes Gelingen«.

Alles schien nun geregelt, auch wenn der Weg, den Siegfried Unseld beschritten hatte, dem Geist ihrer Freundschaft und dem Bild widersprach, das Johnson sich von dieser über zwanzig Jahre mit der Zustimmung Unselds gezeichnet hatte. Nach einem Telefonat vom »Karfreitag, den 1. April 1983« fertigte Unseld eine beruhigende Aktennotiz an, die im edierten Briefwechsel wiedergegeben wird: »Es gab eine Korrespondenz zwischen ihm und mir, in der ich diese monatlichen Zahlungen zur Diskussion gestellt habe. Ich habe Uwe Johnson gesagt, daß er *unter der Voraussetzung* der Ablieferung des Manuskriptes für die *Jahrestage 4* diese Zahlungen auf die Dauer von drei Jahren erhielte. Da sich ja abzeichnet, daß wir in 14 Tagen den noch ausstehenden kleineren Rest bekommen werden, können wir also von diesem Faktum ausgehen.«

X.

Angesichts dieses dramatischen wie glücklichen Endes der *Jahrestage*, mit deren Erscheinen die Lösung der finanziellen Probleme in Aussicht stand, ist zu fragen, warum Johnson am 23. März 1983 noch ein Testament aufsetzen ließ, dem zufolge »alle seine Bücher, Manuskripte, Akten, Rechte und die Erlöse aus ihnen« nach seinem Tod dem Verlag zufallen sollten? Dass für Johnson vor allem im ehelichen Verrat der Grund dafür lag, deutet Unseld 1991 in seinem Rückblick an, wobei er seiner Leserschaft geschickt verschweigt, dass ein früheres Testament schon existierte: »Für den Fall, daß sein Testament angefochten werden würde, hatte er für das Gericht in englischer Sprache nochmals jene Geschichte der ehelichen Ver- und Zerstörung beschrieben.« Ohne weiteren Beleg referierte Unseld aus dem »Statement to my Executors«: »So war ihm seine Verletzung begründet durch eine Verletzung seines Lebens, seiner Existenz als Schriftsteller, aber auch eine Verletzung des für jeden Schriftsteller Zentralen: Wort und Sprache bezogen sich, im Nachhinein betrachtet, nicht mehr auf Wahrheit und Wirklichkeit, sondern wurzelten im Irrtum.«

Sich selbst sieht der Verleger in der Rolle des fürsorglichen Freundes, der jenseits aller geschäftlichen Interessen angesichts der familiären Tragödie lediglich den Willen seines Autors so

gut als möglich zu erfüllen sucht: »Ich war bereit, seinen Haupt-
wunsch zu erfüllen, d. h., dafür zu sorgen, daß, ›für wenn ich tot
bin‹, niemand an die Papiere gelangen könne, daß ich den Nachlaß sammeln und ihn geschlossen nach Frankfurt überführen sollte und daß er unter meiner Verantwortung verwaltet würde; dies
gestand ich ihm zu, aber ich erklärte ihm, von seinem Wunsch
abweichend, daß ich mit Frau und Tochter getrennte eigene
Regelungen treffen wollte.« Da Unseld stets betont hatte, »daß
der Ausweis seines [Johnsons, M. B.] Kontos für mich keine Rolle spiele«, wäre es wenig günstig gewesen, wenn er seine Leser
in den betreffenden Wortlaut des »Statements« eingeweiht hätte. Denn darin wird deutlich, wie sehr neben dem persönlichen
und politischen Verrat auch das Geld für Johnson einen triftigen
Grund dargestellt hatte, ein neues Testament aufzusetzen: »Mir
wurde schließlich bewußt, daß meine persönliche Integrität als
Schriftsteller durch eine solche Assoziierung [Geheimdienstver-
bindung der Ehefrau, M. B.] gelitten hatte. Folglich, und auch wegen der Auswirkungen des Koronarschadens, den ich nach den
ersten Eröffnungen meiner Frau erlitten habe, konnte ich lange
Zeit nicht an dem Buch arbeiten, und ich weiß nicht, ob ich je-
mals daran weiterschreiben kann. Da ich von Vorauszahlungen
der Suhrkamp Verlag K. G., Frankfurt am Main, Westdeutschland,
meinen Verlegern, gelebt habe, sind dort enorme Schulden aufge-
laufen. Aus diesem Grund möchte ich, daß die Suhrkamp Verlag
K. G. meine Hauptbegünstigte, wie in meinem neuen Testament
beschrieben, sein soll. Ich hätte die vergangenen vier Jahre ohne
deren Großzügigkeit nicht überleben können, und ich möchte
mich für die Güte und unerschütterliche Treue meiner Verleger
erkenntlich zeigen, indem ich ihnen das Geld und Vermögen, das

ich besitze, vermache, da ich bei meinem Tod eine große Schuld bei ihnen haben könnte.«

Da das »Statement« auf den 21. Februar 1983 datiert – eine Zeit, in der Johnson dabei war, die *Jahrestage* abzuschließen –, fragt es sich, warum der Autor deren Fertigstellung in der »Erklärung« noch bezweifelt. Der Gedanke liegt nicht fern, nur so die Entscheidung überzeugender machen zu können, den Verlag als Erben einzusetzen. Es ist auch wenig stichhaltig, dass Unseld in seinen Erinnerungen erst für den November 1983 ein mehr als zweistündiges Gespräch erwähnt, in dem ihm sein Autor auf einer gemeinsamen Zugreise zu Max Frisch nach Zürich ausführlich die qualvolle Geschichte des Verrats erzählt habe, welche die »Verletzung und die sich daraus ergebende testamentarische Konsequenz« betraf. Hatte Johnson seinem Freund diese zentrale Zäsur seines Lebens, die Änderung seines letzten Willens, die den Verlag begünstigte, wirklich über acht Monate lang verschwiegen, so dass Unseld in seiner Erinnerung schreiben konnte: »Ich weiß noch, wie erschüttert ich nach diesem Gespräch den Zug verließ. Uwe Johnson wollte immer das Absolute.«

Keine Rede ist bei Unseld allerdings davon, dass Johnson ihm nach der Zugreise die schriftliche Erklärung ausgehändigt habe, wie Heinrich Lübbert, der Justitiar des Suhrkamp Verlags, nach den Prozessen in *Der Streit um das Erbe des Schriftstellers Uwe Johnson* erläuterte. Verständlich wird dieses Versäumnis, wenn man weiß, dass es Unseld nicht daran gelegen sein konnte, dass Johnsons finanzielle Beweggründe für die Änderung seines letzten Willens öffentlich bekannt geworden wären. Die Erklärung sollte nur für die Notlage der juristischen Anfechtung des Testaments, die mit dem Prozess eintrat, im Safe des Verlags parat liegen.

Aufschlussreich ist in diesem Zusammenhang die Einschätzung des dem Verlag keineswegs feindlich gesinnten Kammergerichts Berlin, das 1995 im Streit um die Gültigkeit der beiden Testamente in letzter Instanz verbindlich entschieden hatte, dass gegenüber dem gemeinsam mit Elisabeth Johnson in zwei leicht differenten Fassungen aufgesetzten Testament von 1975 alleine Johnsons letzter Wille von 1983 anzuerkennen sei. In seinem Urteil räumte es – auch angesichts der damals in der Vorinstanz eingeklagten Vorlage des »Statements« – einen denkbaren, wenn auch nicht beweisbaren Zusammenhang zwischen der Entstehung des neuen Testaments und der zuvor angedrohten Aussetzung der Zahlungen ab April 1983 ein: »Selbst wenn davon auszugehen wäre, daß die [Suhrkamp Verlag AG] dem Erblasser [...] die Einstellung der Vorauszahlung von zuletzt monatlich 3.000,00 DM zum 31. März 1983 als künftiges Übel angekündigt hat, um ihn zur Errichtung des Testaments vom 22. März 1983 zu bestimmen, [...] so ließe sich jedenfalls die Ursächlichkeit einer etwaigen Drohung für die am 22. März getroffene letztwillige Verfügung des Erblassers nicht feststellen.«

XI.

Eine weitere gravierende Abweichung in Unselds Darstellung der Geschichte wird erkennbar, wenn man die von Johnson in die Welt gesetzte und von Unseld treulich gepflegte Legende, der eheliche Verrat sei schuld daran, dass die *Jahrestage* so lange Zeit unabgeschlossen geblieben seien, chronologisch betrachtet. Schon das eingangs zitierte Geständnis Johnsons aus dem Herbst 1973, er könne die *Jahrestage* nicht mit Band drei beenden, sondern müsse dem Epos einen vierten Band hinzufügen, der ihm noch Mühe mache, weist darauf hin, dass der erste Grund für die Verzögerung schon 1973, also fast zwei Jahre früher als von Johnson bekundet, eingetreten war. Es folgen in Briefen mehrfache Hinweise auf die Schwierigkeit, das Werk fortzusetzen, die Johnson mit dem Umzug in die Einsamkeit der südenglischen Küstenregion aus dem Weg zu räumen hoffte. Als ihn Siegfried Unseld im Oktober 1974 dort besucht, kommt es zu einem entscheidenden Gespräch, das nochmals unterstreicht, wie manifest die Schreibhemmung schon damals war. Johnson versprach, diese bis zum Sommer 1975 zu überwinden, das heißt, das druckfertige Manuskript bis zum Frühling des Jahres abzuliefern. In Unselds Aktennotiz heißt es: »Ich sah dort sein Haus. [...] Wir machten lange Spaziergänge, diese in kühler Seeluft, die aber angenehm, wenn auch ermüdend war. Dann waren wir so müde, daß wir die Gretchenfrage besprechen konnten: er will den vierten Band nun auch hinter sich bringen, freilich: einen Termin will und will er nicht nennen, aber eines ist sicher: im 1. Halbjahr 1975 würde das Buch in corpore erscheinen, also spätestens zum Jubiläum ausgeliefert werden können.«

Zudem ist daran zu erinnern, dass die zerstörerische Erkenntnis des politischen Verrates, die Johnson laut »Statement« 1978 traf, in den *Begleitumständen* ebenfalls ins Jahr 1975 gerückt wurde. Obwohl Unseld als Einziger die Legende hätte revidieren können, da die notarielle Erklärung im Verlagssafe lag, machte er nicht Gebrauch von dem »Statement«, legitimiert vom Wunsch Uwe Johnsons, dass dieser Text nicht öffentlich werden sollte. Autor und Verleger stützten sich gegenseitig im Anliegen, die Legende nicht in der Chronologie umschreiben zu müssen.

Der biographische Hintergrund der *Skizze* wird entsprechend den Vorgaben Uwe Johnsons auch in dem vom Verlag beauftragten Nachwort referiert, das Norbert Mecklenburg zu der um einen Text von Max Frisch erweiterten Neuausgabe im Jahr 2009 schrieb: »[Uwe Johnson] machte 1975 selber eine tiefgreifende Ehe-, Arbeits- und Lebenskrise durch. Mit Herzinfarkt, Vertrauensverlust gegenüber seiner Frau als Mitarbeiterin, lange anhaltender Erinnerungssperre und Schreibhemmung. Seine Sicht davon hat er später in dem Buch *Begleitumstände* öffentlich mitgeteilt. Diese Krise blockierte für lange Zeit die Arbeit an den *Jahrestagen* und verwies den Autor darum an andere, kleinere Projekte [...]. Er suchte von der eigenen Ehe-Erfahrung Abstand zu gewinnen, fiktionalisierte sie in verschiedenen Ansätzen, verfremdete sie zu einem literarischen ›Versuch über falsche Ehe‹.« Mecklenburgs Nachwort hält sich scheinbar neutral an die Wiedergabe der Sicht Johnsons, ohne auf gebührende historische Distanz zu gehen. Den kritischen Blick beschränkt Mecklenburg allein mit philologischer Genauigkeit und literarischer Kenntnis auf das »intertextuell eng verwoben[e] Themengeflecht«, das »Liebe, Verrat und Tod, Ehe und Mann-Frau-Beziehung, Eifersucht, Schuld und Leiden an dem falschen Bild, das man sich vom Partner gemacht hat«, in der *Skizze* bilden. Das Interesse des Verlages, dass die von Siegfried Unseld sanktionierte Sicht erhalten bliebe, war wohl nicht ohne Einfluss darauf, dass der hervorragende Kenner von Werk und Leben die günstige Gelegenheit verstreichen ließ, über die Genealogie des Textes genauer aufzuklären.

Den eingeschränkten Rahmen der möglichen Ausdeutung hatte Siegfried Unseld selbst gesetzt, als er 1994 das große Johnson-Lesebuch *Wohin ich in Wahrheit gehöre* mit einem »Nachwort« versah. Dies reproduzierte genau das schwarz-weiße Bild, das sein Autor ihm in der eigenen Schreibnot gezeichnet hatte, und ergänzt es in aller Bescheidenheit um eine Passage des großen Freundschaftsbriefs von 1979. Nach den früheren Ausführungen von *Wohin ich in Wahrheit gehöre* stehen sich nun der gute Freund und die böse Witwe erneut schroff gegenüber: »»Ich konnte begreifen, daß es eher Vertrauen war, was Du in mich investieren wolltest, und ich danke Dir, daß ich bis auf den heutigen Tag ohne eine solche Unruhe arbeiten konnte.‹ Doch eine andere Unruhe bestimmte seit 1975 sein Leben. Er hat das in dem Buch *Begleitumstände* beschrieben, das seine Frankfurter Vorlesungen zum Ausgangspunkt hatte. ›Ja. Es ist auf einige Jahre gelungen, mich abzubringen von dem Weiterschreiben an diesem Buch. Das war einmal ein Begleitumstand.‹«

XII.

Sowohl die *Begleitumstände* als auch die *Skizze eines Verunglückten* erhoben den Vorwurf des Verrats in der Möglichkeitsform, die dem Autor noch einen gewissen inneren Abstand ließ. Mit dem im Indikativ verfassten »Statement«, das Faktisches berichtet, büßte Johnson bei aller Verborgenheit des Textes die literarische Freiheit ein. Der Schriftsteller hatte gegen das Credo seines Erzählens verstoßen, das er 1975 im Vorwort der *Stich-Worte* formuliert hatte: »nie wieder einen Schriftsteller einzuengen auf eine noch so beweisbare Kategorie.«

Unseld ging es vor allem darum, bis zuletzt die Legende der Freundschaft unkritisch fortzuschreiben. Öffentlich bildete Johnsons Brief zum zwanzigjährigen Gedenken an Peter Suhrkamp den schönsten Beleg. Ohne Zweifel wünschte sich Johnson, als er 1979 so emphatisch über die Freundschaft mit Siegfried Unseld schrieb, dieser möge dauerhaft dem idealen Bild entsprechen, das im Zeichen der Verlegerlegende Peter Suhrkamp stand. Doch als die *Jahrestage* nicht fertig wurden und ihr Autor immer tiefer in eine auch klinisch bedeutsame Lebenskrise geriet, befreite sich Siegfried Unseld Mitte 1982 plötzlich vom Bild des Verlegerfreundes, der Geschäftsinteressen zurückstelle. Johnson bemühte sich nun vergeblich, den Freund an dieses beidseits gehegte ideale Bild der Freundschaft zu erinnern. Siegfried Unseld entzog sich der imaginierten Wirklichkeit und wurde – soweit das der Briefwechsel alleine zu beurteilen zulässt – zur vieldeutigen Erscheinung eines Verlegers, die er selbst in einer Rede beschrieben hatte, aus welcher die Editoren des Briefwechsels Johnson–Unseld zitieren: »Was ist die Beziehung? Ist sie Freundschaft, Wahlverwandtschaft, Zweckverband, Notgemeinschaft, ist sie Zuneigung, Fürsorge, Pflicht, Spaß, ist sie Illusion, Lüge [...]«?

Dabei war Unselds Interesse an den Rechten an Werk und Nachlass des schwer angeschlagenen Autors aus Sicht des literarischen und wissenschaftlichen Publikums begrüßenswert. Schließlich hätte Elisabeth Johnson sich als Erbin wohl kaum für die Veröffentlichung von privaten Briefen und Bildern eingesetzt. So aber konnten sowohl die Edition unveröffentlichter Texte und Briefe ungehindert voranschreiten als auch die Forschung ihre quellenbasierte Arbeit leisten. Die Einrichtung des Uwe Johnson-Archivs, das vom Verlag und der Universität Frankfurt finanziell unterstützt wurde, war bei aller rechtlichen Problematik ein erster, weichenstellender Schritt Siegfried Unselds. Nach seinem Tod im Jahr 2002 und dem bewegten Schicksal des Nachlasses mit einem Zwischenaufenthalt im Deutschen Literaturarchiv Marbach entstand an der Universität Rostock ein neues Archiv und wissenschaftliches Forum, ohne das die derzeit entstehende kritische Gesamtausgabe nicht denkbar wäre.

Diese Entwicklung der Johnson-Forschung zeigt den vorausschauenden Verleger als einen – mit Max Weber gesprochen – Verantwortungsethiker, der auch moralisch heikle Mittel nutzt, um ein – in diesem Falle – literaturpolitisch kluges, gutes Ziel zu erreichen. Im Nachwort zur Johnson-Anthologie *Wohin ich in Wahrheit gehöre*, das zur Zeit der Prozesse geschrieben wurde, reflektiert Unseld ansatzweise den Gebrauch fragwürdiger Mittel zum Erreichen seiner Ziele: »Meine Aufgabe war klar – ich mußte alles versuchen, Bedingungen zu schaffen, die es diesem Autor ermöglichten, wieder zu schreiben und die *Jahrestage* mit dem vierten Band zu vollenden. Fast jedes Mittel mußte mir recht sein: Bitten, Beschwörungen, Bedrängungen, und immer wieder hielt ich ihm vor, es sei Sache des Schriftstellers *zu sagen*, was er leide.« Was Unseld im Blick auf die *Jahrestage* schrieb, galt umso mehr für seine Absicht, die literarische und wissenschaftliche Erschließung des Nachlasses zu sichern. Aber hier hatte der Verleger zuletzt den Bogen weit überspannt. Man wünscht dem Verleger keinen Interpreten, der die Auswirkungen seines Verrats an dem von Johnson beschworenen Bild ihrer Freundschaft nach psychosomatischen und psychodynamischen Kategorien beurteilt, wie dieser sie selbst entlang der *Skizze eines Verunglückten* gegenüber der Ehefrau genutzt hatte.

Uwe Johnson stilisierte die Tragik des von ihm als umfassend erlebten Verrats zumindest in der *Skizze* zu großer Literatur, die das private Unglück vertiefte und zu einer öffentlichen Angelegenheit machte. Es ist kein Zufall, dass er in den *Begleitumständen* den Ursprung seines Schreibens in eine Szene legt, die den

Verrat – hier den politischen – zur Schicksalsfrage macht. Angesichts der ideologischen Verurteilung der »Jungen Gemeinde« im Frühjahr 1953 tritt ein »Jugendfreund aus Güstrow« – Uwe Johnson – mutig vor den FDJ-Verband der Philosophischen Fakultät an der Universität Rostock, lehnt die von ihm erwartete Denunziation des »verlängerten Arms der Terrororganisation BDJ« ab und bekennt stolz, »die Hetze und die Schikanen gegen eine Religionsgemeinschaft konstituiere einen mehrfachen Bruch der Verfassung der Deutschen Demokratischen Republik«. Johnson nahm als Mensch, der seine aufrechte Gesinnung herausgestellt hatte, so schildert er es rückblickend, die Relegation in Kauf, die ein kluger Verantwortungsethiker durch eine lavierende Erklärung vermieden hätte. Die Niederschrift dieses literarischen Erweckungserlebnisses in *Ingrid Babendererde* ließ den jungen Autor zum »Lehrling in diesem Beruf« werden, bevor er mit den *Mutmassungen über Jakob* sein frühes Meisterwerk ablieferte, dem die *Jahrestage* als reifes Epos folgten. Johnson schrieb in den *Begleitumständen* über diesen Anfang: »So bekam jemand seine ureigene Sache, seinen persönlichen Handel mit der Republik, seinen Streit mit der Welt darüber, wann etwas eine Wahrheit ist und bis wann eine Wahrheit eine Bestrafung verdient. Da ihm verwehrt ist, dies öffentlich auszutragen, wird er es schriftlich tun.«

Es stellt eine Ironie der Geschichte dar, dass genau jener Mann, den Uwe Johnson 1980 in den *Begleitumständen* als »Vertrauten [...] des tschechoslowakischen Staatssicherheitsdienstes« diffamiert, sich als politisch unbeugsamer Geist erwies, dem Johnson unter anderen Umständen in den *Jahrestagen* ein Denkmal errichtet hätte. Vielleicht gehörte Tomislav Volek sogar zu jenen an der Prager Akademie der Wissenschaften, die das »Manifest der

2000 Worte« mit auf den Weg gebracht hatten, welches Johnson in Gänze in das Epos aufgenommen hatte. Unheimlich ist es, weiter zu fragen, welchen Einfluss Elisabeth Johnson auf die Aufnahme des Textes hatte. Wie auch immer: Nach dem Ende des Prager Frühlings hatte es der Musikwissenschaftler gewagt, in dem erzwungenen Schweigen einen internationalen Vortrag zu nutzen, um 1976 seine Stimme in einem Aufsatz gegen das politische Diktat zu erheben, und daraufhin die soziale Marginalisierung erduldet, die ein erwünschter Widerruf seiner provokativen Thesen verhindert hätte. Mit Johnson verband Volek in der Sache, dass diese Kritik an den staatlichen Vorbehalten gegenüber aller Kunst, die nicht dem Regelwerk des sozialistischen Realismus gehorche, einen Vergleich mit der Praxis der Nationalsozialisten einschloss, die »entartete Kunst« ideologisch zu verdammen. Johnson hatte in Ernst Barlach eine einsame Randfigur solch aufrechten Schaffens verehrt, über ihn sogar seine Diplomarbeit geschrieben.

Wie schwer der Umgang mit der Wahrheit im Regelfall ist, zeigen die reifen Werke Johnsons in seltener Form. *Ingrid Babendererde* ist von Peter Suhrkamp trotz der berückend schönen Passagen jugendlichen Idealismus' und Liebens nach der ersten Begeisterung, aus dem Manuskript ein Buch machen zu wollen, vielleicht als zu wenig »welthaltig« abgelehnt worden, weil die reine Gesinnung des politischen Widerstands nicht deutlich genug in Frage gestellt wird. Die *Skizze eines Verunglückten* liegt kunstvoll genau auf dieser frühen Linie, sucht und bietet einen jugendlichen Enthusiasmus, der als Ideal literarisch einnehmend wirkte, aber in der Realität so kaum zu finden ist. Mit anderen Worten: Johnson kehrt in der Novelle zu den »Träumen seiner Jugend« zurück, denen sich so ohne Ambivalenz hinzugeben er sich in den *Jahrestagen* kaum mehr erlaubte. Dass die so seltene Gesinnung gerade jener Prager Wissenschaftler zeigte, in dem Johnson in übersteigertem Misstrauen einen Geheimdienstmitarbeiter meinte erkennen zu können, wirkt beklemmend.

Ein Unglück ist es zudem, dass Elisabeth Johnsons jugendliche Begeisterung für Tomislav Volek, die sie sich über die Anfänge hinaus zumindest im geheimen brieflichen Gespräch als privaten Raum ihrer selbst erhalten wollte, so fatale Auswirkungen auf das Verhältnis zu ihrem Mann hatte, als sie ihm nach Jahren des Schweigens davon berichtete. Wie immer die Situation gewesen sein mag, als Max Frisch das Thema der Freiheit in der Ehe ins Spiel brachte; vielleicht war Elisabeth Johnson überzeugt, ihr Mann werde den zuletzt harmlosen Charakter des Verhältnisses anerkennen, auch wenn ihm dessen gezielte Verheimlichung kaum erträglich schien. Aber auf Dauer wollte und konnte Johnson in seiner – klinisch beförderten – Eifersucht wohl nur unter dem Zeichen der Staatssicherheit den radikalen Bruch des Vertrauens wahrnehmen, den er empfand, selbst bedürftig, den nächsten Menschen umfassend zu erkennen und in dieser Kenntnis als Mensch und Schriftsteller ganz zu besitzen. Dabei schätzten beide Johnsons Max Frischs frühes Notat zum biblischen Bilderverbot, dem in den *Stich-Worten* ein Platz eingeräumt ist. Ein zentraler Satz lautet: »Es ist bemerkenswert, daß wir gerade von dem Menschen, den wir lieben, am mindesten aussagen können, wie er sei.«

Die Gesinnung der Eindeutigkeit, deren Mängel Uwe Johnson bei den literarischen Figuren der *Jahrestage* so wunderbar darzustellen verstand, wird in der *Skizze* im Zeichen der idealen Liebe gerade im Verlust einsam beschworen und erlitten. Die »Leiderei«

des Herrn Hinterhand war auch seinem Autor bitterernst. Diese tiefgründige wie abgründige Möglichkeit des Menschen hat Karl Jaspers, der philosophische Lehrer und Gesprächspartner Hannah Arendts, einmal scharf umrissen und solches Leiden emphatisch gerechtfertigt:»Daß er nicht Gott ist, läßt den Menschen klein sein und zugrunde gehen; – daß er die menschlichen Möglichkeiten bis zum Äußersten treibt und an ihnen selber wissend zugrundegehen kann, ist seine Größe. Daher ist im tragischen Wissen wesentlich, woran der Mensch leidet und scheitert«.

Blicken wir noch einmal auf Hannah Arendt, die für Johnson die politisch aufrechte Gesinnung des deutsch-jüdischen Exils beispielhaft vertrat. Die Philosophin zeigte für die Innere Emigration ehemaliger Freunde in ihrer Vieldeutigkeit nach 1945 großes Verständnis. Auch Menschen werden aneinander schuldig, sie bleiben sich und anderen vieles schuldig. Sie sind – wie Arendt ironisch mit Lessing sagte – nur»eingeschränkte Götter«, für welche platonische Ideen gefährliche Versuchungen darstellen. Angesichts menschlicher Fehlbarkeit und Verfehlungen beschrieb Hannah Arendt in *Vita activa oder Vom tätigen Leben* die Möglichkeit des Verzeihens als eine notwendige Dimension unseres Zusammenlebens. Ihre enthusiastischen Sätze sind nicht ohne den spannungsvollen Hintergrund ihrer eigenen Ehe denkbar. In großer Unbefangenheit knüpft Arendt, die neben Philosophie auch protestantische Theologie studiert hatte, an die legendäre Gestalt Jesu an, um anzuzeigen, wie der Mensch auch in säkularen Zeiten gemeinsame Neuanfänge verwirklichen könne: »Was das Verzeihen innerhalb des Bereiches menschlicher Angelegenheiten vermag, hat wohl Jesus von Nazareth zuerst gesehen und entdeckt. Daß diese Entdeckung in einem religiösen Zusammenhang gemacht und ausgesprochen ist, ist noch kein Grund, sie nicht auch in einem durchaus diesseitigen Sinne so ernst zu nehmen, wie sie es verdient. [...] Verzeihen ist die einzige Reaktion, auf die man nicht gefaßt sein kann, die unerwartet ist, und die daher, wiewohl ein Reagieren, selber ein dem ursprünglichen Handeln ebenbürtiges Tun ist. Weil das Verzeihen ein Handeln eigener und eigenständiger Art ist, das zwar von einem Vergangenen provoziert, aber von ihm nicht bedingt ist, kann es von den Folgen dieser Vergangenheit sowohl denjenigen befreien, der verzeiht, wie den, dem verziehen wird. Die Freiheit, welche die Lehre Jesu in dem Vergebt-einander ausspricht, ist negativ die Befreiung von Rache, die, wo sie das Handeln wirklich bestimmt, die Handelnden an den Automatismus eines einzigen, einmal losgelassenen Handelnsprozesses bindet, der von sich aus niemals zu einem Ende zu kommen braucht.«

Skizze einer Verunglückten
Ulrike Meinhof

I.

Die Studienstiftung des deutschen Volkes ließ im Februar 1955 ein Gutachten über Ulrike Meinhof verfassen. Man war auf der Suche nach außergewöhnlichen Studenten, die sich als akademische Elite durch selbständiges Denken auszeichnen sollten. Emphatisch schrieb Adolf Dabelow, ein Mainzer Anatom: »Der persönliche Eindruck und das Ergebnis der Unterhaltung stehen im Niveau weit über dem, was das Abiturzeugnis erwarten läßt. Klar im Denken, schnelle logische Ordnung komplizierter Gedankengänge, gute Disposition an sich ungeordneter Komplexe des Unterhaltungsthemas.« Der Mediziner würdigte besonders den herausragenden Charakter der jungen Pädagogin: »In sich geschlossene, harmonisch gewachsene, kluge und offenbar menschlich sehr schätzenswerte Persönlichkeit. Kluge, ruhig bescheidene, aber feste Entschiedenheit in ihrem Urteil. Vertritt eigene Meinung taktvoll und bestimmt.«

Betrachtet man dieses Persönlichkeitsprofil, so kann man sich kaum vorstellen, dass die skizzierte Person fünfzehn Jahre später als ein »Staatsfeind Nr. 1« gelten und steckbrieflich gesucht werden wird. Wie ist der ungeheure Wandel zu verstehen, der in der jungen Bundesrepublik Ulrike Meinhof zu einem intellektu-

ellen Kopf der RAF werden ließ, nachdem sie – gleich Gudrun
Ensslin und Horst Mahler – von der Studienstiftung als Mitglied
der studentischen Elite gefördert worden war? Der Kontrast von
profunder Nachdenklichkeit und radikaler Gewalt lässt an Heinrich von Kleist und seine Novelle *Michael Kohlhaas* denken, in
der es heißt: »Das Rechtgefühl aber machte ihn zum Räuber und
Mörder.« Lässt sich Gleiches auch von Ulrike Meinhof sagen, die
vor dieser Zeit zur Berliner APO gehörte, die, von Rudi Dutschke
charismatisch geführt, den »aktionistischen« Widerstand gegen
die Große Koalition unter Bundeskanzler Kurt Georg Kiesinger,
insbesondere gegen deren Notstandsgesetze und Allianz mit den
Vereinigten Staaten initiierte und inszenierte?

Ein Schriftsteller, der schon früh in Berliner Intellektuellen-
kreisen dieser Jahre einen Blick für die Möglichkeit einer stufen-
weisen Radikalisierung zeigte, war Uwe Johnson. In seiner dortigen Wohnung – Johnson selbst lebte damals in New York – spielte
sich 1967 das schillernd aktionistische Treiben der *Kommune 1*
ab, bis hin zu den Vorbereitungen für das berühmt-berüchtig-
te »Pudding-Attentat« auf den amerikanischen Vizepräsidenten.
Horst Mahler telegraphierte Johnson als Anwalt der Kommunar-
den: »Sprengbombengeschichte Erfindung der Polizei. Nur Rauch-
bomben gefertigt. Soweit alles ok. Mahler, Rechtsanwalt«. Zuletzt
wurde mit Hilfe von Günter Grass Johnsons Berliner Wohnung
geräumt, bis dieser im Sommer 1968 wieder zurück nach Berlin
zog und vor Ort die linke Protestbewegung beobachtete. Bis in
seinen Romanzyklus *Jahrestage* hinein karikierte er in der Folge
den Typus des wohlfeilen Gesinnungsgenossen, den er vor allem
in seinem zeitweiligen Freund, dem ebenfalls bei Suhrkamp ver-
legten Hans Magnus Enzensberger verkörpert fand. Ihm behagte

nicht, wenn das Abenteuer der Revolution, das Fidel Castro begeisternd in Kuba vor Augen stellte und das mit Che Guevara als Märtyrer der Befreiung Südamerikas seine internationale Ikone fand, westliche Vertreter nur gelegentlich Worte und Geld kostete.

Vielmehr reizte und begeisterte Johnson die Gesinnung von Menschen, die dauerhaft – freiwillig oder unfreiwillig – mit ihrem Leben für eine gerechtere Welt einstanden. So nimmt es nicht wunder, dass er fünf Jahre nach der Querele um die *Kommune 1* seinem Verleger Siegfried Unseld empfahl, Thomas Powers' Buch *Diana. The Making of a Terrorist* übersetzen zu lassen: »Die Lebensgeschichte von Diana Oughton, geboren 1942 in einer Landstadt von Illinois als Kind reicher Eltern, die am 6. März 1970 umkam bei dem Versuch, eine Bombe für terroristische Zwecke zu konstruieren.« Seine Schilderung zeigt ein feines Gespür für den gewissenhaften Untergrund, auf dem die Gewaltbereitschaft erwächst: »Die Sache dieses Lebens: wie ein privilegiertes Kind in den U.S.A. mehr Musse hat und gerade durch Erziehung mehr anfällig wird für Moralismen. Wie ein Kind auf die Befestigung seiner Privilegien verzichtet und es vorzieht, die Beseitigung der Ungerechtigkeiten auf eigene Faust zu versuchen.« Johnson zeichnet Diana Oughtons Weg der Radikalisierung nach, der verblüffende Parallelen zu jenem hat, den Ulrike Meinhof nahm, wenn es heißt, dass die junge Amerikanerin mit ihren Freunden zuletzt in »immer radikalere Organisationen« geraten sei, »bis sie in die Illegalität gezwungen werden und Wirkung nun mit Bomben anstreben«. Gerade deshalb denkt Johnson an eine Übersetzung: »Von Interesse für studentische Leser in Deutschland könnte die Parallele sein in der Entwicklung von der Kommune bis zu der Gruppe um Frau Meinhof.«

Vier Jahre später, zehn Tage nach Ulrike Meinhofs Tod, fragte Johnson am 19. Mai 1976 seinen alten Freund Fritz J. Raddatz betroffen im Brief, unschlüssig, ob es sich um einen politisch motivierten Freitod handeln könnte oder eher nicht: »Was sagt man bei Ihnen über den Tod von Ulrike Meinhof? Das Zeugnis der Schwester spricht doch sehr stark gegen die Annahme eines Selbstmordes. Halten Sie für möglich, das U. M. diese Art zu sterben wählte in der Hoffnung, ihrer Bewegung eine Märtyrerin zu schaffen?« Johnsons Frage kann dieser Essay nicht gültig beantworten; aber er will eine Skizze entwerfen, wie Ulrike Meinhof unter den Umständen ihrer Zeit und Lebensgeschichte zur Terroristin geworden sein könnte. Ihr Fall vermag meines Erachtens mit Kleist das Unglück andeuten, das sich Mensch und Gesellschaft gegenseitig bereiten, wenn die unlösbare Frage nach ihrer Gerechtigkeit so auf die Spitze getrieben wird, dass grenzenlose Gewalt gegen andere und die eigene Person die Folge ist.

II.

Ulrike Meinhof wurde im Juni 1972 in Hannover verhaftet. Erst die röntgenologische Untersuchung erlaubte die eindeutige Identifizierung der gehetzten und abgezehrten Frau. Das Bild – vom *stern* veröffentlicht – zeigt die scharfen Konturen der Metallklammer, mit der ein Gefäßtumor im Jahr 1962 versorgt worden war. Der Tübinger Neuropathologe Jürgen Peiffer plädierte nach ihrem Tod aufgrund seiner Befunde auf verminderte Schuldfähigkeit. Diese Sicht schüttete Öl ins Feuer konservativer Kreise, die Meinhofs politisches Anliegen sehr gerne durch den Hinweis auf die pathologische Verursachung der Gewaltanwendung entwertet sahen. Der Kommentar von *Bild* ist sprechend: »Angeblich habe die Neuro-Pathologie festgestellt, daß ein Hirnschaden, Spätfolge einer Tumoroperation, Ulrike Meinhof zur kaltblütigen Terroristin gemacht habe.«

Ein Vierteljahrhundert nach Meinhofs Tod wurde ihr Gehirn von dem Magdeburger Neuropsychiater Bernhard Bogerts nochmals mit bildgebenden Verfahren untersucht. Der Spezialist für Gewaltverbrechen hatte das in Tübingen verwahrte Organ erhalten. Der *Spiegel* fragte, welches »letzte Geheimnis« das »Gehirn des Terrors« berge, »welcher Dämon Meinhof so unbändig hassen ließ, so eiskalt handeln«. Der Neuropathologe stellte mit dem viel feineren Instrumentarium eine Läsion des limbischen Systems fest, die sowohl auf eine Operation des Sinus cavernosus als auch auf zuvor verursachte Druckschäden des Gefäßtumors zurückgingen. Bogerts nutzte den aufsehenerregenden Fall, um seine Methodik als diagnostisch entscheidend in den Vordergrund zu rücken. Auch wenn er lebensweltliche Einflüsse auf die plastische Entwicklung des Gehirns, besonders in der frühkindlichen Zeit, zur Sprache brachte, lag es dem Neuropsychiater fern, die innere Biographie von Ulrike Meinhof mit ins Kalkül zu ziehen. Aber die Wirklichkeit ist nicht auf einen Punkt zu bringen, wenn man das Verhalten eines Menschen näher bestimmen will.

Gerade Ulrike Meinhof bietet im Horizont ihrer Bildungsgeschichte ein Beispiel dafür, welche erheblichen Einsichten die andere Seite des psychiatrischen Denkens, das geisteswissenschaftliche Verstehen, über die Entstehung ihrer Gewaltbereitschaft bieten kann. Karl Jaspers hatte die Methode nach 1900 im Heidelberger Umfeld von Max Weber entwickelt. Prämisse dieses Ansatzes war die Überzeugung, dass persönlich vertretene Ideen und Wertvorstellung bei gesunden oder kranken Individuen eine psychodynamisch sehr starke Wirkung besitzen können, ohne dass biologische Gründe für das Verständnis menschlichen Fühlens, Denkens und Handelns zu vernachlässigen wären.

Insofern stellt die nach vier Jahrzehnten der Geheimhaltung im Jahr 2016 veröffentlichte »Meinhof Akte« der *Studienstiftung des deutschen Volkes* einen Glücksfall dar. Sie erlaubt in Ergänzung zu den bisher bekannten Quellen, Ulrike Meinhofs innere Entwicklung in der universitären Phase in ganz neuen Details nachzuvollziehen. Tatsächlich ließen die bisherigen Quellen vermuten, es liege eine verständliche Entwicklung vor, die über fünfzehn Jahre zur Radikalisierung in der RAF geführt habe. In Verbindung mit den weiteren biographischen und sozial-, zeit- und ideengeschichtlichen Darstellungen lässt sich die Verwandlung von einer gewissenhaften Protestantin in eine scheinbar skrupellose Terroristin aufweisen. Dabei stellt die in den Studienjahren begrifflich fundierte Form ihres kommunikativen Verhaltens ein strukturelles Kontinuum dar, welches das Ende von Meinhofs Leben auf unheimliche Weise mit dessen intellektuellen Anfängen verknüpfen lässt.

III.

Ulrike Meinhof wurde 1934 als zweite Tochter in eine bildungsbürgerliche, »sehr deutsche Familie« hineingeboren, in der, folgt man der Biographin Jutta Ditfurth, politisch zwei Welten aufeinander stießen. Werner Meinhof, der Vater, entstammte als jüngstes von zehn Kindern einer deutschnational eingestellten Pastorenfamilie. Die Mutter hingegen war die einzige Tochter eines sozialdemokratischen Schuldirektors, der zur Zeit der Heirat in der Weimarer Republik als »roter Außenseiter« galt. Ingeborg Meinhof verzichtete um der Familiengründung willen auf das Studium. Ihr Mann suchte nach der Machtübernahme Hitlers zeitgemäß Karriere zu machen. Jedoch stellte sich mit dem Eintritt in die NSDAP der berufliche Erfolg nicht umstandslos ein. Dem promovierten Kunsthistoriker gelang es nicht, sich in Oldenburg, einer frühen Hochburg des Nationalsozialismus, am Landesmuseum dauerhaft durchzusetzen. Erst mit dem Wechsel an das Stadtmuseum in Jena erhielt Werner Meinhof 1936 einen gewissen Gestaltungsfreiraum, wobei die ersehnte Professur trotz der parteilichen Förderung mangels akademischer Meriten unerreichbar blieb. Der berufliche Erfolg und die bürgerliche Lebensführung der Familie waren ansehnlich. Doch gefährdete bald eine leidenschaftliche Affäre der Mutter den Familienfrieden, der notdürftig wiederhergestellt wurde, als eine letztlich tödliche Tumorerkrankung des Vaters Ende der 1930er Jahre auftrat.

Ein Jahr nach dem Tod des Vaters erschien 1941 bei Eugen Diederichs eine Sammlung seiner Aufsätze, die – meist in kirchlichen Zeitschriften erschienen – auch eine innere Distanz zur Zeit aufweisen. Denn Meinhof gehörte mit seiner Frau seit der Oldenburger Zeit zur »Renitenz«-Gruppe, einer verschwindend kleinen protestantischen Sekte, die sich umso strenger zu behaupten suchte. In der Anthologie *Lebendige Anschauung* zeigt sich die Skepsis gegenüber dem politischen Zugriff auf den inneren Menschen, welcher der Religion vorbehalten sei. Jedoch beruht diese Haltung auf einer äußeren Affirmation, die in Meinhofs Bejahung des »Führerprinzips« spürbar wird: »Der Führer ist Repräsentant der Nation.« Seine Erläuterung scheint die Autorität der politischen Macht zu unterstreichen, wenn es weiter heißt: »In diesem Zusammenhang hat der Einzelne nicht mehr mit dem

Gewissen, wo es auch sei, die Wahrheitsfrage zu stellen oder die Frage nach Gut und Böse, sondern lediglich die Frage nach der sozialen Unverfänglichkeit.« Die religiöse Reserve gegenüber der Zeit wird jedoch evident, wenn Meinhof das Buch mit dem Bekenntnis schließt: »Es bleibt nur ein Ort, wo die Schlüssel der Wahrheit bewahrt werden und damit die Schlüssel der Zukunft, auch der deutschen Zukunft: die von den Prinzipen der Revolution unberührte, d. h. die von den Gesetzen des Staates in ihrem Auftrag und in ihrer Gestaltung freie Kirche.«

Werner Meinhof steht ganz in der protestantischen Tradition von Luthers Zwei-Reiche-Lehre. Der Mensch ist als Bürger der irdischen Ordnung untertan. Aber als Bürger des göttlichen Reiches, das einmal kommen werde – so hat es Augustinus zur Zeit des Niedergangs des Römischen Reiches zuerst beschrieben –, warte er auf eine andere Welt, die sich nach dem Tod enthüllen werde. Demnach können auf Erden allein Religion und Kunst Trost spenden: »Nur wenn ein Mensch kommt, der nicht von sich selbst betört oder bezaubert ist, ein Mensch, der ahnt, daß ihm etwas zur Vollkommenheit fehlt, dann vernimmt er, was ihm das Kunstwerk schweigend darbietet.« Für Meinhof steht die Kunst säkular im »Abendrot kirchlicher Eschatologie«: »Ohne diesen eschatologischen Blickpunkt gleicht die Geschichte freilich einem wirren Gemenge von Zufällen, die man tunlichst zusammenstampft und unter die Füße zu bekommen sucht.« Man kann resümieren: Werner Meinhof setzte seiner Zeit äußerlich nichts entgegen, sondern leistete lediglich zwischen den Zeilen seines Werks den innerlich eingeschränkten Widerstand eines deutschnationalen Menschen, der in Kunst und Religion die innere Flucht aus der Zeit antrat.

Die Mutter fügte sich auf ihre Weise in diese Welt ein, gehörte doch eine religiös geprägte deutschnationale Autorin wie Ina Seidel, die bekannt war für ihre Huldigungen Hitlers, zu ihren Lieblingsautoren. Ein Anflug von Distanz zur Zeit lässt sich entgegen Ditfurths Deutung jedoch darin sehen, dass Ingeborg Meinhof einer Freundin, die ohne deren Wissen im Widerstand aktiv war, gerade Seidels frühen Roman *Das Labyrinth* als das »beste Buch« einer lebenden Autorin empfahl. Denn dessen Held ist niemand anderes als Georg Forster, der kosmopolitische Anhänger der Französischen Revolution, der die Mainzer Republik mitbegründete und mit vierzig Jahren als unglücklicher Märtyrer in Paris starb, als die gute Sache sich selbst zu zerstören begann.

Mit pragmatischem Geschick gelang es der Mutter, die privilegierte Stellung der nun vaterlosen Familie in Jena zu erhalten und – unterstützt vom Oberbürgermeister – selbst Kunstgeschichte bis zur Promotion zu studieren. Eine Mitstudentin, die junge Anthroposophin Renate Riemeck, zog als Untermieterin zu den drei Meinhofs und wurde bald zur Geliebten der Mutter. Dieser fiel es nicht schwer, rasch zur rechten Hand und später sogar zur wissenschaftlichen Assistentin des stramm nationalsozialistischen Leiters des Historischen Seminars zu werden. Auch wurde Riemeck zu einer politisch zentralen Figur der Arbeitsgemeinschaft Nationalsozialistischer Studentinnen. In die Kriegsjahre fielen zudem ihr Eintritt in die Partei wie auch wieder ihr Austritt.

Als die Amerikaner im April 1945 in Jena einmarschierten, arrangierte sich die strebsame wie wendige Junghistorikerin sofort mit den neuen Verhältnissen. Man stufte Renate Riemeck als »unbelastet« ein und wies ihr – eine Ironie der Geschichte – die Aufgabe zu, die Papiere ihrer Fakultätsangehörigen zu sichten. Kurz vor dem Abzug der Amerikaner erhielten beide Frauen das Angebot, im fränkischen Berneck an einer Volksschule zu unterrichten. Von dort gelang es ihnen, mit Hilfe der weitverzweigten Meinhof-Familie nach Oldenburg zu ziehen und dort jeweils Anstellung als Gymnasiallehrerin zu finden. Politisch standen die Frauen nun entschieden auf Seiten der SPD, die Heinrich Albertz im Landtag vertrat. Wienke und Ulrike gingen beide auf Gymnasien. Sie wurden schon 1949 zu Vollwaisen, als Ingeborg Meinhof an den Folgen einer Tumorerkrankung starb. Renate Riemeck trat die Vormundschaft an.

Jahrzehnte später stilisierte sich die Ziehmutter in *Ich bin ein Mensch für mich. Aus einem unbequemen Leben* zur liberalen Einzelgängerin. Dass sie ihrer Selbstdarstellung allerdings misstraute, lässt der lange Passus zu Ulrike Meinhof ahnen. Dessen Schlusssatz liest sich auch als Apologie in eigener Sache: »Sie war ›ein Mensch mit seinem Widerspruch‹.« Betrachtet man Riemecks öffentliches Auftreten allein in der Zeit nach 1945, vertrat sie tatsächlich im restaurativen Klima der jungen Bundesrepublik einen politischen Protestantismus, der sie über die Anti-Atombewegung in Verbindung mit Albert Schweitzer, Hermann Hesse und dem Sekretär von Mahatma Gandhi brachte. 1960 schreckte sie bei massiven Anfeindungen von staatlicher Seite nicht davor zurück, ihre Beamtenstelle aufzugeben und – in beruflicher Unsicherheit – eine führende Rolle in der von ihr initiierten und von der ostdeutschen SED mitgetragenen Deutschen Friedensunion zu übernehmen. Insofern gibt es Stimmen, die hinter Riemecks liberaler Maske viel stärker die ideologische Kontur der frühen DDR zu erkennen meinen.

Insgesamt kann man sagen: Ulrike Meinhof wuchs in einem protestantischen Umfeld auf, das vor 1945 von politischer Anpassung geprägt war, während in der Bundesrepublik gerade ihre Ziehmutter alles tat, um ihr im engen vertrauensvollen Gespräch den Willen zum gesellschaftlichen Widerspruch nahezubringen. Die Nähe zur Politik der DDR wird Ulrike Meinhof in ihrem politischen Protest ebenfalls zeitweise prägen. Grundsätzlich wird es für sie – auch im Sinne des programmatischen Antifaschismus im Osten Deutschlands – zum wichtigen Anliegen, nicht selbst in die Falle eines neuen Nationalsozialismus zu tappen. Jürgen Seifert, ein studentischer »Genosse« der letzten Studienzeit, erinnert sich: »Ihr Denken kreiste um die Frage: Was sagen wir unseren Kindern, wenn sie uns fragen, warum habt ihr einen neuen Hitler nicht aufgehalten. Über die Analyse haben wir gestritten. Sie meinte, die Bundesrepublik sei auf dem Weg in einen neuen Faschismus. Ich teilte ihre Sorge, bin ihr in der Deutung der Bundesrepublik nicht gefolgt. So trennten sich unsere Wege.«

IV.

Ulrike Meinhof legte 1952 am humanistischen Gymnasium von Weilburg ihr Abitur ab, einer kleinen Stadt in Hessen, in die sie von Oldenburg zwei Jahre zuvor alleine mit Renate Riemeck gezogen war. Das Studium der Pädagogik begann sie im nahen Marburg. Dort empfahl man die Aufnahme in die Studienstiftung. Die Schule unterstrich ihre musischen Qualitäten und die herausragende Fähigkeit zur mündlichen und schriftlichen Kommunikation: »[J]edes Gespräch lenkt sie ins Ernsthafte und fühlt eine tiefe Verantwortung für die geistige und moralische Ausrichtung ihrer Mitschüler [...]. Die Klasse hat ihr daher bald Vertrauen geschenkt.

Sie spielt Geige und ist eine wesentliche Stütze des Schulorchesters. In Zusammenarbeit mit einem Mitschüler hat sie die Schulzeitung begründet und herausgegeben und dadurch für das Leben der Schule einen schätzenswerten Beitrag geleistet.«

Ulrike Meinhof studierte neben Pädagogik auch Psychologie, Philosophie, Geschichte und Kunstgeschichte. In der kleinen Universitätsstadt fiel sie als fromme Protestantin auf, die mit ihrem Kurzhaarschnitt nicht zufällig an Sophie Scholl und deren moralische Entschiedenheit erinnerte. Ihre Religiosität war streng ausgerichtet an kontemplativen Formen, die sie innerhalb der Evangelischen Studentengemeinde im »Berneuchener Kleinkreis« mit Liturgie und Meditation pflegte. Ihre Pädagogikprofessorin Elisabeth Blochmann, eine Vertraute Martin Heideggers, attestierte Meinhof in ihrem Gutachten zur Aufnahme in die Studienstiftung einen faszinierenden wie erschreckenden Extremismus im Denken: »Was einem an diesem jungen Menschen am meisten auffällt, ist, was man vielleicht als ihren existentiellen Ernst bezeichnen könnte. Hier liegt allerdings auch eine Gefahr für sie. Sie neigt dazu, Probleme theologisch zu radikalisieren, und ich habe den Eindruck, daß sie in letzter Zeit in eine gewisse geistige Krise geraten ist.«

Pfeife rauchend gab sich Meinhof in der kleinen Universitätsstadt zugleich den auffälligen Habitus einer Bohemienne, welche die neueste Literatur kannte und amerikanischen Jazz liebte. Konvention und Etikette galten ihr wenig, es ging um persönliche Authentizität. So wundert es kaum, dass Meinhof in der Pädagogik bald begeistert die »Ich-Du-Philosophie« Martin Bubers entdeckte, die auf das wahrhaftige, ernste und natürliche Gespräch zwischen Menschen setzt. Mit dem *Dialogischen Prinzip* wollte

Buber seit den Jahren der Weimarer Republik eine sinnvolle Ausflucht aus der modernen Massengesellschaft eröffnen. Der persönliche Dialog kann demnach für den modernen Intellektuellen in der technisch überformten Welt eine gehaltvolle, nicht autoritären Geboten geprägte Lebensorientierung schaffen. In einem Studienbericht zitierte Meinhof emphatisch aus Bubers *Ich und Du*: »Die Welt der Erfahrung gehört dem Grundwort Ich-Es zu. Das Grundwort Ich-Du stiftet die Welt der Beziehung.«

Am folgenden Studienort Wuppertal, wo Renate Riemeck an der Pädagogischen Hochschule lehrte, vertiefte Meinhof 1957 ihr Interesse am dialogischen Philosophieren. Sie erhielt rasch Zugang zum Zirkel um den Philosophen Oskar Hammelsbeck, einem Freund ihrer Ziehmutter. Sie ließ sich für die Idee der »existentiellen Kommunikation« begeistern, da ein solch intensiver Austausch erlaubte, individuell eine Form »kommunikativer Gewißheit« zu erlangen, wie der Semesterbericht erläutert. Hammelsbeck nahm Meinhof in sein Oberseminar auf, in dem vor allem Lehrer und Schuldirektoren saßen. Meinhof schrieb enthusiastisch an die Studienstiftung: »Für mich war diese Arbeitsgruppe sehr wesentlich, weil es dort die echte Möglichkeit des Gesprächs gab, aus dem, daß man dort miteinander philosophierte; und es scheint mir ohne Zweifel zu sein, daß auch das Philosophieren etwa im Sinne Jaspers', eine Form ist, die Fragen der Pädagogik anzugehen.«

Hammelsbeck selbst hatte nach dem Ersten Weltkrieg bei Karl Jaspers in Heidelberg studiert und erfahren, dass die an Kierkegaard historisch veranschaulichte Distanz zur bürgerlichen Mittelmäßigkeit die entscheidende Voraussetzung für solch eine lebenstragende Kommunikation sei. Sein Essay »Jaspers als Leh-

rer« erinnert an dessen zentrale Botschaft: »Der Mensch existiert nicht, wenn er nicht als Einzelner existiert. Er kann sich in
kein Allgemeines auflösen, ohne die Existenz zu verlieren.« Für
das Konzept der »existentiellen Kommunikation« bot Max Weber, bei dem Hammelsbeck ebenfalls studiert hatte, die soziologische Grundlage. Denn in der entzauberten und rationalistischen
Welt, so heißt es 1919 in *Wissenschaft als Beruf*, könnten lediglich
»kleinste Gemeinschaftskreise« dem Intellektuellen noch Sinn
vermitteln.

Nach 1945 war es angesichts der nationalsozialistischen Katastrophe für kritische Geister umso mehr geboten, kleine Re-
sonanzräume für ihre Sinnorientierungen zu bilden. Die literarischen, politischen, philosophischen und religiösen Zirkel
schossen in den Jahren des Neuanfangs wie Pilze aus dem Boden, manchmal mit dem historischen Bewusstsein der Schuld verknüpft, wie es 1946 Jaspers' Traktat *Die Schuldfrage* einforderte.
Für Hammelsbeck als Pädagoge blieb der Existenzphilosoph auch
nach der Gründung der Bundesrepublik die entscheidende Figur,
die ihre Stimme von Basel aus skeptisch erhob. Man erkennt das
Selbstbewusstsein des kritischen Außenseiters gut in den Zeilen,
mit denen Jaspers 1957 die Einladung zum Vortrag im Oberseminar ausschlug: »Ich weiß mich im Bunde mit einem verborgenen
Deutschland, zu dem ich zu gehören glaube. Nicht nur zahlreiche
Zuschriften aus allen Kreisen, auch von Arbeitern, nach Lektüre
meiner Schriften zeigen es mir, sondern auch der große Absatz
der meisten meiner Bücher. Nicht beachtet werde ich von Uni-
versitäten, Behörden, Kollegen, Fakultäten.«

Als Ulrike Meinhof nach einem Semester nach Münster
wechselte, blieb die Idee der »existentiellen Kommunikation«

für sie bedeutsam. Sie beschäftigte sich mit den Schriften des Jaspers-Schülers Otto Friedrich Bollnow: »Entscheidend scheint mir bei Bollnow die Übertragung eines existenzphilosophischen Geschehens zwischen zwei Menschen (Kommunikation bei Jaspers) auf ein Geschehen zwischen einem Menschen und einem Gehalt der Geistesgeschichte«. Dabei unterstrich Meinhof in ihrem emphatischen Semesterbericht vom Winter 1957/58, wie sehr das dialogische Gegenüber mit Jaspers dem Einzelnen notwendige Herausforderung bleibt. Sie sprach vom »Wagnis in seiner Härte«, wenn »der Mensch sein Selbst in der Begegnung aufs Spiel setzt, um es zu gewinnen oder zu verlieren«. Leitend ist ihr dabei Jaspers' »Verständnis von Kommunikation und dem ›liebenden Kampf‹ in der Kommunikation«.

Auch hielt Meinhof in Münster den Kontakt zu Oskar Hammelsbeck aufrecht; zugleich boten die dortigen Veranstaltungen die Gelegenheit, die liberal-konservative Schule um Joachim Ritter kennenzulernen. Bei ihm und seinen Schülern Odo Marquard wie Hermann Lübbe erfuhr Meinhof, dass die Entbehrungen im geschichtlichen Leben lediglich über Kunst, Literatur und Philosophie auszugleichen sind. Im Horizont einer konservativen Auslegung Hegels ist die Ritter-Schule davon überzeugt, dass die Wirklichkeit alleine noch in gedanklichen und künstlerischen Gestalten versöhnt betrachtet werden könne. Die »Schlachtbank der Geschichte« sei eine Realität, auf die Philosophen und Künstler nur mit großartigen Bildern des theoretischen und ästhetischen Ausgleichs reagieren können, ohne dass es gelänge, ihre Härten jenseits pragmatischer Ordnungsversuche zu nehmen.

Die damalige Offenheit für die Ritter-Schule stand noch im Banne der väterlichen Tradition. Diese hatte seit Marburg und

Wuppertal Ulrike Meinhofs Denken lange stark beeinflusst. So erwähnte Meinhof im Studienbericht vom Sommer 1956, als sie über die existentielle Bedeutung von Kunst schrieb, ausdrücklich das »Vorbild« des Vaters: »Er war mehr Museumsmann als nur Kunstwissenschaftler und an seinen Vorträgen [...] habe ich es eigentlich am deutlichsten gemerkt [...], daß Kunst wahrhaftig nicht ein Privileg der oberen Zehntausend ist«.

Aber die Welt der philosophischen Innerlichkeit, die Meinhof im Studium in den Ideen der existentiellen Kommunikation und ästhetischen Kompensation zum Bildungserlebnis geworden war, verlor in Münster zunehmend ihre Ausstrahlung. Auslöser ist Meinhofs wachsende politische Leidenschaft, die sie als Mitglied des Sozialistischen Deutschen Studentenbunds (SDS) entwickelt. Die rhetorisch begabte Studentin brillierte in der politisch aktiven Gruppe und rückte bis ins Zentrum der studentischen Bewegung gegen die Atombewaffnung der Bundeswehr auf. Sie organisierte eine große Demonstration mit rund 1200 Teilnehmern, die für »Kampf dem Atomtod« stand, und beeindruckte als Rednerin. Der damalige Mitstreiter Jürgen Seifert sprach begeistert, folgt man Jutta Ditfurths Biographie, von einem »ungeheuren Ereignis«: »An diesem Tage habe ich zum ersten Mal eine neue Rosa Luxemburg gehört.«

Geschichtsbewusst rechtfertigte Meinhof ihr politisches Engagement gegenüber der Studienstiftung: »Im Zusammenhang mit den studentischen Aktionen gegen die Atomaufrüstung steht mir selber immer wieder das Beispiel der Bücherverbrennung vom Mai 1933 vor Augen, wo es schon vier Monate nach Hitlers Machtübernahme möglich war, daß die nationalsozialistischen Studentengruppen den größeren Teil der Studentenschaft einfach überrumpelten, weil dieser in seiner politischen Indifferenz nicht zu Widerstand und Gegenaktion fähig war.« Ihr Semesterbericht demonstriert die politische Vertiefung ihres Blickes mit Ferdinand Tönnies' Unterscheidung von »Gemeinschaft und Gesellschaft«. Die »Gemeinschaft«, im »kleinen Kreis« [...] wesentlich durch personale Beziehung gestiftet«, sei zwar schätzenswert, aber nur im Horizont einer »Vermenschlichung der Gesellschaft«. Ihre Worte signalisieren deutlich die Kehre ins Politische: »Pädagogisches Denken aber ist – so scheint mir – immer zugleich politisches Denken, denn die Option für den Einzelnen kann die Sorge um das Ganze nicht ausschliessen und die Frage nach der Gegenwart des Einzelnen oder der Gruppe enthält immer schon die Frage nach seiner (ihrer) Zukunft, wenn der Mensch der etwaigen Geborgenheit von Elternhaus und Schule entwachsen – den gesellschaftlichen Mächten in erhöhtem Maße ausgeliefert ist.«

Die väterliche Welt des apolitischen Protestantismus wich weiter dem Einfluss der politisch ebenfalls in der Anti-Atomkraft-Bewegung engagierten Renate Riemeck. Auf deren Anregung kam es über den Münsteraner SDS in Ost-Berlin zum konspirativen Kontakt mit Mitgliedern der im Westen verbotenen KPD. Dieses Engagement hielt Meinhof gegenüber ihrem Verlobten verborgen, den sie schon in Marburg kennengelernt hatte. Sie brach mit ihm zum Jahreswechsel 1958/59, zumal der katholische Christ kein Problem darin sah, zukünftig als Kernphysiker dem staatlichen Anliegen zu dienen. Sofort nach der schmerzhaften Trennung stürzte sich Meinhof in die Vorbereitung des »Studentenkongresses gegen Atomrüstung«, der am 3. und 4. Januar 1959 in West-Berlin stattfand. Dies waren zugleich die Tage, an denen Fidel Castro mit seinen Guerillatruppen gezeigt hatte, dass revolutionäres Denken in ein erfolgreiches Handeln münden kann, wenn man mit ausreichend Wagemut und Leidenschaft in den Kampf gegen den übermächtigen Diktator zieht. Vor Ort bot Meinhof in der Diskussion über die atomare Bewaffnung beeindruckend Helmut Schmidt Paroli, der die neue Offenheit der SPD für diese von der Adenauer-Regierung gefällte Entscheidung zu rechtfertigen suchte. Zudem entzündete sich der spektakuläre Streit an deutschlandpolitischen Fragen, in denen der SDS eine Konföderation der Bundesrepublik mit der DDR propagierte, nicht zuletzt gefördert von der SED, was auf Initiative Herbert Wehners, einem ehemaligen Kommunisten, bald zu dessen Ausschluss aus der SPD führte.

V.

In der großen Wende zur politischen Existenz wurde Klaus Rainer Röhl für Ulrike Meinhof zur lebensgeschichtlich entscheidenden Figur. Der Herausgeber des überregionalen *Studentenkuriers* verstand es, die journalistische Begabung Meinhofs zu nutzen, nachdem aus der Zeitschrift das außerakademische Forum *konkret* geworden war. Beide Periodika waren ebenfalls von der SED seit der Gründung gestützt. Während ihr ausführlicher Brief vom Wintersemester 1958/59 noch den Willen zeigte, die Studienstiftung vom politischeren Kurs zu überzeugen, folgten nun zwei schmallippige Semesterberichte. Meinhof rechtfertigte ihr eingeschränktes Studieren besonders mit der vordringlichen Arbeit an der Dissertation – und erklärte zugleich, warum diese aus Gründen schwer zugänglicher Materialien kaum zu leisten sei. Lakonisch sprach Meinhof von dem, was sie am meisten bewegte:

»Nebenbei war ich in der Redaktion der Studentenzeitung ›Konkret‹ tätig, verantwortlich für Fragen der Außenpolitik und der Bildenden Kunst.«

Zum Wintersemester 1959/60 – Klaus Rainer Röhl ist zu dieser Zeit bereits länger ihr Lebensgefährte – wechselte sie nach Hamburg, zog mit Röhl und anderen *konkret*-Mitarbeitern zusammen und unterbrach schließlich die Arbeit an der Dissertation. Während die Vertreter der Studienstiftung teilweise irritiert reagierten, stieß Meinhof bei ihrem Vertrauensdozenten auf Verständnis. Der Jurist riet, die Forderung fallen zu lassen, »mit der Redaktion von ›Konkret‹ völlig zu brechen, [...] weil Fräulein Meinhof offenbar von einer politisch-sittlichen Verpflichtung zu dieser Mitarbeit getrieben wird«. Tatsächlich brach Meinhof ihr Studium 1960 ab, als sie Chefredakteurin von *konkret* wurde. Röhl übernahm zu dieser Zeit die Parteiwerbung für die Deutsche Friedens-Union, welche gleich seiner Zeitschrift in enger Verbindung mit der DDR stand und von Renate Riemeck angeführt wurde. Die Zeitschrift prangerte oft die personellen Kontinuitäten im Staat zum nationalsozialistischen Deutschland an und nahm damit ein Kernmotiv der DDR-Politik auf.

Ende 1961 heirateten Ulrike Meinhof, die junge Ikone des politischen Protestantismus, und Klaus Rainer Röhl, das Enfant terrible der bürgerlichen Kreise, und gründeten mit der Geburt ihrer Zwillinge im September 1962 sogar eine Familie. Die Operation des Gefäßgeschwulstes im Gehirn, das schwere wie andauernde Kopfschmerzen ausgelöst hatte, fiel in diese Zeit. In ihren Kolumnen provozierte die junge Mutter gezielt die bürgerliche Öffentlichkeit. Dennoch – oder genau deswegen – wird Meinhof bald auch als Autorin für das Radio gefragt sein. Sie schrieb erfolgreich und hielt der guten Gesellschaft den Spiegel des links-kritischen Gewissens vor.

Seit dem Eichmann-Prozess 1961 sind ausführliche Berichte über den Nationalsozialismus möglich. Nachdem Meinhof über den Münchener Prozess berichtet hatte, in dem der SS-General Karl Wolff trotz seiner Mitschuld am Tod von über 300.000 Juden allzu milde verurteilt wird, erteilte ihr Adolf Frisé den Auftrag für ein Radio-Feature. Meinhof interviewte Marcel Reich-Ranicki, der als Zeuge aufgetreten war, ausführlicher. Noch Jahrzehnte später fragte dieser rhetorisch in *Mein Leben*: »Warum hat sich Ulrike Meinhof, deren Zukunft ich nicht ahnen konnte, so tief in meinem Gedächtnis eingeprägt? Könnte dies damit zu tun haben, daß sie die erste Person in der Bundesrepublik war, die aufrichtig und ernsthaft wünschte, über meine Erlebnisse im Warschauer Getto informiert zu werden?«

Zugleich betrachtete Meinhof den Widerstand gegen den Nationalsozialismus, den todesmutige Militärs am 20. Juli 1944 mit dem Attentat auf Hitler leisteten, mit großer Skepsis. Treffsicher monierte sie die Schattenseite des Gedenkens an dieses Ereignis in konservativeren Kreisen: »Da fängt das Gerede vom Gewissen an, ein Schweigen über Verbrechen zu werden.« Mit aktivistischer Emphase schloss die Kolumnistin: »Es ist an der Zeit, zu begreifen, daß der Kampf der Männer und Frauen des 20. Juli im Widerstand gegen Unrecht und Gewalt noch nicht endgültig gewonnen ist.« Dass Ulrike Meinhof an ihren Vorbehalt zuletzt die Frage knüpfte, ob erneut die »Stunde des politischen Attentats« kommen könne, wirkt rückblickend aufschlussreich. Damals besprach sie mit Joachim Fest die ihn beunruhigende Frage, wie weit der zeitgenössische Widerstand in der Gewaltanwendung gehen dürfe. »Während sie ihre Fragen stellte, kam mir einmal, höchst irreal und flüchtig, die Ahnung, sie suche nicht so sehr nach historischem Aufschluss, sondern erwarte weit eher Rechtfertigungsgründe für politisch motivierte Gewalt.« Der rechtsliberale Journalist, der Meinhof in ihrer »nachdenklichen Gebrochenheit« schätzte und »am Rande des Rebellionsspektakels« ansiedelte, stellte in seinem Porträt ebenso heraus, wie unfähig sie in ihrem schwarzweißen Moralismus gewesen sei, die Grautöne der Wirklichkeit anzuerkennen, wenn sie behauptet habe, »die Vorliebe für die Zwischentöne sei in aller Regel nichts anderes als Ausflucht oder schlimmer noch, Feigheit.«

VI.

Ulrike Meinhof war zur journalistischen Galionsfigur der linksliberalen Zirkel Hamburgs geworden und ließ sich auch gerne von der illustren Gesellschaft bewundern. Als die andauernde Untreue ihres Mannes den ihr erträglichen Bogen überspannte, entschloss sie sich 1968, nach West-Berlin zu ziehen. Peter Rühmkorf, der mit Klaus Rainer Röhl eng befreundet war und seit den Anfängen zu den festen Mitarbeitern von *konkret* gehörte, urteilte schon 1972 in *Die Jahre die ihr kennt*: »In Berlin fand sie allerdings alles andere vor als etwas Vergleichbares, diesem Hamburger Geselligkeits-Trust vergleichbar. Die Rolle, die sie darin gespielt hatte, kann gar nicht hoch genug eingeschätzt werden: als Lieblingskind, als verhätschelte Ausnahmeerscheinung, als gern herumgereichtes Exotikum, als Überbaukrönung eines pluralistischen Establishments: von der Sache her unerbittlich, aber im Privaten doch nicht ungern dabei.« Nicht anders äußerte sich Fritz J. Raddatz, der wie Rühmkorf zur Hamburger Gesellschaft zählte, als er angesichts eines Theaterstückes über Ulrike Meinhof von der »Dix-grimmig karikierten Pelz- und Schickeria-Welt« sprach, der diese wie er selbst angehört hätten.

In Berlin war Meinhof gewiss, dass ganz viele »Genossen« auf sie und die beiden Mädchen warten würden, so ihre Tochter Bettina Röhl in ihren Erinnerungen. In dieser neuen Gemeinschaft kam in Gestalt Rudi Dutschkes auch das religiöse Erbe unverhofft zum Tragen. Die charismatische Führungsfigur hatte 1966 aus Protest gegen die drohenden Notstandsgesetze der Großen Koalition die Außerparlamentarische Opposition (APO) begründet, die zum Sammelbecken vieler Gruppen wurde. Als im Februar 1968 der Internationale Vietnamkongress an der TU Berlin stattfand, war Dutschke die studentische Lichtgestalt der APO. Ulrike Meinhof saß im überfüllten Audimax in der ersten Reihe. Sein »Hauptreferat« elektrisierte das große Publikum aus Studenten und Intellektuellen. Worte des im Herbst 1967 in Bolivien getöteten Che Guevara lieferten die Parole des Kampfes, den man vor allem gegen die USA als imperialistischen Aggressor zu führen habe: »Für den Sieg der vietnamesischen Revolution. – Die Pflicht jedes Revolutionärs ist es die Revolution zu machen.« Dutschke beschwor, dass in der »konterrevolutionären Übergangsperiode« die Vision einer großen »Weltrevolution« nötig sei, aus der eine »freie Gesellschaft freier Individuen« hervorgehe. Den Einfluss der damals universitär starken Gedankenwelt der Kritischen Theorie scheint in seinen Worten auf: »Der heutige Faschismus ist nicht mehr manifestiert in einer Partei oder in einer Person, er liegt in der tagtäglichen Ausbildung der Menschen zu autoritären Persönlichkeiten, er liegt in der Erziehung, kurz, in der bestehenden Totalität der Institutionen.«

Bettina Röhl empfand rückblickend das Gegenteil. Sie schilderte die rigorose Praxis der antiautoritären Erziehung als schlimme Erfahrung, wohl enttäuscht in ihrer Sehnsucht nach familiärer Geborgenheit. Als »Rettung« empfand das Kind Peter Homann, den neuen Lebensgefährten ihrer Mutter. Als Sohn eines Arztes, der mit neun Geschwistern in behüteten Verhältnissen aufgewachsen war, kümmerte er sich lebensklug um die Zwillinge, das heißt, Homann nahm die revolutionäre Pädagogik nicht zu prinzipiell. In einer seiner Rückblenden, die Bettina Röhl in ihr Buch als separate Passagen einfügt, erscheint der ehemalige Straßenkünstler als sanfter Bohemien, der mit dem Abstand der Jahre das Unglück der damaligen Verhältnisse, aber vor allem jenes der Person Ulrike Meinhof genau zu schildern versteht: »Ein Liebespaar hat ja auch immer eine freie und schöne Zeit, so ein freies und glückliches Verhältnis hatten Ulrike und ich nie [...]. Sie war melancholisch, depressiv klingt so klinisch, ich hatte das Gefühl, sie war ein tief unglücklicher Mensch, so tief unglücklich, es war, als wenn sie mit dem Unglück geboren worden war. Ich hatte dazu eine tiefe Zuneigung, ich dachte, ich könnte ihr helfen. [...] Äußerlich hatte sie sich der Apo-Zeit, diesem Apo-Stil angepasst, aber so sahen alle Frauen aus. Es war ›in‹, arm auszusehen, man durfte nicht mehr elegant sein. Aber ich glaube, dieses Unglück, das sie beherrschte, hatte sie nicht erst seit der Scheidung.«

Der Trennung von Klaus Rainer Röhl folgte ein beruflicher Machtkampf um die Vorherrschaft in *konkret*. Meinhof erhielt zum Jahresanfang 1969 einen Vertrag, der ihr finanziell und journalistisch außergewöhnliche Freiheiten zugestand. Gleich ihr erster Artikel »Kolumnismus« griff diese Privilegierung stolz auf und wendete sie gegen denjenigen, der sie ihr verliehen hatte: »Kolumnisten haben Entlastungsfunktionen. Sie dürfen schreiben, wie und was sie wollen. [...] Die Kehrseite der Kolumnistenfreiheit ist die Unfreiheit der Redaktion. Da müssen Artikel ›durchgeschrieben‹ sein, müssen verkäuflich sein, müssen Leserbedürfnisse platt befriedigt werden.« Meinhof stellte *konkret* als marktkonforme Zeitschrift dar, in der sie lediglich als »Feigenblatt, Alibi, Ausrede« diene: »Konkret ist weniger eine linke Zeitung als eine opportunistische Zeitung.« Provokativ schloss sie: »Man muß Kolumnist sein, um Kolumnistenfreiheit als Kehrseite redaktioneller Unfreiheit beschreiben zu dürfen. Damit aus der Theorie keine Praxis wird, leistet man sich Kolumnisten, ohnmächtige Einzelne, Außenseiter, Stars.« Röhl ließ den Artikel verabredungsgemäß ohne jeden Eingriff abdrucken, fügte der Ausgabe aber eine polemische Antwort bei, die den emphatischen Geist Ernst Blochs in Frage stellte, der Meinhofs Gedanken inspiriert hatte: »Konkrete Utopie ist eines, und Realitätstüchtigkeit ein anderes. Wir leben sicher nicht in der besten aller denkbaren Welten, und *konkret* ist nicht die beste denkbare Zeitschrift der APO. *konkret* ist nur die einzige Zeitschrift der APO.«

Der Streit eskalierte wenig später, und die bekannteste Mitarbeiterin von *konkret* verkündete mit großem Aplomb in der *Frankfurter Rundschau*, dass sie ihre privilegierte Stellung aufgebe: »Ich stelle meine Mitarbeit jetzt ein, weil das Blatt im Begriff ist, ein Instrument der Konterrevolution zu werden, was ich durch meine Mitarbeit nicht verschleiern will, was zu verhindern im Augenblick nicht möglich ist.« Aber die politische Apologie verdeckte nur notdürftig die persönliche Niederlage, die schmerzte und so nicht hinzunehmen war. Meinhof bewegte die studentischen »Genossen«, wenigstens die Redaktion von *konkret* gemeinsam zu besetzen. Die informierte Polizei empfing die Berliner Aktivisten, und das Flugblatt, mit dem man die ausgeflogenen Mitarbeiter hatte aufsässig stimmen wollen, lasen allein harmlose Passanten: »Überm Schreibtisch Che Guevara, unterm Schreibtisch McNamara. Ihr fahrt mit der Straßenbahn, der Chef reist mit dem Porsche an. Schluß mit dem konkreten Mief und schafft ein APO-Kollektiv!!!«

Angesichts des Misserfolgs entlud sich die Wut gegenüber Röhls konterrevolutionären Kurs in einem martialischen Akt. Man fuhr nach Blankenese und verwüstete dort die Villa, in der Röhl nun alleine mit wechselnden Geliebten residierte. Bettina Röhl lässt in ihrer Schilderung die Tagebuchaufzeichnungen Bernward Vespers sprechen, des revolutionären Literaten, der einstmals Gudrun Ensslins Verlobter gewesen war: »Dann raus zur Villa. Der Volvo mit festgefahrenen Bremsen ... ›Französische Stiche‹ lagen auf dem Boden, und Jugendstil ging zu Bruch. Der Seich aus den Seiten der Zeitschrift verbreitete sich im ›Ehe-Bett‹, weiß Gott, der flinke Genosse, der gerade pissen musste, verunzierte das hübsche, frisch aufgezogene Leinentuch. Ulrike dabei. [...] Es war ihr Haus, sie hatte es eingerichtet, bewohnt, mit den Kindern verlassen. Sie ging darin herum wie eine Ruine.«

Diese Aktion stand beispielhaft für die aufgeheizte und gewaltbereite Stimmung, die sich im größeren Stil nach dem Tod Benno Ohnesorgs im Juni 1967 entwickelt hatte und deren Grundlage die aktionistische Programmatik der APO bildete. Johannes Grützke, der die 68er-Bewegung mit seinem neuen Realismus malerisch begleitete, schuf in subversiver Sympathie das Gemälde *Benno Ohnesorg greift zum Gewehr*. Der späte Selbstkommentar lautet: »Das Bild, das die Empörung des Erschossenen motiviert, nimmt die RAF voraus, den bewaffneten Widerstand gegen die ›Herrschenden‹, und auch die still Zuschauenden, die mit geschlossenen Augen Spalier stehen. Mit diesem Bild findet der mögliche Gegenangriff aus Wut eine Gestalt.« Nachdem am 11. April 1968 Josef Bachmann, ein Neonazi mit Kontakten zu gewaltbereiten Kreisen, das Attentat auf Rudi Dutschke verübt hatte, spitzte sich die Lage zu. Nochmals Johannes Grützke im Gespräch aus dem Jahr 2016: »Als Dutschke angeschossen wurde, bin ich auch mitgelaufen. Ich erinnere mich noch. Man kam an einem Haus vorbei, von dem Asiaten vom Balkon im zweiten Stock grüßten, wahrscheinlich Vietnamesen. Sie erhielten Beifall von den Demonstranten, weil sie Asiaten waren. Es wirkte vordergründig.« Die Wut brach sich, vom SDS gelenkt, 1968 in der großen Osterunruhe Bahn, die im Angriff auf das Springer-Haus, dem angeblich »medialen Zentrum der Konterrevolution« kulminierte. Dass Ulrike Meinhof, die zuvor »eine geradezu auffällige Scheu, fast schon Berührungsangst« vor Waffen gezeigt habe, auch zu diesem Zeitpunkt zumindest praktisch noch Randfigur blieb, betonte Rühmkorf in seinem Tagebuch: »Auch bei der großen Anti-Springer-Demonstration am inzwischen historisch gewordenen Gründonnerstag des Jahres 68 spielte sie nur eine recht bescheidene Rolle als Hilfshand beim großen Steintransport [...] und ich halte es für völlig glaubwürdig, daß sie nach der sogenannten ›Baaderbefreiung‹ recht irritiert gefragt haben soll, wie man so ein Ding, solche Knarre eigentlich anfassen müsse.«

In der revolutionären Verblendung blieb Rudi Dutschke eine charismatische Führungsfigur, die in der Begegnung mit den Prager Reformern auch moderate Töne anschlug. Bis zum Attentat im April 1968 fungierte er als wichtiger Stichwortgeber für Ulrike Meinhof. Wie wichtig Dutschke für sie geworden war, zeigt die Erschütterung, mit der sie die Nachricht von den Schüssen auf den Freund aufgenommen haben soll, nachdem die siebenjährige Bettina diese zufällig am Radio gehört und ihrer Mutter sofort darüber berichtet hatte. Meinhof schloss sich besonders Dutschkes Anliegen an, den revolutionären Kampf in den westlichen »Metropolen« als passive Verweigerung, in den Kolonialländern jedoch mit aktiver Gewalt zu führen. Für den dortigen Erfolg stand strahlend Che Guevara, der seit der Kubanischen Revolution bis zu seiner Erschießung gezeigt hatte, dass ein Goethe lesender Intellektueller als Partisan auch entschieden handeln kann. Dutschkes Vorwort zu Che Guevaras Propagandaschrift *Schaffen wir zwei, drei, viele Vietnam. Das Wesen des Partisanenkampfes* rechtfertigte sowohl die moderate wie radikale Form des Kampfes. Sein Aufruf zu Eskalation und Grenzüberschreitung, den er gemeinsam mit dem chilenischen Freiheitskämpfer Gaston Salvatore verfasst hatte, spricht von »beginnenden Offensivaktionen im Sinne der organisierten Verweigerungsrevolution«, die »zu Beginn Aktionen gegen die Zentren manipulativer, bürokratischer oder militärischer Beherrschung der Menschen« richten solle, um »im Prozeß der Umwälzung unserer Gesellschaft die Grausamkeit und das Leid der Menschen« zu vermeiden, die durch die »aktuelle Gewalt« entstünden. Die Rechtfertigung des bewaffneten Kampfes, der nach einer erfolgreichen Revolution überflüssig werde, erfolgt mit einem autoritativen Zitat des frühen Mao: »Wir sind für die Abschaffung des Krieges, wir wollen den Krieg nicht, aber man kann den Krieg nur durch den Krieg abschaffen; wer das Gewehr nicht will, der muß zum Gewehr greifen.«

Es ist bezeichnend, dass die so vehement gegen die APO anschreibende Bettina Röhl ausschließlich Rudi Dutschke aufgrund seines menschlich warmherzigen und wahrhaftigen Auftretens gelten ließ. Ebenso hob Jürgen Habermas bei aller Reserviertheit gegenüber allen utopischen Vorstellungen in seinem Nachruf die »Überzeugungskraft« hervor, die von Rudi Dutschke als »Verkörperung einer integeren, ausstrahlungskräftigen Person« ausgegangen sei. Auch Günter Gaus, der den Revolutionär Ende 1967 in seiner bekannten Fernseh-Gesprächsreihe porträtiert hatte, war angetan von Dutschkes gewinnender Persönlichkeit, ohne allerdings als »linker Konservativer« dessen revolutionäre Vision zu teilen. So fiel sein Urteil bei aller Sympathie polemisch aus: »Dutschkes Eiferertum, hinter dem Sanftmütigkeit spürbar blieb, zielte im Grunde auf eine Erziehungsdiktatur. Er glaubte an die Veränderbarkeit des Menschen.«

Günter Gaus erlebte Ulrike Meinhof in jenen Jahren als irritierend schroff in der »Kompromisslosigkeit, mit der sie bestimmte Personen verdammte«. Mit dieser Haltung begegnete sie später auch dem Versuch der Deeskalation, welche der ihr an sich sympathische Bundespräsident Gustav Heinemann mit dem Angebot betrieben hatte, eine Amnestie für Extremisten zu erwirken: »Kann man zugleich klug, anständig und Bundespräsident sein? In dem alten Witz über die Nazis schlossen jedenfalls immer zwei dieser Eigenschaften die dritte aus.« Meinhof richtete nach allen Wendungen ihrer intellektuellen Biographie den Blick streng nach vorne. Dabei war es ihr auch zu eigen, ehemals vertretene Positionen, die neuen Überzeugungen widersprachen, scharf zu verurteilen. Entsprechend hieß es in einem Fragebogen der Studienstiftung, den sie als »schwarzes Schaf« geflissentlich beantwortete: »Gegenstand meines Studiums (Pädagogik) war sehr weitgehend das, was Adorno ›Jargon der Eigentlichkeit‹ genannt hat. Was ich damals kritiklos aufnahm, gibt meiner heutigen kritischen Position Hand und Fuß. Insofern die Negation einer Position ihre intime Kenntnis voraussetzt.«

Der Schriftsteller Per Olov Enquist, der damals aus dem sozialistischen Schweden länger als Gast in Berlin lebte, war fasziniert und irritiert von Ulrike Meinhof, da sie sich im hermetisch geschlossenen Resonanzraum der Stadt immer mehr der drängenden Forderung nach revolutionärer Praxis ergeben habe. In dritter Person schildert er seine damalige Erfahrung: »Ulrike Meinhof wurde für ihn zu einem Bild für das Trauma des eingeschlossenen Westberlins. Vielleicht nicht nur Westberlins. Das mit dem *Intellektuellen*, das Ulrike von den rechtgläubigen Genossen ständig vorgehalten wurde, *Intellektuelle sind quasselnde und feige Schweine* – die Sprache war so –, die es nicht wagen, die Konsequenzen zu ziehen und zu handeln: es war eine fast verhexende Tragödie. Man konnte nachher und aus der Distanz klug sein, und dann versetzte es einem doch einen Stich ins Herz. Rede nicht! Tu etwas!«

VII.

Als Ulrike Meinhof 1969 in Berlin Gudrun Ensslin und Andreas Baader näher kennenlernte und beide später für längere Zeit inkognito bei ihr wohnten, wendete sich ihre Situation nochmals dramatisch. Mit den Brandanschlägen auf ein Frankfurter Kaufhaus hatten Ensslin und Baader öffentlich im Sinne des geforderten Aktionismus für Furore gesorgt. Den Worten waren endlich auch Taten gefolgt.

Im folgenden Prozess verstand es Gudrun Ensslin, den Eindruck zu erwecken, mit dem Anschlag einer Gesinnung gefolgt zu sein, der es um tiefere Gerechtigkeit für jene zu tun sei, die in der kapitalistischen Massenwelt abgespeist und mundtot gemacht würden. Ihr Vater, ein protestantischer Pastor, sprach angesichts der »Brandlegung« von ihrer »heiligen Selbstverwirklichung« und dem »heiligen Menschentum«. Der Politikwissenschaftler Wolfgang Kraushaar hob darin im Anschluss an die religionssoziologische Forschung den erkennbaren Zug zur »Mission mit der Waffe« hervor. Diese rechtfertigte Ulrike Meinhof in ihrer berühmten Kolumne »Warenhausbrandstiftung« vorerst nur bedingt, wenn sie die »Kriminalität der Tat« als »progressive[s] Moment« beschreibt, dessen wesentliche Legitimität darin liege, »verbrechenschützende Gesetze« gebrochen zu haben. Obwohl sie die »Nachahmung« solchen Tuns nicht empfahl, lassen die Worte ahnen, dass Meinhof – bildlich gesprochen – Feuer gefangen hatte. So zitierte sie abschließend Fritz Teufel, der mit Rudi Dutschke und Dieter Kunzelmann, dem Kopf der *Kommune 1*, schon Jahre zuvor die »Subversive Aktion« propagiert hatte: »Es ist immer noch besser, ein Warenhaus anzuzünden, als ein Warenhaus zu betreiben.«

Als Ensslin und Baader anderthalb Jahre später vorläufig aus der Haft entlassen wurden, plante Meinhof mit ihnen für *Stern* und NDR eine Reportage über deren hessische »Staffelberg-Kampagne«. Sie war so begeistert von der Idee, die Revolution dort beginnen zu lassen, wo die gesellschaftliche Repression sich am stärksten zeigte, dass sie das eigene Projekt *Bambule* entwickelte. Die Fernsehdokumentation sollte auf die Missstände in Heimen aufmerksam machen, die exemplarisch für die gesellschaftliche Gewalt ständen: »Heimerziehung, das ist der Büttel des Systems, der Rohrstock, mit dem den proletarischen Jugendlichen eingebleut wird, daß es keinen Zweck hat, sich zu wehren«. Meinhofs Beschreibung des Heimlebens liest sich wie der Ideenkern des kommenden Terrors: »Gewalt produziert Gegengewalt, Druck Gegendruck. Die Formen von Widerstand, die in den Heimen praktiziert werden, entwickeln sich immer nur spontan und planlos, unorganisiert, als Aufstand, Widerstand, Rabatz, als Bambule.«

In jener Zeit traf Meinhof letztmals den liberalen Freund Karl Heinz Bohrer. Der linkskritische Literaturredakteur der *Frankfurter Allgemeinen* imponierte damals vielen als ein romantisch geprägter Querdenker, der das Anliegen Meinhofs und der APO verstand, ohne die Position des Einzelnen aufzugeben, der sich im Korsett einer kollektiven Wahrheit allzu eingeschnürt fühlen muss. Bohrers unbändiger Enthusiasmus ließ alle bequeme Bürgerlichkeit lächerlich erscheinen, und zugleich war er nicht geneigt, sich dem dogmatisch erstarrten Denken der linken Kader anzuschließen. Dabei schätzte Bohrer persönlich die seltene Ausstrahlung Ulrike Meinhofs, ihre »geistige Autorität« und »Ausdrücklichkeit«: »Wie hier Denken zur Person wurde.« Auch wenn die Erinnerung ex post sicherlich fragwürdig ist, so blitzt in seinen Sätzen betroffene Hilflosigkeit auf, wenn Bohrer über ihr Gespräch schrieb: »In der Verfassung, in der sie sich befand, war es besser, sie nicht zu fragen, was denn für eine revolutionäre Kraft aus solch einem als utopisch zu charakterisierenden Handeln entstehen könnte. Also nur zuhören und denken, wie man so obenhin sagt: Ulrike geht über die Wupper.«

Tatsächlich kam es wenig später zu einer Situation, in der Ulrike Meinhof diese letzten Refugien eines von der Gruppenmoral unabhängigen Denkens hinter sich ließ und endgültig die Fronten wechselte, das heißt von der Journalistin zur Terroristin wur-

de. Was war passiert? Nachdem sich Andreas Baader der gerichtlich verfügten zweiten Haftphase entzogen hatte und in der Folge
gefasst worden war, sollte er unbedingt befreit werden. Meinhof
war bereit, dabei mitzuhelfen und in Absprache mit ihrem Verleger Klaus Wagenbach eine Bibliotheksrecherche für ein Buch
zum Film *Bambule* zu fingieren, an welcher der inhaftierte Baader teilhaben sollte. Ein Bibliotheksangestellter wurde bei der
Befreiung schwer verletzt. Baader konnte aus dem Fenster entkommen, und Meinhof musste sich entscheiden, ob sie, wie abge-
sprochen, als scheinbar Unbeteiligte auf ihrem Stuhl sitzen bleiben oder sich dem Flüchtenden anschließen wollte. Nach kurzem
Zögern sprang sie ebenfalls aus dem Fenster und ließ damit ihr
Leben in der Legalität hinter sich. Schon am nächsten Tag wurde
sie steckbrieflich wegen »Mordanschlags« gesucht. Es blieb nur
der Untergrund und das Leben als intellektueller Kopf im hermetisch geschlossenen Zirkel derjenigen, die im Laufe von zwei
Jahren als Rote Armee Fraktion eine blutige Spur des Terrors in
der Bundesrepublik legen sollten. Es galt nun der Satz, den Georg Forster als Revolutionär kurz vor Ende seines Lebens aus Paris an seine Frau geschrieben hatte: »Sie können einen Menschen
nicht begreifen, der zu seiner Zeit auch handeln kann, und finden mich verabscheuungswürdig, nun ich nach den Grundsätzen
wirklich zu Werke gehe, die sie auf meinem Papier ihres Beifalls
würdigten«.

Rudi Dutschkes Form des weithin gewaltfreien Widerstands
in den westlichen Metropolen wurde in der Folge von der RAF
aufgegeben. Meinhof entwarf mit »Das Konzept Stadtguerilla«
gleichsam ein Handbuch für kleine, unabhängig voneinander
agierende Gruppen. In einem öffentlich gewordenen Brief wand-

te sie sich gegen Renate Riemecks Bedenken, die Bundesrepublik sei »kein Pflaster für eine Stadtguerilla lateinamerikanischen Typs«. Bewusst höhnisch stilisierte sie die beschwörende Mahnung der »Sklavenmutter«: »Ich will, daß du Sklavin bleibst – wie ich [...] Die Revolution ist groß – wir sind zu klein für sie.« Jürgen Seifert hat treffend darauf hingewiesen, dass Ulrike Meinhof »stets etwas von der Tonlage von Menschen übernommen« habe, »die ihr nahestanden«, das heißt, mit denen sie die kommunikative Vergewisserung suchte, über die sie als Studentin nachgedacht hatte. Und ohne Frage korrespondiert die starke Veränderung in ihrer Sprache um 1970 mit der gänzlichen Aufgabe der bürgerlichen Verständigungsform.

In *Tumult*, dem fiktiv überhöhten Tagebuch jener Zeit, beschreibt Hans Magnus Enzensberger mit scharfem Sarkasmus die Baader-Befreiung als Urszene der RAF und ihre Folgen, ausgehend von der religiösen Entschlossenheit Ulrike Meinhofs, die ihm damals wie eine »Nonne ohne Abt« vorgekommen sei: »Pazifismus, Sozialarbeit, Agitation, alle diese Bußübungen genügten ihr nicht.« In emotionaler und polemischer Deutlichkeit erinnert der revolutionäre Chronist in der Form der »teilnehmenden Beobachtung«, wie Meinhof nach solchem »Trockenschwimmen« den Sprung ins Wasser des Radikalismus mehr zufällig als geplant gewagt habe: »Dann aber, an einem Nachmittag im Mai 1970, erschienen plötzlich bei mir in meinem Haus in Friedenau völlig außer Atem vier Personen: Ulrike, Gudrun Ensslin, Andreas Baader und noch ein vierter, an den ich mich nicht erinnern kann. Sie kamen direkt aus Dahlem, wo sie Baader, der wegen Brandstiftung im Knast saß, bei einem Freigang gewaltsam befreit hatten. Ich begriff zwar, daß sie auf der Flucht waren, ahnte aber nicht, was sie angerichtet hatten. Daß dabei ein Bibliothekar schwer verletzt worden war, der ominöserweise Linke hieß, erfuhr ich erst später. [...] Ich schließe aus der Episode, daß die RAF aus Versehen entstanden ist. Das einzige Ziel ihrer ersten bewaffneten Aktion bestand darin, einem Komplizen zwei Jahre Gefängnis zu ersparen. Kein Gedanke an eine politische Überlegung oder an eine Strategie für das weitere Vorgehen. Damit hatten sich die Täter in eine ausweglose Lage gebracht. In der Illegalität blieb ihnen nur noch übrig, nach konspirativen Wohnungen zu suchen, durch Banküberfälle Geld zu beschaffen und ideologische Gründe für ihr Vorgehen zu erfinden. Die Außenwelt spielte keine Rolle mehr. Sie bezahlten ihre Karriere mit Isolation und Realitätsverlust. Dazu hat sie kein Gericht verurteilen müssen. Später ließ Ulrike mir auf Umwegen einen Kassiber aus dem Untergrund zukommen. Mittelsmänner lotsten mich in eine konspirative Wohnung in Hamburg, in der sie sich zusammen mit ihren flüchtigen Genossen verbarrikadiert hatte. [...] Unbestrittener Chef dieser Gespensterarmee war der abscheuliche Andreas Baader, ein flüchtiger Ganove, der als Photomodell für ein Schwulenmagazin gearbeitet hatte und außer sich selbst vor allem schnelle Autos liebte. Die Frauen hatten sich ihm bedingungslos unterworfen. Er trat ihnen gegenüber wie ein Zuhälter auf. Ulrike sprach verzweifelt von der Notwendigkeit, das ›System‹ gewaltsam zu stürzen. Ich sagte ihr, daß ich von solchen Phantasien nichts hielte. Baader sprach das Urteil. Ich wurde einstimmig zum Feigling erklärt, weil ich keine Lust hatte, mich an ihren Mutproben zu beteiligen.«

VIII.

Das manipulative Klima im inneren Zirkel der ersten RAF-Generation, das Enzensberger an Repressalien innerhalb der Hitlerjugend erinnerte, beförderte die abstruse Tendenz zur gewaltsamen Radikalität schon im Anfang der zwei Untergrundjahre, als man sich im palästinensischen Ausbildungslager befand. Eingeladen, nach der Flucht mit den übrigen Bürgerkindern in Jordanien das Handwerk des Terrors zu erlernen, erschien Meinhof als Randgestalt, die man ihre praktische Untauglichkeit spüren ließ. Die Situation eskalierte so weit, dass ihr Freund Peter Homann vom Gruppentribunal, dem »Volksgericht«, zur »Liquidierung« verurteilt wurde. Die Palästinenser setzten den tödlichen Spielen, die der »Banditenhaufen von durchgeknallten Deutschen« unternahm, bald ein Ende, entwaffneten sie und schickten sie zurück.

Andreas Baader und Gudrun Ensslin dominierten durch praktische Resolutheit und sexuelle Selbstherrlichkeit die RAF, in der Meinhof ihre Führungsqualitäten allein durch intellektuelle Radikalität unter Beweis stellen konnte. Wollte sie bestehen, durfte sie keinen bürgerlichen Wankelmut zeigen. Dieser Umstand besiegelte die Kriminalisierung ihres Anliegens, da man auf staatlicher Seite – anders als bei dem Prozess zum Frankfurter Brandanschlag – für die RAF kein politisches Motiv mehr gelten lassen wollte.

Nachdem die Köpfe der RAF im Frühsommer 1972 gefasst worden waren, kamen sie in verschiedenen Gefängnissen für längere Zeit in Einzelhaft. Ulrike Meinhof verbrachte lange Monate im »Toten Trakt« der Haftanstalt Köln-Ossendorf, weitgehend isoliert in einer rund um die Uhr hell beleuchteten Zelle. Die körperlich und seelisch kaum erträglichen Haftumstände ließen sie

vom »versuch, einen selbstmord zu erpressen« sprechen. Allein
der Kontakt zu den Anwälten bot Möglichkeiten der relativ frei-
en, jedoch ideologisch angespannten Kommunikation. Gerade
im Kontakt mit dem Verteidiger Heinrich Hannover zeigte sich,
wie scharf Meinhof auf alle Versuche reagierte, den Konflikt mit
den staatlichen Stellen zu deeskalieren. Auf Hannovers Verdacht,
der gegen die Haftbedingungen initiierte Hungerstreik sei einem
falschen »Konkurrenz- und Leistungsdruck« geschuldet, antwortete Meinhof: »[A]lles Scheiße. [...] Wir wollen uns durchsetzen.
Basta. Eure Ängste um unsere Gesundheit – ich würde sagen:
Dazu habt ihr kein Recht.« Die demonstrative Einheit von Kör-
per und Geist dürfe man nicht trennen, wenn das »Politisieren«
das Ziel sei. Das antipsychiatrische *Sozialistische Patientenkollek-
tiv* in Heidelberg – initiiert von dem Arzt Wolfgang Huber unter
der halbherzigen Duldung des universitären Rektorats –, aus dem
Baader und Ensslin unter den psychisch Versehrten nicht wenige
Mitstreiter gewonnen hatten, wurde zur gedanklichen Ressour-
ce. Emphatisch empfahl Meinhof ihrem Anwalt: »Lies endlich das
SPK-Buch [...] ›Aus der Krankheit eine Waffe machen‹.«

Im gemeinsam mit Hans Magnus Enzensberger herausgege-
benen *Kursbuch* verurteilte Karl Markus Michel die Isolations-
haft polemisch: »[A]n diesem Exempel wird gleichsam das Messer gewetzt, wird das repressive Instrumentarium der ›freiheitlich
demokratischen Grundordnung‹ erprobt.« Holger Meins, der trotz
der Zwangsernährung im November 1974 an den Folgen des Hun-
gerstreiks in der Einzelhaft starb, wurde zum Märtyrer, sein Testament sprach Bände für die Todesbereitschaft der Revolutionäre:
»Es stirbt allerdings ein jeder. Frage ist nur wie und wie Du gelebt
hast, und die Sache ist ja ganz klar: KÄMPFEND GEGEN DIE

SCHWEINE als MENSCH FÜR DIE BEFREIUNG DES MEN-
SCHEN: Revolutionär, im Kampf – bei aller Liebe zum Leben:
den Tod verachtend. Das ist für mich: dem Volk dienen – RAF.«
Der Journalist Willi Winkler deutet dieses Bekenntnis als Ausdruck eines säkularisierten Martyriums: »Es könnte natürlich
auch Amen heißen. Oder ›Es ist vollbracht‹. Nochmal Che Guevara, nochmal Jesus Christus mit der Knarre.« Tatsächlich wurde
der tote Guerilla-Führer seit den Bildern aus dem bolivianischen
Urwald, die ihn – an Andrea Mantegnas Christusfigur erinnernd –
von den bloßen Füßen her aufgebahrt zeigten, zur weltweiten
Ikone der melancholischen Entschlossenheit. Die Kunstgeschichte spricht heute von *Chesucristo*, der *Fusion von Che Guevara und
Jesus Christus*. Das religiöse und politische Bedürfnis nach Erlösung aus unerträglichen Zuständen ist der Hintergrund dieser
Ikonographie, die heute in unzähligen Varianten bis in die Pop-
kultur hineinreicht.

Nach der Eröffnung des Stammheimer Prozesses im Mai 1975
tat man gerichtlich und staatlich alles, um die RAF weiter als rein
kriminelle Vereinigung darzustellen. Zugleich schien die Justiz
nicht ohne Hintergedanken zu dulden, dass mit Hilfe der Verteidiger versteckte Foren der hermetisch geschlossenen Kommunikation entstanden, welche ohne Zweifel in der extremen Lage die
selbstzerstörerische Gruppendynamik förderten. Einen Eindruck
von der desaströsen Kommunikation unter den Gefangenen vermitteln die geheimen Kassiber, auch wenn deren Authentizität
von einigen Forschern angezweifelt wird. Die selbstzerfleischen-
den Sätze Ulrike Meinhofs zeigen auf erschreckende Weise, wie
sehr sie sich die Kritik zu eigen gemacht haben muss, die man
an ihr als bürgerlicher Intellektueller geübt hatte, die nichts als

Worte produzieren könne und halbherzig handele: »meine sozialisation zum faschist, durch sadismus und religion, die mich eingeholt hat, weil ich mein verhältnis dazu, dh. zur herrschenden klasse, mal ihr schoßkind gewesen zu sein, nie vollständig aufgelöst, restlos in mir abgetötet habe«. Meinhofs Misstrauen der eigenen Person gegenüber und ihre Verehrung Baaders zeigen fanatische Züge. Die Sprache kopiert teilweise den Jargon der amerikanischen Black Panthers: »der pigblick: doppelt sehn, doppelt hören, zwei gesichter, zwei stimmen – alles mögliche, bloß eins nicht: real, wirklich, also a. [Andreas Baader] dann schon so was wie der ›liebe gott‹«.

Die Befürchtung, am dialogischen Prozess der Gruppe nicht mehr beteiligt zu werden, konnte sich unter diesen Umständen zum perfiden Machthebel entwickeln, dessen Nutzung auch der hierarchischen Dynamik unterlag, die von Andreas Baader bestimmt und Gudrun Ensslin stark beeinflusst wurde. Seine Gefährtin sprach von der »Sanktion: Ausflippen aus der Kommunikation«, die jedem drohte, der nicht der herrschenden Gruppenwahrheit das Wort redete. In dieser Lage war nichts schlimmer als Ensslins Vorwurf der Illoyalität: »Du machst den Bullen die Tür auf – das Messer im Rücken der RAF bist Du, weil Du nicht lernst.« Das Gegenteil war der Fall. In der Spätphase des Stammheimer Prozesses, am 4. Mai 1976, fiel Ensslin Meinhof selbst in den Rücken, indem diese sich und Baader von Meinhof und dem von ihr initiierten Anschlag auf das Hamburger Springer-Hochhaus 1972 mit der Bemerkung distanzierte: »[I]nsofern wir in der RAF seit '70 organisiert waren, [...] sind wir sicher auch verantwortlich für Aktionen von Kommandos, zum Beispiel gegen das Springer-Hochhaus, von denen wir nichts wußten, deren Konzeption wir nicht zustimmten und die wir in ihrem Ablauf abgelehnt haben«. Mit diesen Worten legte die erfahrene Protestantin ihren Finger in die Wunde des ideologisierten Gewissens. Bei dem Anschlag waren viele Arbeiter verletzt worden; und auch wenn Ulrike Meinhof öffentlich die Schuld dem Verlag zugeschoben hatte, der nach der Bombendrohung die Arbeit nicht habe unterbrechen und das Haus räumen lassen, dürfte sie das Gefühl, selbst Mitschuld an den Verletzungen zu tragen, gequält haben.

IX.

Am Ende scheinen der geäußerte Vorwurf der Gruppe und das innere Gefühl, auch an den Hamburger Arbeitern schuldig geworden zu sein, im hermetisch abgeriegelten Raum jeden gedanklichen Ausweg versperrt zu haben. Auch war es Meinhof in den Monaten davor nicht gelungen, gemeinsam mit ihrem Anwalt einen Antrag vor Gericht durchzusetzen, der mit dem Vietnam-Krieg das politische Anliegen ihres gewaltsamen Kampfes als strafmildernde Rechtfertigung ins juristische Kalkül hätte einfließen lassen. Das Gericht lehnte jede politische Diskussion ab, und Meinhof konnte kaum darauf hoffen, ihr Anliegen vorbringen zu können. Sie war zermürbt. Es blieb nur, was Meinhof schon Monate zuvor an den Rand eines Kassibers geschrieben hatte: »Selbstmord ist der letzte Akt der Rebellion.« Sie nahm sich in der Nacht vom 8. auf den 9. Mai 1976 das Leben. Ein Rechtsanwalt brachte die Situation auf den Punkt: »Der für jedermann unerwartete Tod Ulrike Meinhofs hat – man kann es so sagen – engste familiäre Bande zerrissen, nämlich die dieser vier Gefangenen hier.«

Die Irritation in Stammheim war groß; die übrigen Angeklagten taten alles, um die Verantwortung für die Tat dem Staat zuzu-

schieben, der einen Selbstmord inszeniert habe. Jan-Carl Raspe
beteuerte vor Gericht das große Einverständnis, das bei den Angeklagten geherrscht habe. Die Obduktion Ulrike Meinhofs, die
sich an einem Zellenfenster mit einem Handtuch erhängt hatte,
bestätigte den Befund für viele Kritiker jedoch allzu rasch. Der
Staatsanwalt stellte einen Monat nach dem Tod Meinhofs aufgrund der »Zellenzirkulare«, die »auch in jüngster Zeit offenbar
tiefgreifende Meinungsverschiedenheiten sachlicher und persön-
licher Art« dokumentierten und »möglicherweise eine ihren Freitod mitbestimmende Resignation und Depression hervorgerufen
haben« könnten, die Ermittlungen ein. Ein »Zwangsverteidiger«
resümierte: »Ein Mensch in größter Unfreiheit macht von der rät-
selhaften, tiefsten menschlichen Freiheit Gebrauch, sich das Leben zu nehmen.« Zwei Jahrzehnte später widersprach Jürgen Seifert der nie geklärten Vermutung, der Bundesnachrichtendienst
habe auf geheimen Wegen den Selbstmord Meinhofs inszeniert:
»Der 8. Mai, der Tag der Kapitulation des Hitler-Regimes, war für
Ulrike ein Datum. Deshalb hat sie keinen Brief hinterlassen. Kein
Geheimdienst konnte damals wissen, was der 8. Mai für sie bedeutete.«

Peter Rühmkorf sprach vom »anarchistisch-apokalyptischen
Flügel« der APO, zu dem Ulrike Meinhof auch gehört habe. Ihr
Weg in den Tod erinnert an Thomas Münzer, dem Ernst Bloch
schon in den Jahren der Weimarer Republik als »Theologen der
Revolution« ein Denkmal gesetzt hatte. Sie hatte im geschlosse-
nen Zirkel der Revolutionäre ihre familiäre Affinität zu Luthers
Zwei-Reiche-Lehre erfolgreich bekämpft, nach der allein dem
Staat die irdische Macht und Gewalt zukomme. Die religiöse Pas-
sion, die Thomas Münzer im Aufbegehren gegen die staatliche

Willkür gelebt hatte, setzte einen politischen Akzent. Vielleicht schließt der Lieblingsroman ihrer Mutter, Ina Seidels *Das Laby-rinth*, der die Geschichte des politischen Revolutionärs Georg Forster erzählt, nicht zufällig mit den Worten: »Wenn wir Ge-opferten werden zu Opfernden, so haben wir heimgefunden ins Herz der Dinge und Gottes. Das Labyrinth versinkt, und wir sind frei.«

In der aktiven Passion, die der Selbstmord darstellte, war das väterliche Erbe, die vorsichtige Anpassung, überwunden. Aller-dings blieb die Ausrichtung am Passionsmotiv. Dessen frühen Einfluss auf Meinhof unterstreicht ein Semesterbericht, der die väterliche Begeisterung für Jan van Eyck und die Altniederländi-sche Malerei aufgriff. Dass ihr Interesse an der altmeisterlichen Passionsmalerei nicht dem bildungsbürgerlichen Geschmack der Zeit geschuldet war, zeigt die Eindringlichkeit, mit der Meinhof gegenüber der Stiftung 1957/58 von einem Referat bei Oskar Ham-melsbeck über die Kontemplation des freiwilligen Leidens und Sterbens Christi in Paul Gerhardts Lied »O Haupt voll Blut und Wunden« berichtete. Damals stellte Meinhof heraus, wie tief der Graben zwischen Ästhetik und Realität der Passion sei: »[A]ber erst eigentlich durch das Musische wird es dem Menschen über-haupt erträglich, diese Dinge – hier: die Passion Christi – im Hö-ren und Aufnehmen zu ertragen. Man singt – und damit nimmt man dem Eigentlichen seine letzte Härte, man verkürzt – was man gesprochen nicht mehr auszuhalten vermöchte.«

Was immer Ulrike Meinhof in den letzten Stunden ihres Le-bens gedacht haben mag, in ihrem suizidalen Entschluss ging sie von der Vita contemplativa zur Vita activa über. In dieser letzten Wende ihres Lebens übersprang sie endgültig den Graben zwi-

schen Kunst und Leben. Insofern könnte die Einschätzung zu-
treffen, die Fritz J. Raddatz kurze Zeit nach ihrem Tod gegenüber
Uwe Johnson abgab: »ulrike: ich weiss es nicht, an ein umbringen
im engen sinne des wortes vermag ich nicht zu glauben – [...] ganz
gewiss aber ist, scheint mir, dass es sich um ein umbringen im vermittelten sinne des wortes handelt – wie, im selben sinne, um ein
langes zulaufen auf den selbstmord. alles, was ulrike seit jahren
tat, war suizidär. wer von uns will genau wissen, wie stark der to-
destrieb in uns handlungen hervorruft, die prima vista überhaupt
nicht danach aussehen.« Johnsons Frage, ob Meinhof intendiert
habe, »ihrer Bewegung eine Märtyrerin zu schaffen«, beantwortete Raddatz mit deutlichem Zweifel: »dann gäbe es, zumindest,
schriftlich hinterlassenes, was da vorging, muss sehr einsam gewesen sein.«

Ohne Zweifel gehört Ulrike Meinhof bei allen Unterschieden
in den Zielen unter die tiefernsten Schriftsteller, die sich wie Jean
Améry, Ingeborg Bachmann und Uwe Johnson an der deutschen
Geschichte aufrieben. Klaus Wagenbach sprach von der Meinhof
empörenden »Feigheit und Korruption der älteren Generation«.
Jean Améry betonte gegenüber dem Rechtsanwalt Peter O. Chot-
jewitz das exemplarische Unglück, das in Meinhofs Sterben gelegen habe. Für ihn war schon der Hungerstreik der RAF, wie er
in einer Sendung des Internationalen Frühschoppens bekannte,
ein politisch legitimes Mittel, ohne dass Améry den Terrorismus
selbst gerechtfertigt hätte. Die Vermutung des Justizmordes hielt
er schon angesichts der dürftigen Indizien für abwegig; vielmehr
sah er ein demonstratives Handeln, das sein *Diskurs über den
Freitod* für politisch ausweglose Lagen gerechtfertigt hatte: »Hier
aber ist, soweit ich auch sehe, nichts das auf eine Ermordung der

armen Ulrike schliessen liesse. [...] Hingegen sehe ich ein ganzes Kausalnetz, das dafür spricht, dass Ulrike Meinhof den Freitod gesucht hat. Ich habe mich gerade mit dem Problem des selbstgewählten Todes sehr eindrücklich beschäftigt und kann mir nichts deutlicher vorstellen, als die Lage dieser unglücklichen Frau, die einerseits gescheit genug war, um schliesslich einzusehen, wie abwegig ihre Vorstellungen von einer grossen Revolution in der BRD waren und die andererseits nichts vor sich sah, als eine viele Jahre währende, psychisch zerstörerische Haft.«

X.

Die Geschichte von Ulrike Meinhofs Radikalisierung suggeriert eine Folgerichtigkeit, die historische Ereignisse so nicht besitzen. Heinrich von Kleist hat die Unabsehbarkeit von Denken und Handeln in dem berühmt gewordenen Topos von der »allmählichen Verfertigung der Gedanken beim Reden« einen klassischen Ausdruck verliehen. Der Dramatiker bezog seine Überlegungen aus der Beobachtung der entscheidenden Reden in der Französischen Revolution, bei denen anfänglich gar nicht absehbar war, dass Radikalisierung und Gewalt aus ihnen folgen würden.

Für das Verständnis von Ulrike Meinhof ist aufschlussreich, dass sowohl ihr Vater als auch Renate Riemeck – angeregt von Kleists Gedanken – über die revolutionäre Dynamik nachgedacht hatten. Während Werner Meinhof kurz vor seinem Tod vor der Gefahr der »Selbstherrlichkeit des Menschen« gewarnt hatte, schilderte Ulrike Meinhofs Ziehmutter fast fünf Jahrzehnte später in ihrer späten Studie *1789. Heroischer Aufbruch und Herrschaft des Schreckens* die fatalen Folgen der revolutionären Anfänge. Ihre quellengesättigte Erzählung läuft auf Georg Forster zu, der als bürgerlicher Idealist »von Haus aus kein Revolutionär« gewesen sei. Noch nach dem Sturm auf die Bastille habe er an Jacobi, den frommen Philosophen und Goethefreund, geschrieben: »Eine alleinseligmachende Philosophie ist mir so zuwider wie ein alleinseligmachender Glaube. Diese ausschließliche Rechthaberei hat mich immer revoltiert.«

Es ist, als spiegele Renate Riemeck in Forsters Lebensgeschichte 1988 ihren Eindruck von der Biographie Ulrike Meinhofs, wenn sie resümiert: »Umso tiefer war der Fall, den er tun mußte, als er sich mit den Grundsätzen der Französischen Revolution verband und viel Freunde sich von ihm abwandten.« Ihre Erzählung der Revolution schließt mit einem resignativen Brief Forsters aus Paris, 1793, ein Jahr vor seinem Tod, gerichtet an seine Frau: »Du wünschest, daß ich die Geschichte dieser gräuelvollen Zeit schreiben möchte? Ich kann es nicht! – O, seit ich weiß, daß keine Tugend in der Revolution ist, ekelt es mich an. Ich konnte, fern von allen idealistischen Träumereien, mit unvollkommenen Menschen zum Ziel gehen, unterwegs fallen und wieder aufstehen, und weiter gehen, aber mit Teufeln und herzlosen Teufeln, wie sie hier sind, ist es mir eine Sünde an der Menschheit, an der heiligen Mutter Erde und an dem Licht der Sonne.«

Ulrike Meinhof dagegen hatte am Ende ihres Lebens ihre verzweifelte Begeisterung für die revolutionäre Sache nicht verloren. Die scharfen Wendungen ihres Lebens hatten sie vielmehr in politisch immer radikaleren Kreisen bis an den Punkt vorangetrieben, an dem ihr Sprung in die Hermetik der revolutionären Gruppe erfolgte, die keinen Raum mehr für Zweifel ließ. Im geschlossenen Zirkel der revolutionären Eindeutigkeit gab es angesichts des übermächtigen gemeinsamen Feindes nur mehr den strengen Gehorsam gegenüber der gemeinsamen Wahrheit. Treue zu den Genossen und Verachtung der Bürger, deren verlogene und gemeine Willkür die führenden Köpfe der RAF immer enger zusammenrücken ließ, wurde unter den extremen Bedingungen von Untergrund und Haft zum strengen Prinzip.

Nachdem Meinhof mit ihrer Beteiligung an der Befreiung Andreas Baaders endgültig die revolutionäre Gewalt gewählt hatte, nahm sie damit auf politische Weise neu den existentiellen Appell Kierkegaards ernst. Dieser hatte schon um 1840 dem trägen Bürgertum Kopenhagens ironisch maskiert vorgehalten, es gelte, von der Ästhetik zur Ethik, vom abwägenden Gedanken zum bewährenden Handeln überzugehen, so unsicher der Glauben auch sei. Mit dieser Philosophie der Entschiedenheit schließt sich auch der Kreis zu Meinhofs religiösen und existenzphilosophischen Anfängen. Schon der väterliche Glaube in Gestalt der kleinen christlichen Sekte lebte bei aller politischen Einpassung von einer primär innerlichen Entschiedenheit. Die Begegnung mit der säkularisierten Variante solchen Glaubens wurde für Meinhof in der von Oskar Hammelsbeck vermittelten Existenzphilosophie in den ersten Universitätsjahren wichtig. Der »philosophische Glauben«, von dem Jaspers sprach, lebt auf seine Art von der heroischen Attitüde, im Geiste Kierkegaards die bürgerliche Sekurität hinter sich zu lassen. Und ebenso speiste diese Haltung den politischen Protestantismus, den sich die Ziehmutter nach den truhen Jahren als nationalsozialistische Jungakademikerin aneignete. Ulrike Meinhof ließ die liberale Form des politischen Widerstands in den 1960er Jahren hinter sich und begründete in den Zirkeln Rudi Dutschkes und der Berliner APO einen utopischen Glauben rein politischer Entschiedenheit.

Die Hoffnung, welche die antiautoritäre Revolte in die Radikalisierung setzte, führte in der RAF zu keinem guten Ende. Die Dynamik der Gewalt ist nicht so einseitig zu sehen, wie Klaus Wagenbach es erschüttert in seiner Grabrede für Ulrike Meinhof formuliert hatte: der »Extremismus derjenigen, die alles für extremistisch erklären, was eine Veränderung der Verhältnisse auch nur zur Diskussion stellt«, sei schuld an Meinhofs Tod. Fritz J. Raddatz berichtete Uwe Johnson, der inzwischen in England lebte, von der Beerdigung, die aus seiner polemischen Perspektive ein demonstrativ-modisches Ereignis darstellte: »die hätten SIE beschreiben müssen, [...] es war DAS schicke ereignis der linken schickeria in berlin – was boutiquen besitzt oder sonst im teuren gammel-look durch berlin so bevölkert war da.« Dies Urteil wirkt selbst oberflächlich, indem die deutsche Linke nur in ihren offensichtlichen Eitelkeiten beschrieben wird. Darunter liegt bei vielen ihrer Vertreter eine ernste Gesinnung, die damals nicht selten von dem starren und strengen Glauben geprägt war, das Ziel der Geschichte zu kennen. Politische Ungewissheiten galten als moralischer Makel selbstzufriedener Bürger, die nicht den Mut zur entschiedenen Tat aufbrachten.

Dagegen benannte Hans Magnus Enzensberger schon bald nach dem Ereignis 1968 die einschnürende Wirkung der proklamierten politischen Wahrheit: »Manchmal kommt gerade die Befreiung im Korsett daher.« Ernüchtert von den kubanischen und sowjetischen Realitäten der Revolution erkannte er, was in diesen geschlossenen Räumen des revolutionären Denkens und Handelns fehlte, die in säkularer Inbrunst ein Paradies auf Erden zu schaffen vorgaben, aber oft tödliche individuelle Unfreiheit mit sich brachten. In seinen Reflexionen kehrt Enzensberger die revolutionären Vorzeichen um und betont den Nutzen des Sündenfalls, der aus der Welt der unausweichlichen Beglückung befreien kann: »Der Apfel war der größte Genuß, den der Garten zu bieten hatte. Er gab die Falltür, den Notausgang frei, versprach den Eros und die Intelligenz.« Enzensberger ließ es sich nicht nehmen, anders als andere intellektuelle Protagonisten der 68er-Bewegung stets ambivalent und vieldeutig zu bleiben. In seinem Buch *Tumult* rechtfertigt er rückblickend die in Frankreich kultivierte Haltung »teilnehmender Beobachtung«, die vielen als »Doppelleben« erscheine. Indirekt das moralistische Urteil Johnsons ironisch bestätigend sagte er: »Natürlich ahnten die intelligenteren Häuptlinge unter den politischen Köpfen, daß auf einen Schriftsteller, auch wenn er den Mund voll nimmt mit politischen Phrasen, im Grunde kein Verlaß ist.« Positiv gesprochen ging es ihm um eine Bewegungsfreiheit, die er als Künstler suchte und die »Hintergedanken« notwendig mache: »Schon als Kind wußte ich, daß es so etwas gibt. Eine Reserve, die man für sich behält. Gedanken, die unausgesprochen bleiben, die nie gerinnen dürfen.«

Der Ausgang in diese artistische Gestalt einer höheren Verantwortungslosigkeit, in die sich Hans Magnus Enzensberger als lebensfroher wie lebenskluger Literat um 1970 rettete, stand Ulrike Meinhof so nie und in ihrer Spätzeit schon gar nicht mehr offen. Die Radikalität, mit der sie zuletzt die Flucht in die Kunst und allen Kompromiss mit der Welt ablehnte, um nicht im Kreis der RAF bürgerlicher Residuen verdächtigt zu werden, ist erschreckend. Eine gewisse Brücke zu ihrer Position bauten politisch wache Theologen. Zu ihnen zählte in Berlin besonders Helmut Gollwitzer, dessen Ursprünge und Ziele im Horizont der von Karl Barth geprägten Dialektischen Theologie lagen, die sich ebenfalls

auf Kierkegaard berief und viele Pastoren zum Widerstand gegen
den Nationalsozialismus motiviert hatte. Als Rudi Dutschke 1979
starb, der durch sein eschatologisches und aktionistisches Denken den Stein des revolutionären Lebens mit ins Rollen gebracht
hatte, zog Gollwitzer in seiner Trauerpredigt eine Parallele zur legendären Ikone der revolutionären Existenz: »Für ihn galt, was
Che Guevara in dem Abschiedsbrief an seine Eltern von sich sagt:
er war ›einer von denen, die ihre Haut hinhalten, um ihre Wahrheiten zu beweisen.‹«

Gollwitzers Grabrede auf Ulrike Meinhof fiel drei Jahre früher,
am 15. Mai 1976, wesentlich zurückhaltender aus. Angesichts des
Terrors der RAF konnte er nicht davon sprechen, die Tote habe
»ihre Wahrheit bewiesen«. Was in südamerikanischen Diktatu-
ren als gewaltsamer Widerstand gerechtfertigt war, war keineswegs ein legitimer Weg in der demokratischen Bundesrepublik.
Gleichwohl fragte Gollwitzer wider alle bürgerliche Selbstgerech-
tigkeit rhetorisch im Geiste Rudi Dutschkes: »[H]ätte sie bei uns
mehr Menschen gefunden, ebenso bereit mitzukämpfen für eine
menschenfreundlichere Gesellschaft und nicht zuerst darauf bedacht, die eigene Haut zu retten, wären wir ebenso entschieden
und rücksichtslos gegen uns selbst gewesen, vielleicht hätte sie
dann mit uns eine Strategie der Befreiung gesucht, die anders
ausgegangen wäre und nicht gezeichnet von Haß und Gegenhaß.«

Nach Gollwitzer habe Meinhof auf »bürgerliche Sicherungen« verzichtet, »weil sie sich das Elend der Menschen so auf
den Leib rücken ließ«. Sie konnte sich nicht jene »Hintergedanken« erlauben und »Notausgänge« suchen, die dem schillernden
Geist Hans Magnus Enzensberger geholfen hatten, sich zwischen
allen Lagern als Person zu bewahren. Meinhof hätte gleich Uwe

Johnson, der die Freundschaft zu Enzensberger demonstrativ aufgekündigt hatte, auch in ihren Anfängen solch ein ästhetisches, in ihren Augen ethisch bedenkliches Leben abgelehnt. Sie wollte politisch entschieden leben. Man kann vermuten, dass sie in der zunehmenden Radikalisierung aus politischen Gründen auch das persönliche Ziel verfolgte, es »besser« als ihr Vater zu machen und das ohnmächtige Vorbild seines bürgerlich angepassten Lebens zu überwinden.

Der säkulare Protestant Per Olov Enquist, der Meinhof in ihrer kompromisslosen Radikalität faszinierend und erschreckend empfunden hatte, schrieb im Rückblick auf ihr Leben: »Gewisse Tragödien erschaffen Heilige. Aus so guten Gründen so unerhört in die Irre zu gehen!«

Literaturverzeichnis

Aufgeführt sind Artikel und Bücher, aus denen in den einzelnen Kapiteln zitiert wird und die Anregungen und Hinweise für die vier Essays gegeben haben. Insbesondere verdanke ich den Arbeiten von Roland Berbig und Thomas Wild wichtige literaturhistorische Details.

Einleitung

Améry, Jean: »Mein Judentum« (1978), in: ders.: *Werke*, Bd. 7: *Aufsätze zur Politik und Zeitgeschichte*, hrsg. von Stephan Steiner, Stuttgart 2005, S. 31–46.

Andrić, Ivo: *Wegzeichen*, München 1982.

Arendt, Hannah: *Men in Dark Times*, New York 1968.

– *Menschen in finsteren Zeiten*, hrsg. von Ursula Ludz, München 1989.

– *Eichmann in Jerusalem*, New York 1963; deutsche Übersetzung: *Eichmann in Jerusalem. Ein Bericht von der Banalität des Bösen*, München 1964.

– *Sechs Essays. Die verborgene Tradition*, hrsg. von Barbara Hahn unter Mitarbeit von Barbara Breysach und Christian Pischel, Göttingen 2019.

Arendt, Hannah/Jaspers, Karl: *Briefwechsel 1926–1969*, hrsg. von Lotte Köhler und Hans Saner, München 1985.

Auerbach, Erich: *Mimesis. Dargestellte Wirklichkeit in der abendländischen Literatur*, Bern 1946.

Bachmann, Ingeborg: *Ein Ort für Zufälle*. Mit Zeichnungen von Günter Grass, Berlin 1965.

Bormuth, Matthias: »Der Suizid als Passionsgeschichte. Zum Fall der Lisbeth Cresspahl in den ›Jahrestagen‹«, in: *Johnson-Jahrbuch* 12 (2005), S. 175–196.

– »Nervosität, Ressentiment, Hass«. Karl Jaspers begutachtet Georg Lukács«, in: *Zeitschrift für Ideengeschichte*, Heft VIII/4 (2014), S. 45–56.

– *Lebensführung in der Moderne. Karl Jaspers und die Psychoanalyse*, 2. Auflage, Stuttgart 2018.

Canetti, Elias: *Die Fackel im Ohr. Lebensgeschichte 1921–1931*, München 1993.

– *Prozesse. Über Kafka*, München 2019.

Enzensberger, Hans Magnus: *Tumult*, Berlin 2014.

– *Überlebenskünstler. 99 literarische Vignetten aus dem 20. Jahrhundert*, Berlin 2018.

Enzensberger, Hans Magnus/Johnson, Uwe: *»fuer Zwecke der brutalen Verstaendigung«. Der Briefwechsel*, hrsg. von Henning Marmulla und Claus Kröger, Frankfurt a. M. 2009.

Hegel, Georg Wilhelm Friedrich: *Vorlesungen über die Philosophie der Geschichte* (*Werke*, Bd. 12), hrsg. von Eva Moldenhauer und Karl Markus Michel, Frankfurt a. M. 1970.

Johnson, Uwe: *Jahrestage*, Bde. 1–4, Frankfurt a. M. 1970–1983.

Johnson, Uwe/Arendt, Hannah: *Der Briefwechsel. 1967–1975*, hrsg. von Eberhard Fahlke und Thomas Wild, Frankfurt a. M. 2004.

Kafka, Franz: *Briefe 1902–1924*, hrsg. von Max Brod, Frankfurt a. M. 1983.

Kraushaar, Wolfgang: *Die blinden Flecken der 68er-Bewegung*, Stuttgart 2018.

– *Die 68er-Bewegung international. Eine illustrierte Chronik*, Bde. 1–4, Stuttgart 2018.

Kunzle, David: *Chesucristo. Die Fusion von Che Guevara und Jesus Christus in Bild und Text*. Mit einem Nachwort von Roberto Massari, Berlin 2016.

Seifert, Jürgen: »»Dieses harte Entweder-Oder‹. Der Politologe Jürgen Seifert über Ulrike Meinhofs Weg in den Terrorismus«, in: *Der Spiegel*, Heft 30 (24.7.1995), S. 36f.

Weber, Max: *Gesammelte Aufsätze zur Religionssoziologie*, Bd. 1, Tübingen 1920.

Wild, Thomas: *Nach dem Geschichtsbruch. Deutsche Schriftsteller um Hannah Arendt*, Berlin 2009.

Jean Améry

Améry, Jean: *Die Schiffbrüchigen – Lefeu oder Der Abbruch* (*Werke*, Bd. 1), hrsg. von Irene Heidelberger-Leonard, Stuttgart 2007.

– *Jenseits von Schuld und Sühne. Bewältigungsversuche eines Überwältigten – Unmeisterliche Wanderjahre – Örtlichkeiten* (*Werke*, Bd. 2), hrsg. von Gerhard Scheit, Stuttgart 2002.

– *Über das Altern. Revolte und Resignation – Hand an sich legen. Diskurs über den Freitod* (*Werke*, Bd. 3), hrsg. von Monique Boussart, Stuttgart 2005.

– *Aufsätze zur Politik und Zeitgeschichte* (*Werke*, Bd. 7), hrsg. von Stephan Steiner, Stuttgart 2005.

– *Ausgewählte Briefe 1945–1978* (*Werke*, Bd. 8), hrsg. von Gerhard Scheit, Stuttgart 2007.

– *Materialien* (*Werke*, Bd. 9), hrsg. von Irene Heidelberger-Leonard, Stuttgart 2008.

Adorno, Theodor W.: *Metaphysik. Begriff und Probleme*, hrsg. von Rolf Tiedemann, Frankfurt a. M. 1998.

Améry, Jean: *Geburt der Gegenwart. Gestalten und Gestaltungen der westlichen Zivilisation seit Kriegsende*, Olten 1961.

– »... wie eine Herde von Schafen?« (1966), in: *Werke*, Bd. 7, S. 403–412.

– »Im Warteraum des Todes« (1969), in: *Werke*, Bd. 7, S. 450–474.

– »Der ehrbare Antisemitismus« (1969), in: *Werke*, Bd. 7, S. 131–140.

– »Unmeisterliche Wanderjahre. Fragmente einer Biographie des Zeitalters« (1969), in: *Werke*, Bd. 2, S. 732–739.

– »Über das Altern« (*Zeitmagazin* 1972), in: *Werke*, Bd. 3, S. 367–370.

– »Träger der Freiheit«, in: Stammler, Eberhard (Hrsg.): *Was ist das eigentlich – der Mensch?*, München 1973, S. 12–25.

– »Der neue Antisemitismus« (1976), in: *Werke*, Bd. 7, S. 159–167.

– »›Selbstmord‹ – oder Freitod?« (1977), in: *Werke*, Bd. 3, S. 485–490.

– »Mein Judentum« (1978), in: *Werke*, Bd. 7, S. 31–46.

– Statt eines Vorworts. ›Gestatten Sie, daß ich mich vorstelle‹« (Antrittsrede vor der Deutschen Akademie für Sprache und Dichtung 1978), in: *Werke*, Bd. 9, S. 15–18.

– »Simone Weil – jenseits der Legende«, in: *Merkur 33*, Heft 368 (Januar 1979), S. 80–86.

– *Der Grenzgänger. Gespräch mit Ingo Hermann in der Reihe »Zeugen des Jahrhunderts«*, Göttingen 1992.

Arendt, Hannah: *Eichmann in Jerusalem. Ein Bericht von der Banalität des Bösen*, 5. Auflage, München 1986.

Bachmann, Ingeborg: »Drei Wege zum See« (1972), in: *Werke*, Bd. 2: *Erzählungen*, München 1978, S. 394–486.

Baeyer, Walter Ritter von/Häfner, Heinz/Kisker, Karl Peter: *Psychiatrie der Verfolgten. Psychopathologische und gutachterliche Erfahrungen an Opfern der nationalsozialistischen Verfolgung und vergleichbarer Extrembelastungen*, Berlin/Göttingen/Heidelberg 1964.

Beckermann, Ruth: »Unter der Bank gelesen. Jean Améry und Österreich«, in: Améry, Jean: *Werke*, Bd. 9, S. 291–317.

Bormuth, Matthias: »Grenzen der Freiheit bei Jean Améry. Eine literaturethische Analyse von ›Hand an sich legen. Diskurs über den Freitod‹«, in: *Suizidprophylaxe* 32 (2005), S. 15–26.

– Drei Kapitel zu Jean Améry (»Holocaust und Freitod«, »Diskurs über den Freitod«, »Zwei Freiheiten im Suizid«), in: ders.: *Ambivalenz der Freiheit. Suizidales Denken im 20. Jahrhundert*, Göttingen 2008, S. 221–304.

– »Jean Améry als Legende des Freitods«, in: *Suizidprophylaxe* 36 (2009), S. 122–129.

Gauger, Hans-Martin: »Gustave Flaubert und Charles Bovary. Zum letzten Buch von Jean Améry«, in: Améry, Jean: *Werke*, Bd. 9, S. 211–226.

Hartung, Rudolf: »›Mit Vergangenheit und Schicksal‹. Jean Amérys drittes Buch: Unmeisterliche Wanderjahre«, in: Améry, Jean: *Werke*, Bd. 9, S. 176–182.

Heidelberger-Leonard, Irene: *Jean Améry, Revolte in der Resignation. Biographie*, 2. Auflage, Stuttgart 2005.

Heißenbüttel, Helmut: »Nachruf Jean Améry«, in: Améry, Jean: *Werke*, Bd. 9, S. 541–546.

Jaspers, Karl: *Philosophie*, Bd. 2: *Existenzerhellung*, 3. Auflage, Berlin/Göttingen/Heidelberg 1956.

– *Allgemeine Psychopathologie*, 9. Auflage, Berlin 1973.

Kertész, Imre: *Galeerentagebuch*, Reinbek bei Hamburg 1993.

– »Der Holocaust als Kultur«, in: Améry, Jean: *Werke*, Bd. 9, S. 399–414.

Kraus, Wolfgang: »Am Leben gestorben. Zum Tode Jean Amérys«, in: Améry, Jean: *Werke*, Bd. 9, S. 551–553.

Krüger, Horst: »Bericht vom beschädigten Leben«, in: Améry, Jean: *Werke*, Bd. 9, S. 161–166.

– »Aufklärung statt Verklärung. Jean Amérys Essays ›Über das Altern‹«, in: *Die Zeit*, 20. September 1968.

Levi, Primo: »Der Intellektuelle in Auschwitz«, in: Améry, Jean: *Werke*, Bd. 9, S. 415–444.

– »Jean Améry, der Philosoph des Freitods«, in: Améry, Jean: *Werke*, Bd. 9, S. 554–557.

Matussek, Paul: »Die Konzentrationslagerhaft als Belastungssituation«, in: *Der Nervenarzt* 32 (1961), S. 538–542.

Musil, Robert: »Skizze der Erkenntnis des Dichters«, in: *Tagebücher, Aphorismen, Essays und Reden*, hrsg. von Adolf Frisé, Reinbek bei Hamburg 1955, S. 781–785.

Pohlmeier, Hermann: *Selbstmord und Selbstmordverhütung*, 2. Auflage, München/Wien/Baltimore 1983.

Pohlmeier, Hermann (Hrsg.): *Selbstmordverhütung. Anmaßung oder Verpflichtung* (Schriften der Deutschen Gesellschaft für Humanes Sterben, Bd. 1), 2. Auflage, Düsseldorf 1994.

Reich-Ranicki, Marcel: »Schrecklich ist die Verführung zum Roman«, in: *Frankfurter Allgemeine Zeitung*, Nr. 126, 1. Juni 1974.

Wagner, Christian: *Eine Welt von einem Namenlosen. Das dichterische Werk*, hrsg. von Ulrich Keicher, Göttingen 2003.

Ingeborg Bachmann

Bachmann, Ingeborg: *Werke*, Bde. 1–4, hrsg. von Christine Koschel, Inge von Weidenbaum und Clemens Münster, München 1978.

– »Der Mann ohne Eigenschaften« (1952), in: *Werke*, Bd. 4, S. 80–102.

– »Sagbares und Unsagbares – Die Philosophie Ludwig Wittgensteins« (1953), in: *Werke*, Bd. 4, S. 103–127.

– »Ludwig Wittgenstein – Zu einem Kapitel der jüngsten Philosophiegeschichte« (1953), in: *Werke*, Bd. 4, S. 12–23.

– »Ins tausendjährige Reich« (1954), in: *Werke*, Bd. 4, S. 24–28.

– »Das Unglück und die Gottesliebe – Der Weg Simone Weils« (1955), in: *Werke*, Bd. 4, S. 128–155.

– »Der gute Gott von Manhattan« (1957), in: *Werke*, Bd. 1, S. 269–327.

– »Die Wahrheit ist dem Menschen zumutbar. Rede zur Verleihung des Hörspielpreises der Kriegsblinden« (1959), in: *Werke*, Bd. 4, S. 275–277.

– »Frankfurter Vorlesungen: Probleme zeitgenössischer Dichtung« (1959/60), in: *Werke*, Bd. 4, S. 181–271.

– »Ein Ort für Zufälle. Rede zur Verleihung des Georg-Büchner-Preises« (1964), in: *Werke*, Bd. 4, S. 278–293.

– »(Georg Groddeck). Entwurf« (1967), in: *Werke*, Bd. 4, S. 346–353.

– »Ihr glücklichen Augen. Georg Groddeck in memoriam« (1969), in: *Werke*, Bd. 2, S. 354–372.

– *Die kritische Aufnahme der Existentialphilosophie Martin Heideggers* (Dissertation Wien 1949), hrsg. von Robert Pichl, München/Zürich 1985.

– *Wir müssen wahre Sätze finden. Gespräche und Interviews*, hrsg. von Christine Koschel und Inge von Weidenbaum, 3. Auflage, München/Zürich 1991.

– *»Todesarten«-Projekt*, Bde. 1–4, hrsg. von Monika Albrecht und Dirk Göttsche, München/Zürich 1995.

– *Kriegstagebuch*. Mit Briefen von Jack Hamesh an Ingeborg Bachmann, hrsg. und mit einem Nachwort von Hans Höller, Berlin 2010.

– *»Male Oscuro«. Aufzeichnungen aus der Zeit der Krankheit*, hrsg. von Isolde Schiffermüller und Gabriella Pelloni, München/Berlin/Zürich 2017.

Bachmann, Ingeborg/Celan, Paul: *Herzzeit. Der Briefwechsel*, hrsg. von Bertrand Badiou, Hans Höller, Andrea Stoll und Barbara Wiedemann, Frankfurt a. M. 2008.

Bachmann, Ingeborg/Enzensberger, Hans Magnus: *»schreib alles was wahr ist auf«. Der Briefwechsel*, hrsg. von Hubert Lengauer, München/Berlin/Zürich 2018.

Bachmann, Ingeborg/Henze, Hans Werner: *Briefe einer Freundschaft*, hrsg. von Hans Höller, München 2004.

Böttiger, Helmut: *Wir Sagen uns Dunkles. Die Liebesgeschichte zwischen Ingeborg Bachmann und Paul Celan*, München 2017.

Bormuth, Matthias: *»›Todesarten‹ im Werk von Ingeborg Bachmann«*, in: ders.: *Ambivalenz der Freiheit. Suizidales Denken im 20. Jahrhundert*, Göttingen 2008, S. 141–162.

– *Mit einer Handvoll Sand. Ingeborg Bachmann als Philosophin*, Warmbronn 2010.

– *»›Ihr glücklichen Augen‹ – Ingeborg Bachmann und die Psychosomatische Medizin«*, in: *Balint-Journal* 5 (Dezember 2004), S. 97–104.

Celan, Paul: *Der Meridian. Endfassung – Entwürfe – Materialien*, hrsg. von Bernhard Böschenstein und Heino Schmull unter Mitarbeit von Michael Scharzkopf und Christiane Wittkop, Frankfurt a. M. 1999.

– »Paul Celan an Ingeborg Bachmann (Briefe 16.10.1957 und 17.10.1957)«, in: *Die Zeit*, Nr. 19, 28. April 2016, S. 45.

Frankl, Viktor E.: *... trotzdem Ja zum Leben sagen. Ein Psychologe erlebt das Konzentrationslager*, Vorwort Hans Weigel, 7. Auflage, München 1988.

Frisch, Max: *Montauk*, Frankfurt a. M. 1975.

Groddeck, Georg: *Psychoanalytische Schriften zur Psychosomatik*, hrsg. von Günter Clauser, Wiesbaden 1966.

Hartwig, Ina: *Wer war Ingeborg Bachmann? Eine Biographie in Bruchstücken*, Frankfurt a. M. 2017.

Höller, Hans: *Ingeborg Bachmann*, Reinbek bei Hamburg 1999.

Johnson, Uwe: *Eine Reise nach Klagenfurt*, Frankfurt a. M. 1974.

Opel, Adolf: *»Wo mir das Lachen zurückgekommen ist ...«. Auf Reisen mit Ingeborg Bachmann*, München 2001.

Stoll, Andrea: *Ingeborg Bachmann. Der dunkle Glanz der Freiheit*, München 2013.

Weigel, Hans: *Unvollendete Symphonie*, Innsbruck 1951.

Uwe Johnson

Arendt, Hannah: *Vita Activa oder Vom tätigen Leben*, Stuttgart 1960.

Arendt, Hannah/Johnson, Uwe: *Der Briefwechsel. 1967–1975*, hrsg. von Eberhard Fahlke und Thomas Wild, Frankfurt a. M. 2004.

Berbig, Roland: »›Als sei er süchtig, im Zustand einer Folter zu verharren!‹ Leid und Leiden: Schreibmotive Uwe Johnsons«, in: *Wirkendes Wort. Deutsche Sprache und Literatur in Forschung und Lehre* 42, Heft 2 (1992), S. 283–294.

Berbig, Roland (Hrsg.): *Uwe Johnson. Befreundungen. Gespräche, Dokumente, Essays*, Berlin/Zepernick 2002.

- »›un dann hebbt wi op platt snackt.‹ Ein Gespräch mit Peter Rühmkorf über Uwe Johnson«, in: Berbig (2002), S. 261–299.
- »›Having learned my lesson‹. Margret Boveris Autobiographie ›Verzweigungen‹ und ihre Bearbeiter Elisabeth und Uwe Johnson«, in: Berbig (2002), S. 392–431.

Berbig, Roland/Wizisla, Erdmut (Hrsg.): *»Wo ich her bin ...« Uwe Johnson in der D.D.R.*, Berlin 1993.

Bierwisch, Manfred: »Erinnerungen Uwe Johnson betreffend«, in: Berbig/Wizisla (1993), S. 80–91.

Bormuth, Matthias: »Intime Kommunikation und moderner Wertezerfall. Uwe Johnsons *Skizze eines Verunglückten*«, in: *Johnson-Jahrbuch* 11 (2004), S. 45–64.

- »Ambivalenz und Selbstbildung. Uwe Johnson kritisiert die Psychoanalyse«, in: Fries, Ulrich u.a. (Hrsg.): *So noch nicht gezeigt. Uwe Johnson zum Gedenken*, Göttingen 2006, S. 69–100.
- »Suizidales Denken und Passionsmotiv – Zwei Kasuistiken von Uwe Johnson«, in: ders.: *Ambivalenz der Freiheit. Suizidales Denken im 20. Jahrhundert*, Göttingen 2008, S. 195–220.
- »Philosophische und psychopathologische Anmerkungen zu Uwe Johnsons *Skizze eines Verunglückten*«, in: Barkhoff, Jürgen/Engelhardt, Dietrich v. (Hrsg.): *Körperkult, Körperzwang, Körperstörung im Spiegel von Psychopathologie, Literatur und Kultur*, Heidelberg 2010, S. 301–330.

Enzensberger, Hans Magnus/Johnson, Uwe: *»fuer Zwecke der brutalen Verstaendigung«. Der Briefwechsel*, hrsg. von Henning Marmulla und Claus Kröger, Frankfurt a. M. 2009.

Fahlke, Eberhard: »›Wenn man einem Freund eine Festschrift macht...‹ Zum Festschriftbeitrag Uwe Johnsons«, in: Berbig/Wizisla (1993), S. 68–79.

Fahlke, Eberhard (Hrsg.): ›*Die Katze Erinnerung*‹. *Uwe Johnson –*
Eine Chronik in Briefen und Bildern, Frankfurt a. M. 1994.

Fontane, Theodor: *Effi Briest*. Mit 21 Lithographien von Max
Liebermann, Frankfurt a. M. 1980.

Frisch, Max: *Montauk*, Frankfurt a. M. 1975.

– *Stich-Worte*, ausgesucht von Uwe Johnson, Frankfurt a. M. 1975.

– *Aus dem Berliner Journal*, hrsg. von Thomas Strässle unter
Mitarbeit von Margit Unser, Berlin 2014.

Frisch, Max/Johnson, Uwe: *Der Briefwechsel 1964–1983*, hrsg.
von Eberhard Fahlke, Frankfurt a. M. 1999.

Frisch, Max: *Skizze eines Unglücks*/Uwe Johnson: *Skizze eines*
Verunglückten, Frankfurt a. M. 2009.

Gotzmann, Werner: *Uwe Johnsons Testamente oder Wie der*
Suhrkamp Verlag Erbe wird, Berlin 1996.

Grambow, Jürgen: *Uwe Johnson*, Reinbek bei Hamburg 1997.

Grass, Günter: »Distanz, heftige Nähe, Fremdwerden und Fremd-
bleiben. Gespräch über Uwe Johnson«, in: Berbig/Wizisla
(1993), S. 99–121.

Grass, Günter/Wolff, Helen: *Briefe 1959–1994*, hrsg. von Daniela
Hermes, Göttingen 2003.

Helbig, Holger (Hrsg.): *Johnsons »Jahrestage«. Der Kommentar*,
Göttingen 1999.

Jaspers, Karl: *Von der Wahrheit*, München 1947.

Jens, Tilman: *Unterwegs an den Ort, wo die Toten sind. Auf der*
Suche nach Uwe Johnson in Sheerness, München/Zürich 1984.

Johnson, Elisabeth: »Nachwort«, in: Gotzmann, Werner: *Uwe*
Johnsons Testamente oder Wie der Suhrkamp Verlag Erbe wird,
Berlin 1996, S. 145–148.

Johnson, Uwe: *Jahrestage. Aus dem Leben von Gesine Cresspahl*,
Bde. 1–4, Frankfurt a. M. 1970–1983.

– »Vorwort«, in: Frisch, Max: *Stich-Worte*, ausgesucht von Uwe Johnson, Frankfurt a. M. 1975, S. 7–11.

– »›Schicksalhaft‹ war es nicht« (1965/66), in: *Porträts und Erinnerungen*, hrsg. von Eberhard Fahlke, Frankfurt a. M. 1988, S. 7–9.

– »›Mir bleibt nur, ihr zu danken‹. Zum Tod von Hannah Arendt« (1975), in: *Porträts und Erinnerungen*, hrsg. von Eberhard Fahlke, Frankfurt a. M. 1988, S. 74–77.

– »Nachwort des Herausgebers«, in: Boveri, Margret: *Verzweigungen. Eine Autobiographie*, München 1977, S. 351–409.

– »Skizze eines Verunglückten«, in: Unseld, Siegfried (Hrsg.): *Begegnungen. Eine Festschrift für Max Frisch zum siebzigsten Geburtstag*, Frankfurt a. M. 1981, S. 69–107.

– *Skizze eines Verunglückten*, Frankfurt a. M. 1982.

– »Die Erklärung Uwe Johnsons (›Statement to my Executors‹) vom 21. Februar 1983« (1983), in: Lübbert (1998), S. 27–35.

– *Begleitumstände. Frankfurter Vorlesungen*, Frankfurt a. M. 1992.

– »Fünfundzwanzig Jahre mit Jake, auch unter dem Namen Bierwisch bekannt«, in: Berbig/Wizisla (1993), S. 51–67 (Übersetzung aus dem Englischen von Eberhard Fahlke).

– »Ich über mich [Antrittsrede bei der Deutschen Akademie für Sprache und Dichtung]«, in: Unseld, Siegfried (Hrsg.): *Wohin ich in Wahrheit gehöre. Ein Uwe-Johnson-Lesebuch*, Frankfurt a. M. 1994, S. 9–13.

– »Brief an Christine Jansen, 26. August 1982«, in: Berbig (2002), S. 541–543.

Johnson, Uwe/Grass, Günter/Grass, Anna: *Der Briefwechsel*, hrsg. von Arno Barnert, Frankfurt a. M. 2007.

Johnson, Uwe/Raddatz, Fritz J.: *»Liebes Fritzchen« – »Lieber Groß-Uwe«. Der Briefwechsel*, hrsg. von Erdmut Wizisla, Frankfurt a. M. 2006.

Johnson, Uwe/Simon, Annette: »Briefwechsel«, in: *Johnson-Jahrbuch* 25 (2018), S. 15–16.

Johnson, Uwe/Unseld, Siegfried: *Der Briefwechsel*, hrsg. von Eberhard Fahlke und Raimund Fellinger, Frankfurt a. M. 1999.

Kraushaar, Wolfgang: »Uwe Johnson und sein New Yorker Blick auf die bewegten Jahre 1967/68«, in: Bormuth, Matthias (Hrsg.): *Jahrbuch der Karl Jaspers-Gesellschaft* 5 (2018), Göttingen 2018, S. 337–350.

Kunert, Günter: »Ein Fremdling«, in: Berbig/Wizisla (1993), S. 122–128.

Lübbert, Heinrich: *Der Streit um das Erbe des Schriftstellers Uwe Johnson* (Schriften des Uwe-Johnson-Archivs, Bd. 7), Frankfurt a. M. 1998.

Matt, Peter von: *Liebesverrat. Die Treulosen in der Literatur*, München/Wien 1989.

Mecklenburg, Norbert: »Verkehrsunfall und Betriebsunfall. Zwei Männergeschichten«, in: Frisch/Johnson (2009), S. 103–134.

Mitscherlich, Alexander: *Der Kampf um die Erinnerung. Psychoanalyse für fortgeschrittene Anfänger*, München/Zürich 1975.

Neumann, Bernd: *Uwe Johnson*, Hamburg 1994.

Seiler, Bernd W.: »Johnsons Prager Geheimagent. Schluss-Strich unter eine Legende«, in: *Internationales Uwe-Johnson-Forum* 10 (2006), S. 25–54.

Simon, Annette: »Ein vergessener Brief«, in: *Johnson-Jahrbuch* 25 (2018), S. 17–22.

Unseld, Siegfried: »Der Fall Uwe Johnson«, in: *Die Zeit*, 7.12.1984.

– »Uwe Johnsons ›ureigene Sache‹ [Nachwort]«, in: ders. (Hrsg.): *Wohin ich in Wahrheit gehöre. Ein Uwe-Johnson-Lesebuch*, Frankfurt a. M. 1994, S. 369–387.

Unseld, Siegfried/Fahlke, Eberhard: *Uwe Johnson: »Für wenn ich tot bin«* (Schriften des Uwe Johnson-Archivs, Bd. 1), Frankfurt a. M. 1991.

Unseld, Siegfried: *Uwe Johnson: »Für wenn ich tot bin«. Mit einer Nachbemerkung 1997*, Frankfurt a. M. 1997.

Weber, Max: *Gesammelte Aufsätze zur Religionssoziologie*, Bd. 1, Tübingen 1963.

Wild, Thomas: »»Der vierte Band ist entweder ein Selbstmordversuch oder es ist der Versuch, eine Tür aufzustoßen.‹ Ein Gespräch mit Thomas Brasch über Uwe Johnson«, in: Berbig (2002), S. 516–540.

Wolff, Helen: »Gegenwärtige Erinnerungen«, in: *Du – Die Zeitschrift der Kultur*, Heft 10 (1992), S. 54–55.

– »Ich war für ihn die ›alte Dame‹«, in: *Johnson-Jahrbuch* 2 (1995), S. 19–49.

Ulrike Meinhof

Améry, Jean: *Ausgewählte Briefe 1945–1978* (*Werke*, Bd. 8), hrsg. von Gerhard Scheit, Stuttgart 2007.

Aust, Stefan: *Der Baader-Meinhof-Komplex*, Neuausgabe, Hamburg 2017.

Bogerts, Bernhard u. a.: »Neurobiologische Ursachen und psychosoziale Bedingungen individueller Gewalt«, in: *Der Nerven arzt* 84 (2013), S. 1329–1344.

Bohrer, Karl Heinz: *Jetzt. Geschichte meines Abenteuers mit der Phantasie*, Berlin 2017.

Bormuth, Matthias: *Skizze einer Verunglückten. Ulrike Meinhof in ihrer Zeit*, Warmbronn 2018.

– »An den Grenzen des biografischen Verstehens. Ulrike Meinhofs Radikalisierung im Horizont von Karl Jaspers«, in: *Forensische Psychiatrie, Psychologie, Kriminologie* 12, Heft 1 (2018), S. 11–20.

Ditfurth, Jutta: *Ulrike Meinhof. Die Biografie*, Berlin 2007.

Dutschke, Rudi/Gaston, Salvatore: »Vorwort«, in: Guevara, Che: *Schaffen wir zwei, drei, viele Vietnam. Das Wesen des Partisanen-kampfes*, eingeleitet und übersetzt von Gaston Salvatore und Rudi Dutschke, Berlin 1967, S. 3–9.

Enquist, Per Olov: *Ein anderes Leben*, München 2009.

Enzensberger, Hans Magnus: *Tumult*, Berlin 2014.

Fest, Joachim: *Begegnungen. Über nahe und ferne Freunde*, Reinbek bei Hamburg 2004.

Gallus, Alexander (Hrsg.): *Meinhof, Mahler, Ensslin. Die Akten der Studienstiftung des deutschen Volkes*, Göttingen 2016.

Gaus, Günter: *Widersprüche. Erinnerungen eines linken Konservativen*, München 2004.

Helmut Gollwitzer: »›… einer von denen, die ihre Haut hinhalten‹«, in: Dutschke, Rudi: *Mein langer Marsch. Reden, Schriften und Tagebücher aus zwanzig Jahren*, hrsg. von Gretchen Dutschke-Klotz, Helmut Gollwitzer und Jürgen Miermeister, Reinbek bei Hamburg 1980, S. 245f.

– »Grabrede für Ulrike Meinhof (1934–1976). Gehalten am 15. Mai 1976 auf dem Friedhof der Dreifaltigkeitsgemeinde in Berlin-Mariendorf«, in: *Göttinger Predigtmeditationen* 72, Nr. 3 (April 2018), S. 300.

Grützke, Johannes: »›Der Pinsel weiß mehr als ich.‹ Ein Gespräch mit Matthias Bormuth«, in: Bormuth, Matthias: *Jahrbuch der Karl Jaspers-Gesellschaft* (Göttingen) 3 (2016), S. 425–443.

Guevara, Che: *Schaffen wir zwei, drei, viele Vietnam. Das Wesen des Partisanenkampfes,* eingeleitet und übersetzt von Gaston Salvatore und Rudi Dutschke, Berlin 1967.

Hammelsbeck, Oskar: »Erinnerungsbild«, in: Piper, Klaus/Saner, Hans (Hrsg.): *Erinnerungen an Karl Jaspers,* München/Zürich 1974, S. 29–38.

Jaspers, Karl/Hammelsbeck, Oskar: *Briefwechsel 1919–1969,* hrsg. und erläutert von Hermann Horn, Frankfurt a. M./Berlin/ New York 1986.

Johnson, Uwe/Raddatz, Fritz J.: *»Liebes Fritzchen« »Lieber Groß-Uwe«. Der Briefwechsel,* hrsg. von Erdmut Wizisla, Frankfurt a. M. 2006.

Johnson, Uwe/Unseld, Siegfried: *Der Briefwechsel,* hrsg. von Eberhard Fahlke und Raimund Fellinger, Frankfurt a. M. 1999.

Kleist, Heinrich v.: *Sämtliche Werke und Briefe,* Bd. 2, hrsg. von Helmut Sembdner, München 1961.

Kunzle, David: *Chesucristo. Die Fusion von Che Guevara und Jesus Christus in Bild und Text.* Mit einem Nachwort von Roberto Massari, Berlin 2016.

Meinhof, Ulrike Marie: *Bambule. Fürsorge – Sorge für wen?* Mit einem Nachwort von Klaus Wagenbach, Berlin 1971.

– *Die Würde des Menschen ist antastbar. Aufsätze und Polemiken.* Mit einem Nachwort von Klaus Wagenbach, Berlin 1992.

– *Deutschland, Deutschland unter anderm. Aufsätze und Polemiken,* Berlin 1995.

Meinhof, Werner: *Lebendige Anschauung. Aufsätze und Vorträge,* Jena 1941.

– *Christlicher Glaube im Zeugnis alter und neuer Bilder,* Essen 1941.

Prinz, Alois: *Lieber wütend als traurig. Die Lebensgeschichte der Ulrike Meinhof,* Berlin 2005.

Pross, Christian: *»Wir wollten ins Verderben rennen«. Die Geschichte des Sozialistischen Patientenkollektivs Heidelberg 1970–1971*, Köln 2016.

Raddatz, Fritz J.: *Unruhestifter. Erinnerungen*, München 2003.

– *Tagebücher: Jahre 1982–2001*, Reinbek bei Hamburg 2010.

Reich-Ranicki, Marcel: *Mein Leben*, Stuttgart 1999.

Riemeck, Renate: *1789. Heroischer Aufbruch und Herrschaft des Schreckens*, Stuttgart 1988.

– *Ich bin ein Mensch für mich. Aus einem unbequemen Leben*, Stuttgart 1992.

Röhl, Bettina: *»Die RAF hat Euch lieb«. Die Bundesrepublik im Rausch von 68 – Eine Familie im Zentrum der Bewegung*, München 2018.

Rühmkorf, Peter: *Die Jahre die ihr kennt. Anfälle und Erinnerungen*, Reinbek bei Hamburg 1972.

Seidel, Ina: *Das Labyrinth*, Stuttgart 1943.

Seifert, Jürgen: »›Dieses harte Entweder-Oder‹. Der Politologe Jürgen Seifert über Ulrike Meinhofs Weg in den Terrorismus«, in: *Der Spiegel*, Heft 30 (14.7.1995), S. 36f.

Wagenbach, Klaus: *Warum so verlegen? Über die Lust an Büchern und ihre Zukunft*, Berlin 2004.

Winkler, Willi: *Die Geschichte der RAF*, Reinbek bei Hamburg 2008.

Dank

Ohne die Gespräche mit verschiedenen Fachleuten und Kennern wäre es nicht möglich gewesen, die vier Versuche über »Verunglückte« vor groben Fehlern zu bewahren. Besonderen Dank schulde ich Roland Berbig, Werner Janzarik (1920–2019), Joachim Kersten, Wolfgang Kraushaar, Michael Krüger, Dieter Lamping, Rainer Paasch-Beeck, Hans-Joachim Rothe, Wolfgang Schopf und Erdmut Wizisla. Der Dank schließt Ulrich Keicher ein, in dessen Verlag zuvor Essays zu Ingeborg Bachmann und Ulrike Meinhof erschienen. Als Freund hat er wie auch mein Verleger Heinrich von Berenberg die Entstehung des Bandes mit großem Interesse und wertvollen Hinweisen begleitet. Das strenge Lektorat von Beatrice Faßbender war ein großes Glück. In Oldenburg las Malte Maria Unverzagt in gewohnter Weise alle Texte kritisch gegen. Auch ihm gebührt mein herzlicher Dank.

Dem jüngst verstorbenen Peter Hamm, der die Kunst des bewundernden Essays wie wenige beherrschte, ist der Band gewidmet. Sein Enthusiasmus für die Literatur war mir seit langen Jahren eine wichtige Anregung. Schon in seiner frühen Freundschaft zu Nelly Sachs zeigte er, wie tief in solcher Begeisterung die Sympathie mit den »Verunglückten« geborgen sein kann. Sie geht uns alle an. Von ihr zeugt auch Herman Melville, wenn es angesichts der wenigen Epitaphe und vielen Menschen in einer Walfänger-Kapelle in *Moby Dick* heißt: »[D]enn so reich an Zahl sind die nicht verzeichneten Unglücksfälle im Fischergewerbe und so offensichtlich trugen etliche der anwesenden Frauen die Gesichtszüge, wenn nicht gar die gewohnte Tracht, irgendeines unaufhörlichen Grams, daß ich mich sicher glaube, daß hier vor mir jene versammelt waren, in deren nicht heilen wollenden Herzen der Anblick dieser freudlosen Tafeln die alten Wunden sympathetisch dazu brachte, von neuem zu bluten.«

Matthias Bormuth, geboren 1963, studierte Humanmedizin, war psychiatrisch tätig und promovierte über Karl Jaspers. Er ist Inhaber der Heisenberg-Professur für vergleichende Ideengeschichte am Institut für Philosophie der Universität Oldenburg. Bei Berenberg erschien »Die Narbe des Odysseus« (2017), ein von ihm herausgegebener Band mit Texten und Briefen von Erich Auerbach.

© 2019 Berenberg Verlag GmbH, Sophienstraße 28/29, 10178 Berlin

Konzeption | Gestaltung: Antje Haack | www.lichten.com
Satz | Herstellung: Büro für Gedrucktes, Beate Zimmermanns
Abbildungen: Einbandillustration von Antje Haack
Reproduktion: Frische Grafik, Hamburg
Druck | Bindung: CPI – Ebner & Spiegel, Ulm
Printed in Germany
ISBN 978-3-946334-62-0